HEYNE BIOGRAPHIEN

In der Reihe »Heyne Biographien« sind bereits erschienen:

1 Sieburg, Napoleon
2 Blunt, Ludwig II. König von Bayern
3 Gutman, Richard Wagner
4 Fraser, Maria – Königin der Schotten
5 Corti, Die Rothschilds
6 Lekachman, John Maynard Keynes
7 de Beer, Hannibal
8 Peters, Lou Andreas-Salomé
9 Eyck, Bismarck und das Deutsche Reich
10 Crankshaw, Maria Theresia
11 Sieburg, Robespierre
12 Gooch, Friedrich der Große
13 Oldenbourg, Katharina die Große
14 Heuss, Robert Bosch
15 Maser, Adolf Hitler
16 Castelot, Marie Antoinette
17 Pahlen, Johann Strauß
18 Brown, Der heilige Augustinus
19 de Madariaga, Kolumbus
20 Brion, Die Medici
21 Noyes, Voltaire
22 Jacob, Mozart
23 Shub, Lenin
24 Sieburg, Chateaubriand
25 Benoist-Méchin, Kleopatra
26 Cowles, Wilhelm II.
27 Hug, Schubert
28 Williams, Elisabeth I. von England
29 Guth, Mazarin
30 Clark, Albert Einstein
31 Fay, Ludwig XVI.
32 Maurois, Balzac
33 Auernheimer, Metternich
34 Lewis, Ludwig XIV.
35 Grant, Caesar
36 Wessling, Beethoven
37 Lavater-Sloman, Jeanne d'Arc
38 Wadepuhl, Heinrich Heine
39 Raddatz, Karl Marx
40 Corti, Elisabeth v. Österreich
41 Fox, Alexander der Große
42 Troyat, Tolstoi
43 Horst, Friedrich II. d. Staufer
44 Héritier, Katharina v. Medici
45 Manchester, Krupp
46 O'Connell, Richelieu
47 Jordan, George Sand
48 Payne, Stalin
49 Siegmund-Schultze, Johann Sebastian Bach
50 Charles-Roux, Coco Chanel
51 Ritzel, Lessing
52 Henderson, Prinz Eugen
53 Grant, Nero
54 Madelin, Fouché
55 Pisa, Schopenhauer
56 Drewitz, Bettine von Arnim
57 Wessling, Franz Liszt
58 Parkinson, Blücher
59 Brinitzer, G. C. Lichtenberg
60 Stern, C. G. Jung
61 v. Wiese, Eduard Mörike
62 Hiller, Friedrich Barbarossa
63 Bernard, Talleyrand
64 Bellonci, Lucrezia Borgia
65 Krause, Richard Strauss
66 Nadolny, Louis Ferdinand
67 Gervaso, Casanova
68 Herre, Freiherr vom Stein
69 Alvarenz, Karl V.
70 Gavoty, Chopin
71 Krischke, Ödön von Horvath
72 Wocker, Königin Victoria
73 Prause, Herodes der Große
74 Brook-Sheperd, Edward VII.
75 Wessling, Gustav Mahler
76 Bradford, Nelson
77 Lavater-Sloman, Annette von Droste-Hülshoff
78 Herre, Kaiser Franz Joseph von Österreich
79 Pearson, George Bernard Shaw
80 Wechsberg, Giuseppe Verdi
81 Otto, Gneisenau
82 Penrose, Pablo Picasso
83 van Taack, Königin Luise
84 Grayeff, Heinrich VIII.
85 Howell, Cromwell
86 Hiller, Heinrich der Löwe
87 Liepman, Rasputin
88 Hyde, Oscar Wilde
89 Mitford, Madame de Pompadour
90 von Schramm, Clausewitz
91 Stewart, Lawrence von Arabien
92 Haage, Ludwig Thoma
93 Auer, Anton Bruckner
94 Quennell, Shakespeare
97 Brion, Johann Wolfgang von Goethe

Klaus Schelle

KARL DER KÜHNE

Der letzte Burgunderherzog

Wilhelm Heyne Verlag
München

Genehmigte, ungekürzte Taschenbuchausgabe

Printed in Germany 1982
Karten von Eckart Munz
Zeittafel, Bibliographie und Stammtafel wurden erstellt von Dr. Fritz, München
Umschlagfoto: Archiv für Kunst und Geschichte, Berlin
Bildnachweis: Archiv für Kunst und Geschichte, Berlin
Umschlaggestaltung: Atelier Heinrichs & Schütz, München
Gesamtherstellung: Presse-Druck, Augsburg

ISBN 3-453-55097-8

Inhalt

Meiner Frau gewidmet,
ohne deren hilfreiche und kritische Mitwirkung
dieses Buch nicht entstanden wäre.

Vorwort

Johan Huizinga, der große niederländische Kulturhistoriker, hat in einer Vorlesung an der Berliner Universität gesagt: »Es gibt für die Geschichtswissenschaft keine nutzlosere Tätigkeit, als sich in unverwirklichte historische Möglichkeiten hineinzudenken.«

Wer könnte aber der Versuchung widerstehen, über das »Was wäre geworden, wenn...« nachzudenken, wenn es sich um einen so faszinierenden Gegenstand handelt wie den großangelegten Versuch, im fünfzehnten Jahrhundert das alte Lotharingien als Staat der europäischen Mitte wiederzubeleben, ja ihm womöglich eine führende Rolle in der Mitte zwischen dem Heiligen Römischen Reich und Frankreich zu verschaffen?

Aber auch wenn man nicht der Spekulation nachhängt, wie es sich hätte entwicklen können, sondern wenn man nur das verfolgt, was tatsächlich geschah, so ist das historische Burgund dieser hundertzwanzig Jahre zwischen 1360 und 1480 fesselnd genug. Das Elend des niederen Volkes, der Niedergang des Rittertums, der Wohlstand der Städte, die politischen Intrigen, die wechselnden Fronten in der Welt des ausgehenden Mittelalters, vor allem ein so unterschiedliches Paar von Gegenspielern wie Ludwig XI. von Frankreich und Karl der Kühne von Burgund – kein farbigeres Bild ist denkbar.

Geschichte wird von den Siegern geschrieben, hat der verstorbene Bundespräsident Gustav Heinemann gesagt. Das bedeutet, daß zwar am burgundischen Hof die Historiographen in hohem Ansehen standen, daß aber insbesondere der letzte Burgunderherzog aus dem Hause Valois, Karl der Kühne, von der Nachwelt meist so gesehen wurde, wie es Schweizer und Franzosen taten. In einer Zeit, da in den Gassen und Schenken von ganz Europa erzählende, oft politisch-polemische Lieder gesungen wurden, war es nur natürlich, daß die Eidgenossen ihre Siege über einen der mächtigsten Fürsten der damaligen Welt auch in Reimform verherrlichten:

»Vor Grandson verlor er das Gut,
vor Murten den Mut,
vor Nancy das Blut.«

Noch heute dominiert in vielen verkürzten und deshalb vergröberten Geschichtsdarstellungen das Bild eines kriegswütigen, maßlos gewordenen und von Gott verblendeten letzten Burgunderherzogs. Aber es ist auch nicht zu verkennen, daß manche Historiker versuchen, nicht nur den militärischen Ereignissen, sondern vor allem den staatspolitischen und verwaltungsrechtlichen Leistungen in Burgund gerecht zu werden.

Wir, die wir erleben, wie ungeheuer schwierig es ist, in den Europäischen Gemeinschaften zu einer begrenzten Koordinierung zu gelangen, vermögen trotz des Abstandes von einem halben Jahrtausend wohl zu ahnen, welch ungeheure Arbeit die Burgunderherzöge auf sich luden, als sie versuchten, aus Landesteilen mit verschiedener historischer Vergangenheit und unterschiedlichem staatspolitischen Aufbau, mit verschiedener Bevölkerung und verschiedenem Lebensstandard, ohne geographische Landbrücke (wenn man von den kurzen Zeiten der Zugehörigkeit von Lothringen absieht) eine Einheit zu bilden, ein Gebilde mit einem Staatsbewußtsein wenigstens in Adel und Bürgerschaft, stark genug, alle Bedrohungen von außen gemeinsam abzuwehren.

Geschichte handelt meist von großen Männern und großen Ereignissen, von Königen und Herzögen, von Päpsten und Bischöfen, von Kriegsgeschrei und Friedensschluß. Nur wenig sagt der Chronist darüber, wie es dem kleinen Mann zu jener Zeit erging. Das ist kein Wunder. Der Bauer war so verachtet, daß man nach einem besonders schrecklichen Winter die Zahl der erfrorenen Bäume zählte, nicht aber die der erfrorenen Menschen. Einer freilich, der kein Bauer war, sondern ein Studierter von der berühmtesten Universität Europas, sagt uns, wie es der gequälten Kreatur ging, dem armen Hund, der zwischen die Mühlsteine der Mächtigen geriet:

»In Acht und vogelfrei ist nun Villon
von hierzuland bis Roussillon.
Kein Heckendorn, der ihn nicht sticht,
kein Dornbusch, der ihn nicht versehrt,
seit dieser Welt er müd' den Rücken kehrt.«

Huizinga hat uns in seinem Meisterwerk »Herbst des Mittelalters« die vielerlei schillernden Aspekte jener Zeit, ihre vielen, manchmal verblüffenden Gegensätzlichkeiten und ihren Grundton, die Abschiedsstimmung eines Herbstes, anschaulich gemacht. Wir ahnen und fühlen, wie jene Zeit war. Manches mutet seltsam modern an, anderes wieder völlig unverständlich. Uns bleibt die Ahnung von etwas, was sich nicht wiederholen läßt: von einer seltsamen Tristesse.

Ou sont les neiges d'antan? fragte François Villon. Wo ist der Schnee vom vergangenen Jahr? Niemand wird es je wissen.

Die Brücke von Montereau

Im Herbst des Jahres 1361 erkrankt auf einem französischen Schloß ein junger Mann, Philipp von Rouvres. Die Ärzte erkennen rasch: Es ist der Schwarze Tod. Am 21. November geht das Leben des Siebzehnjährigen zu Ende. Es ist ein Tod, der das Gesicht Europas verändern wird. Philipp von Rouvres ist nämlich nicht irgendwer. Er ist Herzog von Burgund, und er ist der letzte Sproß einer Seitenlinie der Capetinger. Stiefvater und präsumtiver Erbe des Toten ist der französische König. Sein Versuch einer Wiedervereinigung des seit Jahrhunderten selbständigen Herzogtums Burgund mit der Krone Frankreichs stößt aber auf den Widerstand der burgundischen Stände. Bei ihrer Versammlung im Dezember 1361 machen sie deutlich, daß sie allenfalls eine Personalunion konzedieren, aber keine Annexion dulden würden. Der französische König findet eine Lösung mit einem Hauch von Ritterlichkeit und Romantik. Das hat eine Vorgeschichte.

Im September 1356 vernichten die Engländer bei Poitiers das französische Heer. Der König von Frankreich selbst gerät in Gefangenschaft und mit ihm sein jüngster Sohn Philipp, der als noch nicht Fünfzehnjähriger bei seinem Vater im dichtesten Getümmel bis zum bitteren Ende – nämlich der Gefangennahme – ausharrt: ein Verhalten, dessen sich auch ein weniger romantischer und den Idealen des Rittertums verhafteter Vater später mit Dankbarkeit erinnert hätte.

Diesen jungen Prinzen macht König Johann der Gute nun zum Statthalter von Burgund.

Am 3. Juli 1362 kommt der Einundzwanzigjährige in Dijon an und tritt vor die burgundischen Stände. Dieser Augenblick ist der Beginn eines neuen Herzogtums: das Burgund der vier Herzöge aus dem Hause Valois, ein Staat, der die Schicksale Europas entscheidend beeinflussen wird. Zwar wird Philipp mit Rücksicht auf die Empfindlichkeit der Stände vorerst »nur« Statthalter. Aber im übernächsten Jahr konstituieren die königlichen »Lettres patentes« das burgundische Herzogtum, und am 26. November 1364 beschwört der Prinz in der Kirche St. Benigne zu Dijon die alten Privilegien.

Die zeitgenössische Dichterin Christine de Pisan beschreibt Philipp »le Hardi«, den Kühnen, als »einen Mann von dunkler Hautfarbe und häßlich[1]«. Nun, das Profil, das wir auf einem anonymen Porträt der französischen Schule des 14. Jahrhunderts sehen, zeigt uns tatsächlich alles andere als eine Schönheit. Auch die Grabfigur, die uns der Bildhauer Claus Sluter in der Chartreuse von Champmol hinterlassen hat, erscheint keineswegs idealisiert. Eine große schwere Nase verdunkelt die Oberlippe und bestimmt das ganze Gesicht. Die vorstehende Unterlippe läßt an die berühmte der Habsburger denken. Aber nicht diese Äußerlichkeiten machen die Persönlichkeit Philipps aus, sondern seine Zähigkeit und Beharrlichkeit. Klug, kalt und phantasievoll sei er, schreibt der Chronist Froissart, »ein Mensch, der bei seinen Angelegenheit ins Weite sieht[2]«. Mit der Macht kennt er sich aus. Anders in Gelddingen: Man hat einmal von ihm gesagt, er zeige eine souveräne Verachtung für Sparsamkeit. Er, dem wir als Mäzen der Künste so viel verdanken, ist mehrere Male in seinem Leben praktisch pleite gewesen – zuletzt am Tage seines Todes.

Das wichtigste Mittel seiner Politik ist (wie so oft später bei den Habsburgern) das Heiraten; vorweg seine eigene Eheschließung. Die Auserwählte ist Margarete, die reiche Erbin von Flandern. Ihr Vater, Ludwig von Maele, hätte allerdings lieber einen englischen Prinzen als Schwiegersohn. Die wirtschaftlichen Vorteile einer solchen Eheschließung, die Verbindung von englischer Wolle mit flandrischer Textilindustrie, liegen klar auf der Hand. Man kann sich die Beunruhigung des französischen Hofes vorstellen, als in Dover ein Ehevertrag zwischen den Bevollmächtigten beider Seiten geschlossen wird[3]. Die französische Diplomatie gibt nicht nach. Sogar der Papst wird eingespannt; er muß einen bereits erteilten Ehedispens für die »englische Heirat« widerrufen. Sechs Jahre geht das Tauziehen. Endlich entscheidet sich Ludwig von Maele doch für Philipp von Burgund als Schwiegersohn.

Der französische Hof – König ist inzwischen Philipps älterer Bruder Karl V. geworden – atmet auf; Philipp bekommt eine der reichsten Erbinnen Europas, und die Bedrohung Frankreichs durch die Verbindung von Flandern und England ist beseitigt.

Am 19. Juni 1369 findet in Gent die feierliche Trauung statt. Eine sonderliche Schönheit ist Margarete nicht, aber was kümmert das Philipp: Sie bringt ihm die Ansprüche auf die Freigrafschaft Burgund (ein Lehen des Deutschen Reiches), die Grafschaften Rethel, Nevers, Artois und Flandern. Der königliche Bruder gibt noch die Burgvogtei Lille, Douai und Orchies dazu, also das wallonische Flandern.

1380 stirbt der französische König, erst 44 Jahre alt, an einem Herzleiden. Der Thronfolger, unter dessen Herrschaft Frankreich in seine größte Krise geraten wird, zählt ganze zwölf Jahre. Seine drei Onkel, die Herzöge Ludwig von Anjou, Johann von Berry und Philipp von Burgund, übernehmen für ihren Neffen die Regentschaft. Die Auseinandersetzungen unter den dreien lassen nicht lange auf sich warten, und zwar nicht nur deswegen, weil der Anjou sofort nach dem Tod des Königs dessen Juwelen an sich nimmt; es geht einfach um die Macht in Frankreich. Da aber keiner die Oberhoheit gewinnen kann, gibt es eine Art Waffenstillstand.

Philipp braucht ihn. Sein Schwiegervater schwebt in Flandern in größter Gefahr. Im Land tobt der Aufruhr, vor allem in den drei »Gliedern von Flandern«: Gent, Brügge und Ypern. Es ist der Aufstand der Arbeiter gegen den Adel; es ist auch die Eifersucht der Städte untereinander; es ist der Wunsch, von den Städten aus das flache Land in ein Untertanenverhältnis zu bringen; es ist – wie so oft in der Geschichte – der Steuerdruck.

In Gent, der mächtigsten Stadt des Landes, reißt Philipp van Artevelde die Herrschaft an sich. Dieser Volkstribun schlägt am 3. Mai 1382 auf dem Eeverhoutsveld die Truppen des Grafen so vollständig, daß Ludwig von Maele kaum selbst entkommt und sich im Strohsack einer Bettlerin verstecken muß. Der Triumph der aufständischen »Witte Kaproenen«, wie sie sich nach ihren weißen Mützen nennen, ist vollständig. Das Stammschloß Maele wird verwüstet. Philipp van Artevelde läßt sich zum »Ruwaert«, zum Regenten von Flandern, ernennen.

Für demokratische Zurückhaltung, für spartanische Einfachheit hat Artevelde nichts übrig. »Er ließ alle Tage vor seinem Hotel Trompeten blasen, wenn er zu Tisch ging; ließ sich aus silbernem Geschirr bedienen, als ob er der Graf von Flandern wäre, ging in Scharlach angetan wie ein Herzog von Brabant oder Graf von Hennegau, ritt aus wie ein Fürst, ließ das entrollte Fähnchen vor sich hertragen mit einem Wappen von Zobel mit drei silbernen Hüten[4].«

Ludwig von Maele wendet sich hilfesuchend an seinen Schwiegersohn. Der begreift, was sich hier anbahnt: In Paris, aber auch in den anderen Städten, beginnt es unruhig zu werden. Die Flamme des Aufstandes muß ausgetreten werden, ehe sie ernsthaft auf das ganze Land übergreift. Auch der Papst wird bemüht, natürlich der »französische« Papst in Avignon. Clemens VII. tut genau, was von ihm erwartet wird: Er exkommuniziert die Aufständischen. Artevelde läßt sich davon wenig beeindrucken. Auch er hat »seinen« Papst im Rücken, Urban V. in Rom. Es ist ja die Zeit der großen Kirchenspaltung. Außerdem glaubt er auf die Hilfe der Engländer vertrauen zu können.

Aber Frankreich marschiert. Die französischen Ritter sind guten Mutes: Mit ihnen zieht die Heilige Oriflamme, die der junge König selbst aus den Händen des Abtes von St. Denis empfangen hat, die Kriegsfahne der Könige von Frankreich.

Noch einmal versucht Philipp der Kühne den Ausgleich. Er verhandelt mit den Gentern, die Oudenaarde belagern. Aber Artevelde glaubt, den Anfangserfolgen den entscheidenden Schlachtensieg anfügen zu können. Er täuscht sich. An einem nebligen Novembertag stellen sich bei Roosebeke zwischen Ypern und Kortrijk die Flamen den Franzosen. Die flämischen Milizen werden vollständig besiegt. Wer nicht flieht, wird niedergehauen. Unter den Toten ist Philipp van Artevelde. Für den französischen König ist das kein gefallener Gegner, sondern ein Rebell aus den unteren Volksschichten. Er gibt der Leiche einen Fußtritt und befiehlt, sie aufzuhängen. Er geht noch weiter: Trotz eines Fußfalls des Grafen von Maele setzt er durch, daß die Stadt Kortrijk eingeäschert wird. Und Philipp der Kühne bringt den »Jacquemart«, die berühmte Turmuhr von Kortrijk, nach Dijon, wo sie noch heute am Glockenturm von Notre Dame zu sehen ist.

Die Flamen sind besiegt. Begleitet von den Herzögen von Berry, Bourbon und Burgund reitet Karl VI. mit der Oriflamme in Paris ein. Noch einmal flackert der flämische Aufstand wieder auf, als ein englisches Expeditionskorps, an seiner Spitze der Bischof von Norwich, mit einer bunt zusammengewürfelten Armee bei Calais landet und die Truppen Ludwigs von Maele schlägt[5]. Aufs neue beginnen die gegenseitigen Brandstiftungen und Metzeleien. Wieder rücken Franzosen und Burgunder an. Der Bischof muß sich nach England zurückziehen.

Am 30. Januar 1384 stirbt Ludwig van Maele, zermürbt von den nicht endenden Auseinandersetzungen. Herzog Philipp, jetzt 42 Jahre alt, wird damit – zunächst für seine Frau – Herr der Grafschaften Flandern, Artois, Rethel, Nevers und verschiedener anderer Herrschaften und Ländereien. Noch immer sind Gent, Brügge und Ypern in Unruhe.

Ein Waffenstillstand läuft ab. Wird es einen neuen Bürgerkrieg geben?

Aber nun zeigt Philipp, was in ihm an politischen Fähigkeiten steckt. Er bringt eine starke Armee auf, läßt einige wenige Rädelsführer hinrichten, zeigt sich danach so entgegenkommend wie möglich, profitiert von der Kriegsmüdigkeit der Städter und erweist sich vor allem tolerant auf dem Gebiet der Kirchenspaltung und der flämischen Sprache. Der Erfolg bleibt nicht aus. Kurz vor Weihnachten 1385 wird in Tournai ein Friede geschlossen, der von einer allgemeinen Amnestie begleitet wird. Dabei zeigt sich wiederum die geschickte Regie Philipps: Als die Genter sich weigern, ihn fußfällig um Verzeihung zu bitten, wirft sich die Herzogin Margarete ihm zu Füßen und bittet für die Genter um Verzeihung: die Stadt werde von jetzt an gehorsam und treu bleiben. Ehe sich die sprachlosen Delegierten von Gent von ihrer Verblüffung erholen, erwidert der Herzog, aus Zuneigung zu seiner geliebten Gemahlin gewähre er den Rebellen die Verzeihung, um die Margarete gebeten habe.

Das nächste Jahr sieht in Sluis, dem Hafen von Brügge, ein Schauspiel, von dem man noch lange reden wird. Der König von Frankreich und der Herzog von Burgund versammeln eine Flotte für eine Invasion in England. Zwölfhundert Schiffe liegen hier, zu deren Ausrüstung nicht endende Kolonnen von Fuhrwerken heranziehen. Das Schiff Herzog Philipps ist ganz in Blau und Gold gehalten. Große Wappenschilde schmücken die Kajüte auf dem Hinterkastell. Die Segel sind über und über mit Margeriten, mit den Initialen des herzoglichen Paares und mit seinem Wahlspruch »il me tarde« – es eilt mir – bedeckt[6]. Die vom Adel stehen in heftiger Konkurrenz untereinander, wer sein Schiff am schönsten ausschmücken kann. Da werden sogar Masten mit Blattgold vergoldet. Resigniert schreibt Froissart: »Und das alles bezahlten die armen Leute in ganz Frankreich.«

Im Gegensatz zum Wahlspruch des Herzogs kommt es nicht zur Invasion. Man hat darüber gerätselt, weshalb nach so vielen Vorbereitungen der Invasionsplan schließlich aufgegeben wurde. Sicher hat die Natur von Herzog Philipp dabei mitgespielt. Wenn man mit einer glanzvollen militärischen Demonstration einen vorteilhaften Waffenstillstand mit den Engländern aushandeln kann, so ist das wirtschaflich für Flandern weit besser als das unsichere Wagnis eines Invasionskrieges.

Wichtiger sind dem Herzog seine weiteren Heiratsprojekte. Zunächst wird eine Doppelhochzeit in die Wege geleitet: Der Erbprinz des burgundischen Hauses, Graf Johann von Nevers (der spätere »Ohnefurcht«) heiratet Margarete, die Tochter Herzog Albrechts von Bayern. Der Sohn dieses Bayernherzogs, Graf Wilhelm von Hennegau und Holland, heiratet eine Tochter von Philipp dem Kühnen. Der Burgunderherzog hat wohl Anlaß, die am 12. April 1385 in Cambrai ausgerichtete Hochzeit zu einem prunkvollen Freudenfest auszugestalten. Sie macht ihn jedenfalls zum mächtigsten Fürsten im ganzen niederländischen Raum. Übrigens hat Philipp auch seine beiden anderen Töchter später recht erfolgreich verheiratet: Katharina mit einem Herzog von Österreich und Maria mit dem Herzog von Savoyen.

Eine großartige Regie aber beweist Philipp bei der Sicherung des Brabanter Erbes. Johanna, die Herzoginwitwe von Brabant, ist die »Erbtante« von Herzog Philipps Gemahlin. Sie gilt es zu gewinnen, denn auf das reiche Brabanter Erbe haben es auch die Luxemburger abgesehen. Ein alter Gegner von Brabant, der Herzog von Geldern, begeht die Unklugheit, Karl VI. verächtlich als »sogenannten König von Frankreich« zu bezeichnen. Philipp hat es leicht, seinen königlichen Neffen zu überzeugen, daß man eine solche Majestätsbeleidigung nicht ungestraft hinnehmen dürfe. Eine eindrucksvolle französisch-burgundische Armee, geführt vom König und Herzog Philipp, zieht über die Ardennen und ins Rheintal: ein militärischer Spaziergang. Eilig unterzeichnet Wilhelm von Geldern den ihm vorgelegten Friedensvertrag.

Johanna von Brabant ist sehr beeindruckt. Im September 1390 bezeichnet sie ihre Nichte Margarete als Nachfolgerin in Brabant; sie behält sich nur für Lebensdauer die Ausübung der Regierungsgewalt vor. Aber Philipp weiß, daß es auch auf die Stände von Brabant ankommt. Deshalb schlägt er vor, daß das Herzogtum nicht auf seine Frau, Margarete von Flandern, übergehen solle, sondern auf seinen zweiten Sohn Anton. Die Stände von Brabant und Johanna sind einverstanden. Jahre später tritt Johanna an Philipp noch das kleine Herzogtum Limburg ab. Der Einflußbereich des Burgunderherzogs erweitert sich Stück für Stück.

All das, die Feldzüge, die Hochzeiten, die politischen Winkelzüge verschlingen natürlich Unsummen. Allein für Philipps Gemahlin, Herzogin Margarete, hat Canat de Chizy aus alten Abrechnungen für 1384/85 Ausgaben von 43318 Dukaten errechnet. Er hat das auf zweieinhalb Millionen Goldfranken umgerechnet, und das dürfte in heutiger Kaufkraft eine gut zweistellige Millionensumme in D-Mark ausmachen. Dabei müssen die Ausgaben der Herzogin noch bescheiden gewesen sein neben denen des Herzogs für Heerzüge, Subsidien, Hofhaltung und Geschenke (um den unfeinen Ausdruck »Bestechung« zu vermeiden).

Die Wirren in den Niederlanden sind noch nicht bereinigt, da zeichnen sich in Frankreich neue politische Machtkämpfe ab. Am 3. November 1388 erklärt Karl VI. plötzlich, er wolle jetzt allein regieren, die Vormundschaft sei zu Ende. Sicher ist für einen Zwanzigjährigen der Wunsch, eine Vormundschaft abzuschütteln, nicht ungewöhnlich. Die Frage ist aber: Wer kommt in Frankreich wirklich zur Macht? Als Gegenspieler der beiden Onkel Burgund und Berry – der dritte der Onkel-Vormünder, Ludwig von Anjou, lebt nicht mehr – tritt jetzt zum ersten Mal ein junger Mann auf: der Bruder des Königs, Ludwig von Orléans, noch keine siebzehn Jahre alt. Er hat auf seiner Seite die Königin, Isabeau von Bayern, und den Connétable Clisson.

Schneller, als die Beteiligten es erwarten, kommt der Machtkampf in ein neues Stadium. An einem heißen Augusttag des Jahres 1392 reitet der junge König durch den Wald von Mans, krank, fiebernd und beunruhigt durch einen Zwischenfall mit einem Einsiedler. Da klirren hinter ihm bei seinen Begleitern zwei Metallstücke aneinander. Das muß beim König einen Anfall von Verfolgungswahn ausgelöst haben. Er reißt sein Pferd herum, zieht sein Schwert, wendet sich gegen seine Pagen, dann gegen seinen Bruder, den Herzog von Orléans. Mit Mühe bringt man ihn nach Hause[7].

Es ist klar, eine Regentschaft muß wieder her. Ludwig von Orléans, inzwischen 21 Jahre alt, macht sich Hoffnung darauf. Die Stände Frankreichs aber sind nicht der Meinung, daß der verschwenderische und ehrgeizige junge Mann der Richtige sei. Es wird also beschlossen, »daß die beiden Onkel des Königs, der Herzog von Berry und der von Burgund, die Regierung haben sollten, und in erster Linie der Herzog von Burgund; und daß die Herzogin von Burgund sich an der Seite der Königin halten und die zweite Dame neben dieser sein solle[8]«.

In diesem Augenblick beginnt die Jahrzehnte dauernde Auseinandersetzung zwischen Burgund und Orléans, die Frankreich an den Rand des Abgrunds bringen wird. Ludwig von Orléans ist eine der faszinierendsten Persönlichkeiten seiner Zeit. Auf der einen Seite sind Hochmut, Habgier und unauslöschlicher Ehrgeiz prägende Züge seines Wesens. Er hat um sich eine »Atmosphäre voll von Teufelskünsten[9]«, beschäftigt eigene Hexenmeister und Negromanten, deren einen er verbrennen läßt, weil er mit seiner Zauberei nicht zufrieden ist. Andererseits ist sein häufiger Aufenthaltsort in Paris das Kloster der Cölestiner, wo er manchmal fünf- oder sechsmal am Tage die Messe hört. Er gründet – einem Zug der Zeit folgend – einen Ritterorden »Vom Stachelschwein«, dessen Angehörige einen violetten Rock tragen, dazu einen Mantel aus azurfarbenem Samt, karmesinfarben gefüttert. Sein Freund und Berater ist Philipp de Mézières, um diese Zeit schon uralt, ein seltsamer Heiliger, sein ganzes Leben voll von Kreuzzugsplänen, auch er Stifter eines Ordens, auch er umgeben von der Aura eines mystischen Zauberers.

Ludwig von Orléans verheiratet sich mit Valentina Visconti, der Tochter des Herzogs von Mailand. Die Ehe wird die Basis ehrgeiziger Pläne Ludwigs in Italien. Gleichzeitig strebt er nach der Herrschaft über Luxemburg. Philipp der Kühne von Burgund aber erweist sich in der großen Politik dem Neffen überlegen. Seine Regiekunst blockiert die Expansionsbestrebungen des Orléans mit Erfolg.

Da wird das Haus Burgund von einem Schicksalsschlag getroffen, der die herzoglichen Finanzen an den Rand des Abgrunds bringt. Der Türkensultan Bayazid, der »Blitz«, ist in Ungarn eingefallen und hat verkündet, er werde nicht ruhen, bis er sein Pferd zur Fütterung in Rom am Hochaltar von Sankt Peter anbinden werde. Der ungarische König fleht die Fürsten Europas um Hilfe an. Philipp der Kühne macht sich zum Schutzherrn eines Kreuzzugs. Sein Sohn, der künftige Johann Ohnefurcht, übernimmt die Führung. Wieder wetteifert der Adel im Glanz der Ausstattung: Gold, Silber, Samt an Rüstungen und Pferdegeschirren. Endlich wird es wieder ruhmvollen Rittertaten entgegengehen.

In dem allgemeinen Begeisterungstrubel bleibt wenigstens einer vernünftig. Albrecht von Bayern, der Herrscher von Holland, Seeland und Hennegau, sagt zu seinem Sohn: »Wilhelm, da Du willens bist, auf Fahrt zu gehen und Dich nach Ungarn und ins Türkenland zu begeben und Kampf zu suchen mit Leuten und Ländern, die uns nie etwas zuleide taten, und Du keinen vernünftigen Grund hast, dorthin zu gehen, außer dem eitlen Ruhm in dieser Welt – so laß Johann von Burgund und unsere Vettern von Frankreich ihre Unternehmungen ausführen und führe die Deinigen für Dich aus, und geh nach Friesland und erobere unser Erbe[10].« Überflüssig zu sagen, daß die väterliche Mahnung vergebens ist.

Am 30. April 1396 marschiert der fünfundzwanzigjährige Johann, der burgundische Erbprinz, von Dijon ab, vereinigt mit der Blüte der französischen Ritterschaft. Man fährt die Donau hinunter, man belagert Nikopolis. Im Lager jagt ein Fest das andere. Die Ritter bemühen sich, einer den anderen im Luxus zu übertreffen, und vergnügen sich mit Damen meist zweifelhaften Rufes.

Mitten in einem Bankett wird Alarm geblasen: Der Sultan selbst naht mit seiner Armee. Alles stürzt zu den Waffen, jeder will der erste im Kampf sein. Vergeblich rät der König von Ungarn zur Vorsicht. Die Ritter werfen ihm vor, er wolle sie um die Ehre dieses Tages bringen. Sie stürmen vor, treffen aufs gegnerische Zentrum, werfen die türkische Infanterie. Der Feind weicht zurück; aber gerade dies ist des Sultans Plan. Auf einmal brechen seine beiden Flügel in die Flanken der Franzosen und Burgunder, begleitet von ohrenbetäubenden Kriegstrompeten. Die ungarische Infanterie gibt Fersengeld, kaum kann sich der König in einem kleinen Nachen auf der Donau retten. Nur noch der Paladin von Ungarn kämpft mit den eingeschlossenen Franzosen, die sich jetzt mit dem Mute der Verzweiflung zur Wehr setzen, unter ihnen der burgundische Prinz, der wie ein Löwe kämpft. Alles vergebens: Der Abend des 25. September sieht die totale Vernichtung des Kreuzzugheeres.

Schließlich befiehlt Bayazid, die erzielbaren Lösegelder bedenkend, die Einstellung des Massakers. Dreihundert Ritter schleppt man nackt vor den Sultan, der sich durch Dolmetscher diejenigen bezeichnen läßt, von denen ein reiches Lösegeld zu erwarten ist, unter ihnen natürlich vor allem der burgundische Erbprinz. Die nicht lösegeldwürdigen Gefangenen werden vor den Augen ihrer Kameraden massakriert.

Zweihunderttausend Gulden Lösegeld verlangen die Türken allein für Johann von Nevers. Das können trotz allen Opfermuts des herzoglichen Hofes und der Städte von Flandern die Burgunder nicht ohne weiteres aufbringen. Italienische Bankiers müssen einspringen. Nachdem das Lösegeld gezahlt ist, läßt der Sultan den Prinzen und die vierundzwanzig noch übriggebliebenen Ritter ziehen. Johann von Nevers kommt im März 1398 in Gent an.

Man sollte meinen, die entsetzliche Katastrophe habe zu einer Ernüchterung geführt. Aber die Rundreise, die Johann unternimmt, um sich bei den flandrischen Städten zu bedanken, die einen wesentlichen Teil der Lösegeldsumme aufgebracht haben, ist so prunkhaft ausgestaltet, als handle es sich um die Heimkehr eines Triumphators.

Dem alternden Herzog Philipp ist noch ein letzter politischer Erfolg beschieden. Im April 1404 erreicht er von den Ständen Brabants die endgültige Anerkennung der Regierungsübernahme durch seinen zweiten Sohn Anton in diesem Land. Während wieder einmal rauschende Feste gefeiert werden, erkrankt der Herzog plötzlich an einer Infektionskrankheit – vermutlich Grippe – und stirbt nach wenigen Tagen, noch nicht dreiundsechzig Jahre alt. Er hinterläßt seine Finanzen in einem katastrophalen Zustand. Seine Witwe muß den Zugriff der Gläubiger fürchten. Nach dem Tod des mächtigen Herzogs von Burgund, so erzählt uns der Chronist Monstrelet, sieht man die reiche Erbin des schönsten Landes der Christenheit dem damaligen Brauch entsprechend das tun, was den dürftigsten Bürgerfrauen ein Gefühl der Erniedrigung bedeutet: Sie legt auf den Sarg ihres Gemahls ihren Gürtel, ihre Börse und ihren Schlüssel nieder und verzichtet damit auf ihren Anteil an der Gütergemeinschaft.

Der bisherige Graf von Nevers und jetzige Herzog von Burgund ist noch nicht ganz dreiunddreißig Jahre alt. La Marche nennt ihn »sehr mutig und tapferen Herzens[11]«. Aber er ist auch »ein ernster, bedachtsamer und vorsichtiger Mann, der niemandem traute und deshalb unter seinem Gewand stets Waffen trug und sein Schwert immer an der Seite hatte[12]«.

Johann, der seit dem unglücklichen Kreuzzug von 1396 den Beinamen »sans peur«, »Ohnefurcht« trägt, ist von kleiner Statur. Es ist nicht leicht, sich nach dem Gemälde von Hubert van Eyck[13] ein Bild vom Wesen des zweiten Burgunderherzogs aus dem Hause Valois zu machen. Er scheint tatsächlich verschlossen, mißtrauisch, vielleicht auch listig. Man kann sich jedenfalls nur schwer vorstellen, daß der verkniffene Mund, der uns auf einem anderen Porträt – einem anonymen Bild der französischen Schule des fünfzehnten Jahrhunderts – begegnet, viel gelacht hat.

Johann Ohnefurcht spricht fließend flämisch. Das ist für ihn ein großer, vielleicht ein entscheidender Vorteil bei den schwierigen Verhandlungen mit den Ständen Flanderns. »Ein Flame, der Blut vom Hennegau in sich hat[14].«

Daß sich in Johann Ohnefurcht hinter bisweilen recht zweifelhaften Manieren ein begabter und skrupelloser Politiker verbirgt, ist unbestritten. Manch ein moderner Staatsmann würde ihn um sein Geschick auf dem Felde der Öffentlichkeitsarbeit beneiden. Wie dieser kleine Herzog sich Sympathien unter dem Volk von Paris zu verschaffen weiß, ist erstaunlich.

Philipp der Kühne hat seine Söhne auf dem Sterbebett ermahnt, sie sollten sich stets als französische Prinzen fühlen und dem König die Treue halten. Aber der König ist regierungsunfähig!

Es geht um die Vorherrschaft in Frankreich, und rasch verschärft sich der Streit zwischen Orléans und Burgund wieder. Die Herzöge Berry und Bourbon treten in den Hintergrund. Johann Ohnefurcht braucht aus wirtschaftlichen Gründen den Ausgleich mit England – auch dies ein Vermächtnis seines Vaters –, und er bereitet ein englisch-flämisches Handelsabkommen vor. Orléans dagegen will die nationalistische Politik, die Wiederaufnahme des großen Krieges gegen den Erbfeind England.

Innenpolitisch geht es vor allem um Geld, um Steuern. Orléans braucht für sich, seine Politik, seine Laster und seine Freunde mehr Geld als vorhanden ist. Die Jahressteuern sollen zum zweiten Male ausgeschrieben werden. Da protestiert Johann:

»Ein Unrecht! Das Volk hat für dieses Jahr seine Abgaben geleistet, sie sind hoch genug, höher, als sie jemals waren. Wenn Ihr mit diesem Geld nicht auskommt, so müßt Ihr die Hofhaltung einschränken. Ich jedenfalls bin, was meine Länder angeht, nicht bereit, die Steuern neu einzuziehen. Und wenn Ihr die Abgabe beschließt, so wisset, daß ich damit nicht einverstanden bin. Wenn der Betrag aus den letzten Steuern nicht ausreicht, so würde ich eher aus meiner eigenen Kasse dazu geben, als das arme Volk damit belasten[15].«

Eine plötzliche Abreise von Dauphin und Dauphine aus Paris und die an Kidnapping gemahnende Rückführung der beiden durch eine burgundische Eskorte verschärfen die Situation. Pamphlete mit Anklagen und Gegenanklagen wechseln einander ab. Die vorübergehende Versöhnung der beiden Gegner mit Umarmungen und gemeinsamem Kirchgang im Oktober 1405 kann niemand darüber hinwegtäuschen, daß die Auseinandersetzung einem Höhepunkt entgegengeht.

Das späte Mittelalter hat Freude an Symbolen und Wahlsprüchen. Die Hopfenranke war Johanns Zeichen auf dem Zuge nach Nikopolis. Jetzt fügt er die Brennessel dazu, die jeden sticht, der nach ihr greift.

Niemand zweifelt daran, gegen wen sich das Stachelschwein des Herzogs von Orléans richtet mit der Devise »Cominus et eminus« (nach einer alten Legende kann das Stachelschwein seine Stacheln auch verschießen). Nun legt sich Ludwig von Orléans als neues Symbol den Knotenstock zu und die Devise »Je l'envie«, »Ich lade ein, ich fordere heraus«. Der Burgunderherzog setzt dem Knotenstock den Hobel entgegen und – in flämisch! – den Spruch »Ic houd«, »Angenommen«. Das ist deutlich genug[16].

Ludwig von Orléans hat einen großen Teil des Adels hinter sich, sicher die Königin Isabeau und wohl auch viele von den Blutsaugern, die das Durcheinander im französischen Staat benutzen, um sich skrupellos zu bereichern. Johann Ohnefurcht hat einen wachsenden Einfluß bei der Bürgerschaft, beim Volk, er pflegt auch gute Beziehungen zur Universität von Paris. Wer von beiden wird die Oberhand behalten?

Am Abend des 23. November 1407 sucht Scas de Courtheuze, ein von den Burgundern bestochener Kammerdiener des Königs, den Herzog von Orléans auf: »Mein Herr, der König, schickt nach Euch, und Ihr müßt sogleich zu ihm eilen, denn er hat eine für Euch und ihn äußerst wichtige Sache mit Euch zu besprechen.« Orléans macht sich auf den Weg, nur von zwei Herren seines Gefolges und vier oder fünf Dienern begleitet, die in den dunklen Gassen mit Fackeln leuchten. An der Porte Barbette stürzen achtzehn schwerbewaffnete Männer mit dem Schrei »Tötet ihn!« aus dem Hinterhalt. Ludwig ruft: »Ich bin der Herzog von Orléans.« »Ihr seid es, den wir suchen!« wird ihm entgegnet. Ein Schlag mit der Streitaxt trennt seine linke Hand ab, sein Schädel wird zerspalten, das Hirn verspritzt auf dem Pflaster. Ein deutscher Page, der seinen Herrn schützen will, wird erschlagen. Die Täter fliehen. Sie werfen zerbrochenes Glas und scharfe Eisenstücke hinter sich, um die Verfolgung zu verhindern.[17]

Die Stadt ist voll Entsetzen über die grauenvolle Bluttat. Der Burgunderherzog schließt sich der allgemeinen Trauer an, muß aber bald erkennen, daß die Spuren in seine Richtung führen: Im Hôtel d'Artois, dem ständigen Quartier der burgundischen Herzöge, liefen die Fäden zusammen, von denen die Mordbande gelenkt wurde. Da macht Johann Ohnefurcht der Untersuchung überraschend ein Ende und erklärt dem Herzog von Berry: »Damit man keine falschen Vermutungen über den Tod des Herzogs von Orléans anstellt: Ich habe tun lassen, was getan wurde, und niemand sonst.« Sofort verläßt er den Staatsrat, wirft sich aufs Pferd und verläßt Paris.

Die Rechnung des Herzogs ist klar. Es handelt sich ja nicht um einen beliebigen Bauern oder Landstreicher, der totgeschlagen wurde, sondern um den Bruder des Königs. Bei einem so hinterhältigen Mord wenden sich zunächst die Sympathien aller der Witwe, Valentina Visconti, und ihren Kindern zu. Der Herzog vertraut darauf, daß die Emotionen der ersten Zeit abklingen. Inzwischen wirken die Parteigänger Burgunds in Paris. War Ludwig von Orléans nicht ein Zauberer, der dem König nach dem Leben trachtete? Ist nicht vielleicht Valentina Visconti eine Hexe? Wer soll denn den Staat jetzt überhaupt regieren, wenn nicht der Herzog von Burgund? Hat er nicht immer vernünftige Gedanken gehabt, Reformen versprochen, sich gegen die Erhöhung der Steuern gewendet? War nicht Ludwig von Orléans der Mittelpunkt derer, die das Volk aussaugen? Das Volk von Paris, diese dreihunderttausend Menschen, deren Leben uns Victor Hugos geniale Feder im »Glöckner von Notre Dame« beschrieben hat – es neigt sich langsam dem Burgunderherzog zu. Im Februar 1408 kehrt Johann Ohnefurcht an der Spitze seines Gefolges nach Paris zurück. Seine Parteigänger an der Universität erhalten den Auftrag, eine Verteidigungsschrift für ihn zu verfassen.

Am 8. März 1408 vollzieht sich im großen Saal des Hôtels Saint-Pol vor hoher und höchster Zuhörerschaft ein unglaubliches Musterstück demagogischer Rhetorik. Jean Petit, Doktor der Sorbonne, hält vor dem Dauphin (der König ist wieder krank), dem König von Sizilien, den Herzögen von Berry und Bretagne und dem ganzen Adel eine Rechtfertigungsrede für den Tyrannenmord. Im strengen Aufbau der scholastischen Wissenschaft geht er von dem Motto aus: »Radix omnium malorum cupiditas – Begehrlichkeit ist die Wurzel allen Übels.« Die Begierde macht Abtrünnige, schafft Verräter. Wer sich gegen den König verschwört, verdient Tod und Verdammnis, um so mehr, je höher er steht; jeder darf ihn töten. Alles wird mit Zitaten belegt und ergänzt. Ein Zitat aus Boccaccio beweist, daß man den Tyrannen aus dem Hinterhalt überfallen darf.

Jean Petit bringt alle alten Verdächtigungen, die jemals auf Ludwig von Orléans fielen: den Brand beim Hofball im Jahre 1392; die Verbindung mit dem Hexenmeister Philipp de Mézières im Cölestinerkloster; die Zaubereien.

So soll Orléans eines Sonntagmorgens mit einem abtrünnigen Mönch, einem Ritter, einem Knappen und einem Knecht nach La Tour Montjay geritten sein; der Mönch habe dort zwei graugrün gekleidete Teufel mit Namen Heremas und Estremain erscheinen lassen, die einen Degen, einen Dolch und einen Ring unter höllischen Weihen besprachen, worauf die Gesellschaft einen Gehängten vom Galgen von Montfaucon herunterholte.

Vier Stunden spricht Jean Petit. Als er endet, erhebt sich der Herzog von Burgund in purpurroter Samtrobe und sagt nur: »Je vous avoue« – »Ich billige Eure Rede.« Die Rechnung geht auf. Niemand widerspricht. Der König verfügt einen Erlaß: Das Verbrechen ist »niedergeschlagen[18]«.

In diesem Jahr erhebt sich im Osten ein Gegner, mit dem noch Sohn und Enkel des Herzogs schwere Sorgen haben werden. Es ist Lüttich, ein reichsunmittelbares Bistum, benachbart dem burgundischen Gebiet und regiert von Bischof Johann von Bayern.

Praktisch wird die reiche Stadt von den Zünften beherrscht. Damit ist die Spannung zum Fürstbischof von vornherein gegeben. Eines Tages setzen die Zünfte unter Ausnützung der Wirren der Kirchenspaltung den Bischof einfach ab und lassen einen neuen wählen. Der abgesetzte Bischof aber ist ein Schwager des Burgunderherzogs. Der Herzog kann sich dem Hilferuf des Schwagers auch in dieser kritischen Stunde nicht versagen, er sammelt ein Heer und zieht Lüttich zu.

Am 23. September 1408 stoßen bei Othée, nördlich der Stadt, Burgunder und Lütticher aufeinander. Tausende von Lüttichern werden niedergemetzelt. Zwei Tage später erscheinen die Bürger der stolzen Stadt barfuß vor den Siegern. Bischof Johann zeigt sich nicht sonderlich christlich: Die Häupter der Gegenpartei werden in die Maas geworfen. Die Stadt hat die Kosten des Krieges zu tragen, die Hauptfestungen des Landes werden geschleift.

Die kurze Abwesenheit des Burgunderherzogs von Paris hat aber genügt, die Partei der Orléans zu stärken. Der schwankende Hof neigt wieder den Gegnern Johanns zu und siedelt nach Tours über.

Anfang Dezember stirbt Valentina Visconti, die Witwe des ermordeten Orléans-Herzogs, in Blois. Ende 1408 sieht sich der Burgunder einer Patt-Situation gegenüber.

So kann auch die großartig inszenierte Versöhnungszeremonie vom 9. März des neuen Jahres in der Kathedrale von Chartres nichts als eine große Verlogenheit sein. Jeder Versöhnungsschwur ist ein Meineid. Es klingt wie Hohn, wenn Johann Ohnefurcht schreibt: »Die Angelegenheit wurde, dem Herrn sei es gedankt, sehr feierlich und großartig für unsere Ehre abgemacht, und zwar dergestalt, daß alle sehr zufrieden waren...«

Er weiß, daß er jetzt in Paris bleiben muß. Von seinem Quartier im Hôtel d'Artois aus bemüht er sich unablässig, durch Prachtentfaltung, durch Geschenke und durch Verhandlungen seinen Einfluß in der großen Stadt zu mehren.

Als sich Königin Isabeau mit dem Dauphin durch den Vertrag von Melun vom 11. November 1409 unter den Schutz Johanns stellt, glaubt der Burgunderherzog, die Oberhand gewonnnen zu haben.

Da erhält die Gegenseite entscheidenden Zuwachs. Karl von Orléans, der Sohn des ermordeten Herzogs, heiratet Bonne von Armagnac, und sein Schwiegervater, Bernhard VII. von Armagnac, bringt einen großen Teil südfranzösischen Adels dem Orléans zu. Vom April 1410 an ist die Front klar: auf der einen Seite die »Bourguignons«, auf der anderen Seite die »Armagnacs«. Vergeblich versucht der König zu lavieren, erläßt Befehle, die Truppen zurückzuziehen, die Söldner zu entlassen. Immer schärfer werden die Schmähschriften der beiden Parteien, schon ziehen bewaffnete Banden durch das Land, und im Jahre 1411 ist der Bürgerkrieg nicht mehr aufzuhalten. Der Burgunderherzog wendet sich jetzt auch gegen den König: »Ihr und Eure Brüder haben gelogen und lügt weiterhin, falsch wie Verräter, die Ihr seid[19]!«

Von jetzt ab zählt nur noch das Violett der Armagnacs und das Grün der Burgunder. Die Politik des Burgunderherzogs ist klar: Er hat im Gegensatz zu den Orléans immer eine ausgleichende Politik mit den Engländern angestrebt, und der Erfolg zeigt sich auch in der wirtschaftlichen Blüte von Flandern und Brabant. Die unleugbaren Mißstände in Frankreich, die schamlosen Bereicherungen, die Verwüstungen des flachen Landes gedenkt er auszunützen, um dem ganzen Land nicht nur als der Held von Nikopolis zu erscheinen, sondern als der Retter des Vaterlandes. Er stützt sich bewußt auf das Bürgertum, pflegt seine Beziehungen zu den Intellektuellen der Pariser Universität und scheut sich nicht, in den

Markthallen spazieren zu gehen, um sich dort dem einfachen Volk, den Angehörigen der Zünfte, leutselig zu zeigen. Er erreicht, daß Anfang 1412 den Parisern das Recht wiedergegeben wird, den »Prévôt des Marchands«, den Kaufmannsvorsteher, frei zu wählen, und die Stelle wird natürlich mit einem Parteigänger der Burgunder besetzt.

Die Versammlung der Generalstände im Januar 1413 zeigt der Öffentlichkeit, welche Mißstände im Königreich eingerissen sind. Überall erhebt sich die Frage: Wer kann uns zu einer besseren Zukunft führen? Wer wird der Reformer sein?

Der Burgunderherzog spielt ein gewagtes Spiel, und jetzt beginnt es ihm aus der Hand zu gleiten. In der Bevölkerung der Riesenstadt gärt es. Unter der Führung von Simon dem Kuttler, bekannt unter dem Namen Caboche, stürmt der Mob durch Paris, plündert, mordet. Die Mißliebigen werden ins Gefängnis gesteckt, unter Vorwänden hingerichtet. Wieder tauchen die weißen Mützen auf, der »Chaperon Blanc« aus den Tagen des Genter Volksaufstandes erscheint wieder. Der Herzog geht so weit, dem Henker von Paris, Capeluche, die Hand zu schütteln. Man kann sich heute kaum vorstellen, was das in einer Zeit bedeutete, in welcher der Henker nicht nur ein verfemtes Gewerbe betrieb, sondern von allen anständigen Menschen wie ein Verdammter gemieden wurde. Der Abscheu des Hofes und des Adels ist so groß, daß das Ereignis wohl das Ende eines weniger versierten Politikers bedeutet hätte.

Aber alle Volkstümlichkeit, alle geschickt ausgespielte Demagogie kann nicht verdecken, daß Johann Ohnefurcht nicht mehr Herr der Lage ist, Bürger und Universität sehen mit Entsetzen, was sich von Tag zu Tag an Mord und Totschlag in den Straßen von Paris ereignet. Da räumt Johann Ohnefurcht am 25. August Paris, die Armagnacs ziehen ein, und nun geht das Morden von neuem los, nur umgekehrt: Jetzt sind die Parteigänger der Burgunder die Opfer.

Johann Ohnefurcht ist sicher, daß in der großen Stadt eine »Fünfte Kolonne« für ihn arbeitet. Anfang 1414 versucht er,

Paris zu nehmen – und muß einen Rückschlag hinnehmen. Bernhard von Armagnac hält die große Stadt. Das bringt dem Herzog die schwerste Schlappe seit Jahren. Seine Verbündeten werden wankend, von seinen Brüdern unterwirft sich einer dem König, Anton von Brabant versucht zu vermitteln. Am 4. September wird der »Friede« von Arras geschlossen. Der Burgunderherzog hat die Vorherrschaft in Frankreich verloren, er wird sich aufs Warten verlegen müssen. Freilich, der sogenannte Friede ist auch diesmal nichts anderes als ein fauler Waffenstillstand.

Zu dieser Zeit betritt ein gutaussehender junger Mann die politische Bühne Europas. Er ist entschlossen, das Szenenbild zu verändern. Heinrich von Lancaster, der fünfte englische König dieses Namens, besteigt mit 25 Jahren im März 1413 den Thron und legt sofort die Playboy-Allüren seiner Jugend ab. Was muß einem solchen Fürsten, sobald er die innere Situation seines Landes konsolidiert hat, erstrebenswerter erscheinen, als die alte Auseinandersetzung mit Frankreich zu einem Zeitpunkt zu erneuern, da Frankreich in sich tief zerstritten ist?

Im August 1415 landen die Engländer in der Normandie und erobern Harfleur. Aber die Anfangserfolge halten nicht an; Nachschubprobleme und Krankheiten machen dem englischen Heer schwer zu schaffen. König Heinrich will sich in die Winterquartiere nach Calais zurückziehen, bietet Frieden und die Rückgabe von Harfleur, die Franzosen lehnen ab.

Am 25. Oktober 1415 stehen sich bei Azincourt die beiden Heere gegenüber, die Franzosen vier- bis fünfmal stärker und in der Erwartung des sicheren Sieges, so wie es bei Shakespeare die Worte des Connétable d'Albret zeigen[20]:

»Zu Pferd, ihr wackern Prinzen! Flugs zu Pferd!
Seht nur die hungrige und arme Schar,
Euer schöner Schein saugt ihre Seelen weg
und läßt von Männern ihnen nur die Hülse.
Für uns're Händ' ist nicht genug zu tun,
kaum Blut genug in ihren kranken Adern,

um jeden nackten Säbel zu beflecken,
die unsere fränk'schen Braven heute ziehn
und, weil's an Beute fehlt, einstecken werden.
Laßt uns nur auf die hauchen, und es stürzt
der Dunst von unserer Tapferkeit sie um...«

Selten ist voreiliger Übermut blutiger bestraft worden. Die kaltblütige Geschicklichkeit des englischen Königs, der das Terrain wohl zu nutzen weiß, die hervorragende Tapferkeit der Engländer, für die es ums Letzte geht, und die Überlegenheit der englischen Bogenschützen entscheiden den Sieg am Tag des heiligen Crispinus. Gegen 11 Uhr rücken die beiden Heere aufeinander zu. Die Franzosen, dreißig Mann tief, werden ein sicheres Opfer der englischen Langbogen. Tote und Verwundete liegen zuhauf, Verstärkungen kommen nicht durch. Englische Reiterei und Infanterie schlagen im Handgemenge das zweite französische Treffen, machen ungezählte Gefangene. Da erreicht König Heinrich mitten im Schlachtgetümmel die Nachricht, eine französische Streitmacht habe sich im Rücken der Engländer auf deren Lager geworfen, alles geplündert und niedergemacht. »Der König«, schreibt Winston Churchill, »mußte glauben, er werde von hinten angegriffen, während eine ungebrochene übermächtige Streitmacht vor ihm stand, und gab deshalb den schrecklichen Befehl, die Gefangenen abzuschlachten. In dieser Stunde ging die Blüte des französischen Adels unter, deren viele sich ergeben hatten in der Hoffnung, mit Lösegeld freigekauft zu werden.« Zu spät wird der in Panikstimmung gegebene Befehl widerrufen.

Das dritte französische Treffen zieht vom Schlachtfeld ab. Der Weg nach Calais ist offen: Heinrich von Lancaster und seine Bogenschützen haben das Unmögliche erreicht.

Der Connétable von Frankreich, die Herzöge von Alençon und Bar und die beiden Brüder des burgundischen Herzogs, Philipp von Nevers und Anton von Brabant, sind unter den zehntausend Toten, die Herzöge von Orléans und Bourbon unter den Gefangenen.

Johann Ohnefurcht hat an der Schlacht nicht teilgenommen. Seit er seine Vormachtstellung in Frankreich verloren hat, bereitet er sein Comeback vor. Als der englische König und der Burgunderherzog im Mai 1417 einen Geheimpakt miteinander schließen, glaubt jeder, den anderen als Werkzeug benutzen zu können. Seit Bernhard von Armagnac anstelle des gefallenen d'Albret Connétable von Frankreich geworden ist, ist die Macht der Armagnacs noch stärker geworden. Ohne die Engländer kann Johann Ohnefurcht nicht hoffen, zum Ziel zu gelangen.

Inzwischen ist der Dauphin Ludwig gestorben. Thronfolger ist jetzt ein Knabe von gerade vierzehn Jahren. An ihn, den schwachen Sohn des geisteskranken Königs, klammern sich Frankreichs Hoffnungen.

Unablässig arbeitet Johann Ohnefurcht an seinem Plan, die Vorherrschaft in Frankreich wiederzugewinnen, das große Paris wieder zu besetzen. Alle Steuern mit Ausnahme der Salzsteuer will er abschaffen. Die Burgunder rücken in der Champagne vor, sie besetzen Troyes und Chartres. Am Morgen des 29. Mai 1418 dringen sie in Paris ein, die burgundischen Parteigänger erheben sich in der Stadt. Der Connétable Bernhard von Armagnac wird getötet, der Pöbel zieht ihm die Haut ab, Tausende von Armagnacs fallen den Messern der Cabochiens zum Opfer. Auch vor den Angehörigen der Pariser Universität macht der Furor nicht Halt. Mit knapper Not entkommt der Dauphin mit Tanneguy du Châtel.

Die politische Strategie des Burgunderherzogs ist hervorragend: Er hält sich fern, er hat mit dem Blutbad des Pariser Pöbels nichts zu tun, er wartet, bis ihn der König und die Königin beschwören, doch zu kommen und wieder Ordnung zu schaffen. Da erst, am 14. Juli, zieht Johann Ohnefurcht im Rahmen einer spektakulären Parade, die seine Macht dem Volke zeigt, in Paris ein. »Lieber Vetter, seid willkommen. Ich danke Euch für alles Gute, das Ihr der Königin getan habt«, so empfängt König Karl den Herzog[21].

Es ist nicht schwer, nun vollends Ordnung zu schaffen. Bald findet sich ein Grund, den Henker Capeluche, dem der

Herzog seinerzeit die Hand gegeben hat, hinzurichten. Weitere Exekutionen folgen. Paris ist wieder »bourguignon«.

Aber ein anderes Problem bedrängt jetzt Johann Ohnefurcht. Die Engländer verheeren die Normandie, Rouen wird ausgehungert und muß sich ergeben. Der Burgunderherzog weiß, daß er seinen vorherrschenden Einfluß in Frankreich nicht behalten kann, wenn Heinrich V. König von Frankreich wird. Konsequenterweise versucht Johann wieder mit dem Dauphin in Kontakt zu kommen. Anfang 1419 wird ein feierlicher Vertrag zwischen den beiden aufgesetzt[22]. Zur Bekräftigung der Einigung soll eine Begegnung zwischen dem Dauphin und dem Herzog stattfinden. Mehrmals wird das Datum verschoben, dann will man sich am 10. September 1419 auf der Brücke von Montereau-sur-Yonne treffen. Der letzte Akt bricht an. Die Ratgeber des Herzogs beschwören ihn, sich nicht auf die Begegnung einzulassen. Die Falle ist bereits gestellt. An einem Tag seines Lebens verlassen den Burgunderherzog seine sprichwörtliche Vorsicht, seine Klugheit, sein Gefühl für nahende Gefahr.

Johann Ohnefurcht akzeptiert, daß die Begegnung auf einer kleinen Insel im Fluß Yonne stattfindet, wo man wie in einer Mausefalle sitzt, wenn das Brückentor hinter einem geschlossen ist. Noch schlimmer: Er lehnt es ab, ein ausreichend bewaffnetes Gefolge mitzunehmen. »Er geht seinem Schicksal mit einer ruhigen Resignation entgegen, wie wenn er Vertrauen in das Wort seiner Feinde hätte, die er so gut kennt, und trotz der Perfidien des menschlichen Herzens. Vielleicht ist auf der anderen Seite selbst der Dauphin nicht vollkommen zum Verbrechen entschlossen und es ist ein Zufall, der es hervorgerufen hat. Aber es herrscht bei dieser Begegnung zwischen den unversöhnlichen Gegnern eine solche Angst, eine solche Nervosität, ein solcher Argwohn herüber und hinüber, daß die unschuldigste Geste die Katastrophe provozieren kann. An der ersten Barriere findet Johann Ohnefurcht die Leute des Dauphin, die ihm sagen: ›Monseigneur erwartet Euch.‹ Dann passiert er die zweite Barriere, die man mit dem Schlüssel hinter ihm abschließt.

Auf der Brücke begegnet er Tanneguy du Châtel, dem er freundschaftlich auf die Schulter schlägt[23].«

Monstrelet berichtet weiter: »Und so passierte er weiter bis nahe zu dem besagten Dauphin, vor dem er, um ihm Ehre und Reverenz zu erweisen, sich auf ein Knie niederließ, um ihn untertänig zu grüßen; worauf der Dauphin irgendwie antwortete, ohne ihm etwas zu zeigen, was nach Zuneigung aussah und ihm vorwarf, daß er sein Versprechen schlecht gehalten habe und nicht mit dem Krieg aufgehört noch seine Leute aus den Garnisonen abgezogen habe, wie er es versprochen hatte. Inzwischen faßt ihn Herr Robert de Loire beim rechten Arm und sagt ihm ›Stehet auf, Ihr seid nicht sonderlich ehrenhaft‹, und der besagte Herzog war, wie oben angeführt, auf einem Knie und hatte sein Schwert umgegürtet. Dieses war ohne seinen Willen zu sehr nach hinten gerutscht, während er hingekniet war, so daß er es mit der Hand faßte, um es zurecht zu rücken, daß es ihm bequemer sitze, und darauf sagte der erwähnte Herr Robert de Loire zu ihm: ›Legt Ihr die Hand an Euer Schwert in der Gegenwart des Herrn Dauphin?‹ Unter diesen Worten nähert sich von der anderen Seite Herr Tanneguy du Châtel, der macht ein Zeichen und sagt ›Es ist Zeit‹ und er hieb dem besagten Herzog mit einer kleinen Axt, die er in der Hand hielt, über das Gesicht so schroff, daß er in die Knie brach und ihm das Kinn zerschlug. Als der Herzog den Schlag spürte, legte er die Hand ans Schwert, um es zu ziehen, und versuchte sich zu erheben, um sich zu verteidigen, aber vergeblich, wegen des besagten Tanneguy wie einiger anderer, erhielt noch einige Stöße und fiel zur Erde wie tot. Und geschwind stieß ihm ein gewisser Olivier Layet mit der Hilfe von Pierre Fratir ein Schwert durch sein Panzerhemd ganz in den Leib[24].«

Die Edelleute seines Gefolges versuchen, den Herzog zu verteidigen, werden aber, durch die Übermacht bewältigt, ebenfalls getötet oder verwundet. Der Dauphin, der der Szene wie erstarrt zugesehen hat, wird von seinen Begleitern weggeführt.

Die Nacht bricht herein. Auf der Brücke von Montereau liegt die Leiche des mächtigsten Mannes von Frankreich, aus vielen Wunden blutend, seines Schmuckes und der Oberkleidung beraubt. Lähmendes Entsetzen zieht über das Land.

Das Wunder von Orléans

Einem jungen Mann von 23 Jahren die Nachricht zu überbringen, sein Vater sei ermordet worden, ist keine leichte Aufgabe. Als Bischof de Thoisy in Gent dem jungen Paar die unheilvolle Botschaft verkündet, stößt Philipp von Burgund »einen schrecklichen Schrei aus. Man sah, wie sein Gesicht plötzlich zitterte und wie er seine Augen verdrehte. Er hatte die Zähne fest aufeinandergebissen und trockene Lippen wie ein Toter. Man mußte ihm die Kleider vom Leibe reißen und den Mund öffnen. Er war dem Ersticken nahe in dem Zimmer, in dem die anderen mit ihm weilten[25]«.

Nicht geringer ist das Entsetzen seiner jungen Frau, Michelle de France. Sie hat den Schock, als Schwester des Mörders gelten zu müssen, nie überwunden. Weniger als drei Jahre später stirbt sie, ehrlich und tief betrauert von den Gentern, die sogar 120 Mann aussenden, um in Aire eine Hofdame Michelles zu verhaften, die man irrtümlich des Giftmordes an der jungen Herzogin beschuldigt.

Philipps erste Maßnahme ist, die »Vier Glieder Flanderns« zusammenzurufen, also Gent, Brügge, Ypern und den »Franc de Bruges«. Die Stände versammeln sich, würdig, im tiefen Schwarz der Trauer. Sie lassen keinen Zweifel daran, daß sie an der Seite des jungen Herzogs zu stehen gedenken. Die allgemein anerkannte Pflicht des Sohnes, den bei Friedensverhandlungen ermordeten Vater zu rächen, steht im Einklang mit den Wünschen Flanderns, den Ausgleich mit den Engländern vor allem aus handelspolitischen Überlegungen zu suchen. Als der Prediger Pierre Flore in christlicher Demut verkündet, die Rache gehöre Gott allein, ist alle Welt von einer solchen Entgleisung peinlich berührt.

Die Engländer empfinden den Mord auf der Brücke von Montereau nicht als besonderen Schock. Im Gegenteil: Heinrich V. kann sicher sein, daß ihm dieses Ereignis die Burgunder in die Arme treiben werde.

Und so entwickeln sich denn auch die Ereignisse. Im Mai 1420 wird der Vertrag von Troyes geschlossen. Der Dauphin, »Soi Disant Dauphin des Viennois«, wird der Thronfolge wegen seiner »schauderhaften und ungeheuren Verbrechen« für verlustig erklärt. Karl VI. und Isabeau erkennen Heinrich V. von England als ihren »Sohn und Nachfolger« an; er wird ihre Tochter Katharina heiraten (und sich dadurch auch mit Philipp von Burgund verschwägern). Die Kronen Frankreichs und Englands sollen ewig vereinigt werden.

Ein kühner Schritt, der Visionen in greifbare Nähe rückt. Wer soll sich auch dagegen wenden? Etwa der kleine armselige magere Dauphin mit seinem Hof in Bourges? Bereits am 2. Juni findet die Vermählung des englischen Königs mit Katharina in Troyes statt. Am 23. Juni wird Montereau eingenommen, der ermordete Herzog exhumiert und nach der Kartause Champmol bei Dijon feierlich überführt. Der erneuerte Schmerz wird den jungen Herzog in seinem Rachegelöbnis bestärkt und in seiner politischen Haltung bestätigt haben.

Am 1. Dezember ziehen beide Könige in Paris ein. Am Tag vor dem Heiligen Abend wird vor dem Parlament ein feierliches »Lit de Justice« abgehalten, dem außer den beiden Königen drei Herzöge beiwohnen. Bei dieser Gelegenheit tritt uns zum ersten Mal ein Mann entgegen, der in der Geschichte Burgunds noch eine große Rolle spielen wird: Nicolas Rolin, der spätere Kanzler, vertritt die Sache Burgunds und beantragt die Bestrafung der Mörder.

Natürlich haben die Armagnacs, die sich um den abgesetzten Dauphin in Bourges scharen, noch einige Provinzen und Hilfsmittel hinter sich. Natürlich versuchen sie immer wieder, durch Vorstöße militärische Vorteile zu erringen. Aber die Übermacht der englisch-burgundischen Allianz ist nicht aufzuhalten.

Da ereignen sich im Jahre 1422 innerhalb weniger Wochen zwei Todesfälle: Am 31. August stirbt in Vincennes im Alter von erst 34 Jahren der englische König. Am 10. Oktober folgt ihm, 53jährig, Karl VI., der geistesgestörte französische König, im Tode nach. Nun erbt ein Kind, das noch nicht einmal ein Jahr alt ist, die beiden Kronen Frankreichs und Englands: Die Doppelmonarchie ist geschaffen. Für das Kind, für Heinrich VI., muß ein Regent gefunden werden. John, Herzog von Bedford, der Bruder Heinrichs V., übernimmt diese Aufgabe. Er weiß, daß er sich ständig um Burgund bemühen muß, das er braucht. Vor dem Hintergrund der politischen Spannungen muß man wohl auch die Eheschließung Bedfords mit Philipps jüngerer Schwester Anna im Jahre 1423 sehen.

Der Dauphin hat sich in Mehun-sur-Yévre, neun Tage nach seines Vaters Tod, zum König erklärt – »König von Bourges«, wie seine Gegner spöttisch sagen. Die Kämpfe, die das Land bereits in tiefes Elend gestürzt haben, werden also weitergehen.

Nur schwer kann man sich eine Vorstellung davon machen, in welch verzweifelter Lage sich die Bevölkerung in weiten Teilen Frankreichs in den zwanziger Jahren dieses Jahrhunderts befindet. In den unaufhörlichen Kämpfen zwischen Burgundern, Armagnacs und Engländern werden Dörfer niedergebrannt, Klöster zerstört, Bauern niedergemetzelt, Frauen vergewaltigt, das Vieh weggetrieben, Beute fortgeschleppt. Feste Städte schätzen sich glücklich, wenn sie Geld genug aufbringen können, um sich von Brandschatzungen freizukaufen. Man huldigt mit gleich mangelhafer Begeisterung jedem großen Herrn, der sich mit ausreichenden Truppen bedrohlich nähert.

Die Achtung vor dem menschlichen Leben ist nicht höher als vor dem Eigentum. Eine schwangere Bäuerin kurz vor der Niederkunft in das Geäst einer großen Linde, aber noch in Reichweite der herantrabenden Wölfe mitten zwischen die Leichen von Erhängten zu binden, mag uns als ein grauenvoller Einzelfall erscheinen. Der Bericht des Chronisten ist aber nichts als eine Kennzeichnung der völligen Verrohung im ganzen Land.

In groteskem Gegensatz dazu versucht die Ritterschaft, sinnleer gewordene Ideale hochzuhalten. Als Graf Suffolk einem jungen Franzosen kriegsgefangen in die Hände fällt, fragt er ihn zunächst, ob er von Adel sei. Dies bejaht der Franzose, muß aber die weitere Frage, ob er Ritter sei, verneinen. Suffolk besteht darauf, seinen Gegner zunächst zum Ritter zu schlagen, dann ergibt er sich ihm.

Der abgesetzte Dauphin sitzt in seinem Schloß in Chinon und überlegt, was er noch an Städten, Ländereien und Burgen verwerten könne, um vor allem seine kostspielige Hofhaltung finanzieren, aber auch die meuternden Truppen besser hinhalten zu können. Jolantha, Herzogin von Anjou, Königin von Neapel und Jerusalem, die Mutter des »guten Königs René« (der in diesem Jahr noch ein junger Mann ist), hilft dem Dauphin, ihrem Schwiegersohn, immer wieder aus der Klemme. Aber wie lange noch?

Die Engländer stehen vor Orléans. Das ist an sich gegen die geltende Regel, weil der Herzog von Orléans seit Azincourt Gefangener in England ist und man sich am Eigentum eines Gefangenen nicht vergreifen darf (so er von Adel ist). Aber Bedford rechnet sich aus, daß die Einnahme von Orléans den entscheidenden Sperriegel für das Land südlich der Loire, über das der Dauphin noch gebietet, knacken wird.

Schlimmer ist, daß der Dauphin Karl beginnt, an sich selbst und seiner Legitimität zu zweifeln. Königin Isabeau, seine Mutter, scheut sich nicht, öffentlich zu erklären, Karl sei ein Bastard. Wer die Lebensumstände des wirren Königs, seine Anfälle und seine stinkenden Lumpen bedenkt, der kann auch wirklich zweifeln, ob die zwölf Kinder Isabeaus alle von ihm sind. Da sitzt nun also ein magerer, unansehnlicher junger Mann von 26 Jahren, enterbt, von seiner eigenen Mutter als unehelich verhöhnt und praktisch bankrott, im Schloß Chinon und liest einen Brief seines Hauptmanns Boudricourt aus Vaucouleurs irgendwo an der lothringischen Grenze. Der alte Haudegen kündigt seinem Fürsten an, er sende ihm mit einem kleinen Geleit ein Bauernmädchen aus Domremy in Lothringen, die sich in den Kopf gesetzt habe, Frankreich zu retten.

Über das Phänomen Jeanne d'Arc ist viel geschrieben worden. Bedenkt man die ganzen Lebensumstände, die Denkweisen im »Herbst des Mittelalters«, so will es nicht allzu mirakelhaft erscheinen, wenn ein Landmädchen, das wahrscheinlich in der Pubertät steckenblieb, das außer der üblichen religiösen Erziehung keinerlei Bildung hatte und das weder lesen noch schreiben konnte, Halluzinationen bekam, in denen Heilige genau in der körperlichen Erscheinung auftreten, wie sie das Volk aus den Kirchen kennt: der Erzengel Michael, die heilige Margaretha, die heilige Katharina.

Johanna ist bis zum letzten Tage ihres kurzen Erdenlebens ein gläubiges, einfältiges Bauernmädchen mit gesundem Menschenverstand geblieben, voll Vertrauen in ihre »Stimmen«, die sie beraten und lenken, ehrlich in einer Welt voll grausamer Hinterlist, sicher in der Zuversicht für die gerechte Sache Frankreichs, menschlich in ihrer Angst vor körperlichen Leiden, großartig in der Haltung vor ihren Richtern und in der Stunde ihres Sterbens: eine Heilige, wenn man so will. Wahrscheinlich zeigt die Marmorfigur von Chapu mehr vom Wesen dieses Mädchens als viele Standbilder, die das spätere Frankreich der streitbaren Heldin mit Fahnen und Rüstung errichtete.

Es hat sicher damals Leute in Frankreich gegeben, vor allem unter den den Armagnacs anhängenden Klerikern, die in Johanna ein erstklassiges politisches Instrument witterten, wenn man es nur richtig einsetzte. Man glaubt in Johannas

Briefen und Botschaften – die sie ja als Analphabetin diktieren mußte – direkte und indirekte Einflüsse der Kirche zu spüren.

Auf drei Dinge kommt es in dieser dunklen Stunde an:

Das Selbstvertrauen des Dauphins zu stärken; gibt er sich und seine Ansprüche auf, so ist alles an Bedford und Burgund verloren.

Das Selbstvertrauen des Heeres zu stärken; die alte Weisheit, daß eine Armee geschlagen wird, weil sie geschlagen wurde, zeigt sich in der völligen Demoralisierung der Truppen des Dauphins, die auch durch die Zähigkeit eines Dunois, das Haudegentum eines La Hire nicht wettgemacht werden kann.

Das Selbstvertrauen Frankreichs zu stärken: Das kann am besten durch die »rechtmäßige Krönung des rechtmäßigen Königs« geschehen. Und in diesem Punkt muß naturgemäß der Erzbischof der traditionellen Krönungsstadt Reims auf der Seite Johannas stehen.

Der Dauphin zeigt sich von den Unterhaltungen mit dem Mädchen, das sich in Männerkleidern im kalten Februar des Jahres 1429 durch viele Meilen feindlichen Gebiets mit wenigen Begleitern zu ihm durchgeschlagen hat, beeindruckt. Er sendet Johanna mit einer Entsatzstreitmacht nach Orléans.

Die Engländer haben dort – die Belagerung begann schon im Oktober 1428 – einen schlimmen Winter hinter sich. Sie fühlen sich wahrscheinlich nicht viel besser als die drinnen in Orléans und harren sehnsüchtig auf Verstärkung unter Sir John Fastolf aus Richtung Paris.

Die Bürger von Orléans, die bereits vergeblich versucht haben, sich unter den Schutz des mächtigen Burgunderherzogs zu stellen, um den Engländern zu entgehen, jubeln, als die Jungfrau mit den französischen Entsatztruppen einreitet. Kurze Zeit später, am Tage nach Himmelfahrt, wird die wichtigste englische Befestigung erstürmt, Johanna wird an der Schulter verwundet, die Engländer ziehen ab, halb betäubt von der Niederlage, die ihnen »die Hexe« beigebracht hat.

Am 18. Juni gelingt es, den besten Feldherrn Englands, den furchtbaren Talbot, bei Patay zu besiegen, Troyes wird besetzt, Chalons, dann Reims. Wirklich Reims: Und hier führt Johanna am 13. Juli den Dauphin zur Krönung. Der Erzbischof salbt ihn mit dem heiligen Öl, mit dem der selige Remigius König Chlodwig gesalbt hatte und das eine Taube zur Krönung des ersten christlichen Königs vom Himmel gebracht hat. Daß die Krönung mit einer Ersatzkrone vorgenommen wird – die echte befindet sich in den Händen der Engländer – scheint niemand zu stören. Das gaffende Volk weiß es ohnehin nicht.

Johanna ist auf dem Höhepunkt ihres Ruhms. Die unglaublichsten Geschichten über ihre Wundertaten durchfliegen Europa. Amulette mit ihrem Bild werden feilgeboten. Die Soldaten Englands und Burgunds zögern, gegen die »Hexe von Orléans« anzutreten.

Ihre Weissagungen haben sich erfüllt (einige, die sich nicht erfüllten, werden bereitwillig vergessen), Karl VII. ist rechtmäßiger König, Frankeich hat sich aus dem Staub der Verzweiflung erhoben. Domremy bekommt »für alle Zeiten Steuerfreiheit« (was tatsächlich bis zur Französischen Revolution eingehalten wurde), Johanna und ihre Familie werden geadelt (was das Bauernmädchen nicht sehr berührt hat).

Die Jungfrau aber drängt weiter. Paris! Jedoch, es ist noch nicht so weit. Der Angriff, vielleicht zu halbherzig gegen die größte Stadt Frankreichs vorgetragen, schlägt fehl, die »Fünfte Kolonne« drinnen in der Stadt erfüllt ihre Aufgabe nicht wie erwartet. Der König ordnet den Rückzug an; man schreibt den 13. September.

Karl VII. sinkt wieder in die angenehmen Zerstreuungen des Hoflebens zurück. Mittlerweile kommt das neue Jahr, neue Kämpfe, Beauvais wird genommen, Compiègne. Am Abend des 24. Mai 1430 wird Johanna bei einem Scharmützel vor Compiègne umzingelt, vom Pferd gerissen, gefangen. Es sind die Burgunder des alten Feldobristen Jean von Luxemburg, der sie alsbald vor den Herzog bringen läßt. Man hat nie erfahren, was zwischen dem vierunddreißigjährigen

Philipp und dem achtzehnjährigen Bauernmädchen gesprochen worden ist.

Die Burgunder verkaufen ihre Gefangene an die Engländer, die der »Hexe« den kirchlichen Prozeß machen. Ein Jahr nach ihrer Gefangennahme wird sie in Rouen verbrannt.

Das Auftreten der Jungfrau hat eines bewirkt, was sie in den Folgerungen sicher nicht übersehen konnte: das Aufkommen eines wirklichen französischen Nationalgefühls. Selbst hohe burgundische Offiziere bleiben nicht unberührt von dieser Strömung. Der Engländer ist der eigentliche Landesfeind. Mit ihm zu paktieren, ist keine gute Sache. Andererseits wird aber gerade in diesen Jahren etwas anderes deutlich: Der Herzog von Burgund ist praktisch kein französischer Vasall mehr. Burgund hat begonnen, ein eigenes Staatsleben zu führen.

Die bayerische Jaqueline

Natürlich sind die französischen Wirren das Hauptproblem für den Burgunderherzog. Das darf aber nicht zu dem Trugschluß verleiten, im Norden und Osten gebe es überhaupt keine Probleme für ihn. Das führt uns zu einer der faszinierendsten Gestalten dieses an farbigen Erscheinungen gewiß nicht armen Jahrhunderts: Jakobäa von Bayern oder – was in unseren Ohren eleganter klingen mag – Jaqueline[26]. Am 25. Juni 1401 in Den Haag geboren, ist sie das einzige Kind von Wilhelm IV., Pfalzgraf bei Rhein, Herzog von Bayern, Graf von Hennegau, von Holland und Seeland, Herr von Friesland, und von Margarete von Burgund, einer Tochter Philipps des Kühnen, Jakobäa ist also eine Cousine von Herzog Philipp dem Guten.

Wilhelm und Margarete haben natürlich mit ihrer Tochter viel vor. Mit fünf Jahren wird das kleine Mädchen mit Jean de Touraine, dem jüngeren Sohn des französischen Königs, verehelicht. Jean wird durch den Tod seines älteren Bruders Ludwig im Dezember 1415 Dauphin. Die Erwartungen, die sich daran knüpfen, dauern aber nicht lange. Am 5. April 1417 wird der Dauphin vergiftet aufgefunden. Für Wilhelm IV. bedeutet dies das Ende des Traums, Schwiegervater eines französischen Königs zu werden. Er überlebt den Schlag nur wenige Wochen. Auf dem Sterbebett spricht er den Wunsch aus, seine Tochter solle sich mit ihrem Vetter Johann IV. von Brabant verheiraten.

Jaqueline, mit 16 Jahren Witwe und Nachfolgerin ihres Vaters, wird durch die Stände von Hennegau anerkannt, sieht sich aber in ihrem Nachfolgerecht in Holland bekämpft durch ihren Onkel, den Bischof-Elekt von Lüttich, Johann von Bayern. Der streitbare Kirchenfürst hat in der blutigen Schlacht bei Othée seine unbotmäßigen Untertanen mit der Hilfe Herzog Johanns Ohnefurcht besiegt. Seitdem nennen ihn die Leute Jean sans Pitié, ohne Mitleid.

Dieser fromme Kirchenmann erklärt nun seine Absicht, auf sein Bistum zu verzichten, um seine Nichte zu ehelichen. Jaqueline denkt nicht daran. Sie heiratet Johann IV. von Brabant.

Johann von Bayern gibt sich nicht geschlagen. Er läßt sich von Kaiser Sigismund mit Hennegau, Holland und Seeland belehnen und heiratet die Witwe des bei Azincourt gefallenen Herzogs Anton von Brabant, Elisabeth von Görlitz, Herzogin von Luxemburg.

Unglücklicherweise ist Johann IV., Jaquelines Mann, nicht viel wert. Seine schöne Frau ist von anderem Format. Die schlappe Art und Weise, wie ihr Mann den Krieg in Holland gegen den kriegerischen Ex-Bischof führt, zwingt Jakobäa, sich an ihren Onkel Johann Ohnefurcht mit der Bitte um Vermittlung zu wenden. Dieser beauftragt seinen Sohn, den späteren Philipp den Guten, mit den Verhandlungen. Nach einem Vertrag vom Februar 1419 müssen Jaqueline und ihr Mann einen Teil Hollands als Lehen an Johann von Bayern geben und ihm den Titel eines Landvogts überlassen.

Jaqueline sieht den »Frieden« nicht anders als einen vorübergehenden Waffenstillstand an. Sie versucht, gestützt auf die Partei der Hoeks, sich in den Besitz von Holland zu setzen. Brabant ist aber nicht in der Lage, einen langen und kostspieligen Krieg zu führen. Inzwischen ist Johann Ohnefurcht ermordet worden. Sein Nachfolger Philipp hat nicht die geringste Lust, sich in einen Konflikt im Nordosten verwickeln zu lassen, solange sein Hauptinteresse im Westen liegt. Er veranlaßt seinen Vetter von Brabant durch einen am 21. April 1420 unterzeichneten Vertrag, Holland und Seeland dem Onkel von Jaqueline auf zwölf Jahre zu überlassen.

Das bringt die Empörung von Jaqueline auf den Gipfel. Burgundischer Verrat! Vergebens appelliert sie an ihren Gemahl, sie in ihren Rechten wiederherzustellen. Johann schützt vor, er wolle sich nicht in holländische Angelegenheiten einmischen. Immer schrecklichere Szenen gibt es zwischen den Ehegatten, aber Johann bleibt für diesmal unbeugsam. An Ostern wirft sich Jaqueline aufs Pferd und reitet in die Auberge du Mirorir in der Rue de la Montagne. Hier kommt es zu einem fürchterlichen Auftritt zwischen dem Herzog und Jaqueline wegen einer Affäre, die Johann mit Laurette d'Assche hat, der Ehefrau seines Haushofmeisters. In Tränen aufgelöst, von einem einzigen Pagen, Jean de Rizoir, begleitet, stürzt die Herzogin aus dem Palais und begibt sich zu ihrer Mutter. Am nächsten Morgen verlassen die beiden Fürstinnen Brüssel.

Zur gleichen Zeit aber werden die Brabanter mit der Mißwirtschaft ihres Fürsten unzufrieden. Der Bruder des Herzogs, Philipp de Saint-Pol, erhält die Regentschaft mit dem Titel eines Ruwaert (Landvogt). Von diesem Durcheinander profitiert die Herzogin und reist nach England, um die Unterstützung von König Heinrich V. zu erbitten. Es gelingt der bildschönen Jaqueline, den Bruder des Königs, Humphrey, Herzog von Gloucester, ins Netz zu ziehen. Sie verspricht ihm ihre Hand und die Nachfolge in allen ihren Staaten. Es bedarf nur noch einer Kleinigkeit: Die Ehe mit Johann IV. muß vom Papst annulliert werden.

Papst Martin V. macht leider Schwierigkeiten, worauf sich Jaqueline einfach zum Gegenpapst Benedikt XIII. begibt, der weniger Bedenken hat (wenn er auch, vom Konstanzer Konzil abgesetzt, inkompetent ist). Er erklärt die Brabanter Ehe für nichtig, und flugs heiratet Jaqueline den Herzog von Gloucester. Nun kann sie auf englische Intervention hoffen.

Aber sie hat Pech. Bald danach stirbt Heinrich V. Sein Nachfolger ist gerade neun Monate alt, und die Interessen des Babykönigs werden vertreten durch den Regenten, den

Herzog von Bedford. Bedford muß fürchten, daß eine englische Intervention in Holland zu einer Wiederannäherung des Burgunderherzogs an den französischen König führt. Philipp seinerseits läßt durch den Papst Martin die englische Heirat von Jaqueline für nichtig erklären. Außerdem erreicht der Burgunder, daß ihn Johann von Bayern, der Onkel und Gegner von Jaqueline, in Holland zu seinem Erben einsetzt. Jetzt werden die Engländer aktiv. Im Oktober 1424 landet der Herzog von Gloucester in Calais mit sechstausend Bogenschützen und marschiert in Richtung Hennegau. An der Spitze von dreitausend Rittern hält der mit Jaqueline und ihrer Mutter einen triumphalen Einzug in Mons. Als aber einer der fähigsten Kriegsobersten der Burgunder, Johann von Luxemburg, im Hennegau einrückt, erklärt Humphrey, er müsse schleunigst nach England zurück, um neue Truppen auszuheben. Seine Frau läßt er in Mons zurück. Während Humphrey in England durch »höhere Interessen« zurückgehalten wird, sieht sich Jaqueline gezwungen, in Verhandlungen mit den Burgundern einzutreten. Im Abkommen von Douai verpflichtet sie sich, ihre Wohnung in Gent zu nehmen und dort abzuwarten, was der Papst über die Gültigkeit ihrer Heirat mit Johann IV. erklären wird.

Warten. Das ist nichts für die energische Jaqueline. Ein Vierteljahr später flieht sie als Page verkleidet aus Gent nach Den Haag. Johann von Bayern, ihr alter Gegner, ist inzwischen gestorben. Mit der Hilfe der »Hoeks« schlägt sie überall die gegnerische Partei, die »Kabeljaus«. Kaiser Sigismund versucht, die Grafschaft als verfallenes Lehen zugunsten des Reiches einzuziehen; aber der Krieg gegen die Hussiten und die Drohung einer türkischen Invasion in Ungarn halten ihn von einer wirksamen Intervention ab.

Jetzt tritt Philipp der Gute wieder auf. Er verbündet sich mit dem Bischof von Utrecht, mit dem Herzog von Geldern und mit den »Kabeljaus« in den großen Städten. Bei Brouwershaven schlägt er im Januar 1426 ein englisches Hilfskorps, das Gloucester geschickt hat. Botschaft auf Botschaft schickt Jaqueline nach England. Alle Hilferufe verhallen ungehört. Der Herzog von Gloucester hat genug von seiner temperamentvollen Ehefrau oder Nichtehefrau – genug von dem holländischen Abenteuer. Sie muß schließlich hören, daß er sich, gestützt auf die päpstliche Nichtigkeitserklärung, mit seiner Geliebten, Eleonore Cobham, verheiratet hat.

Jaqueline weiß: Das Spiel ist aus. Am 3. Juli 1428 unterschreibt sie in Delft den Vertrag mit Philipp dem Guten. Burgund hat sich einen entscheidenden Machtzuwachs gesichert. Vier Jahre lebt nun Jaqueline dahin und beschwert sich, daß man ihr kaum Mittel gelassen habe, ein standesgemäßes Leben zu führen. Man darf nicht vergessen: Nach all dem, was sie hinter sich hat, nach drei Ehen, ist sie erst dreißig Jahre alt. Da empfiehlt ihr eines Tages ein Edelmann ihres Hauses, sich doch an Frans van Borselen zu wenden, den der Herzog von Burgund als Gouverneur von Seeland eingesetzt hat. Der Herr van Borselen zeigt sich willig, ihr Geld zu leihen, und erklärt ihr, sie könne über seine Güter und seine Person verfügen. Man lernt sich näher kennen, Madame verliebt sich in den Besatzungsgouverneur und heiratet ihn schließlich – heimlich, versteht sich.

Man hat spekuliert, ob die ganze Sache nicht eine von Philipp dem Guten eingefädelte Intrige gewesen sei, der den gutaussehenden Frans der schönen Jaqueline, deren leicht entzündliches Herz er kennt, in den Weg geschickt habe, um sie dazu zu bringen, den Vertrag von Delft zu verletzen. Jedenfalls bleibt die Heirat natürlich nicht lange geheim. Im Juli 1432 reitet der Herzog von Burgund an der Spitze von sechshundert Bewaffneten in Den Haag ein, verhaftet den Herrn van Borselen und läßt ihn im Schloß Rupelmonde einkerkern. Er kündigt Jaqueline in einem erregten Auftritt an, daß er dem Herrn Gouverneur, der es gewagt habe, ohne seine Erlaubnis eine Fürstin von solchem Rang zu heiraten, den Kopf vor die Füße legen lassen werde. Jaqueline beeilt sich, das Leben ihres vierten Mannes zu retten: Sie verzichtet 1433 in einem neuen Vertrag auf den Titel einer Gräfin, den ihr der Vertrag von Delft noch gelassen hat, und auf alle anderen Ansprüche. Philipp ist nun nicht mehr nur Regent, sondern unmittelbar Herrscher. Hennegau, Seeland und Friesland werden dem burgundischen Staatsgebiet einverleibt.

Das Ganze sieht sehr nach sorgfältiger Regie aus. Nachdem der Herzog sein Ziel erreicht hat, wird Frans van Borselen begnadigt und erhält sogar den Titel eines Grafen von Ostrevant. Später wird Borselen sogar in den Orden vom Goldenen Vlies aufgenommen.

Jaqueline überlebt ihre endgültige Abdankung noch drei Jahre. Im Schloß von Teilingen auf der Insel Süd-Beveland läßt sie sich von ihrem letzten und vierten Gemahl über den Verlust des Staates trösten. Am 8. Oktober 1436 stirbt sie an der Schwindsucht. Ein turbulentes Leben hat nach 35 Jahren sein Ende gefunden.

Friede in Arras

Unter den Porträts, die wir von dem dritten der Burgunderherzöge aus dem Hause Valois besitzen, fallen zwei besonders auf. Sie sind beide von Rogier van der Weyden. Das eine zeigt einen jungen Mann von 23 Jahren mit weichen, fast ein wenig femininen Gesichtszügen. Das ist der junge Prinz, der bei der Nachricht von der Ermordung seines Vaters zusammenbrach. Das andere zeigt den Herzog im Mannesalter, um den Hals den Orden vom Goldenen Vlies, in ruhiger Würde und Gelassenheit, mit einem eher kantigen Gesicht, einem schmalen Mund und dem für ihn so charakteristischen langen Nasenrücken. Schlank wie eine Tanne, mit starkem Rücken und Armen und schönem Wuchs schildert ihn der Chronist. Kein Zweifel: Dieser Grand Duc muß eine imponierende Erscheinung gewesen ein, die Europa beeindruckte. »Nicht König, aber vom Mute eines Kaisers«, schreibt der Hofgeschichtsschreiber. Flüstert man sich nicht hinter vorgehaltener Hand zu, dreimal habe er das Angebot ausgeschlagen, Kaiser zu werden?

Es ist schwer für uns Heutige, sein Wesen zu verstehen. Er ist Träumer und Realist zugleich. In faszinierender Weise zeigt sich in ihm jene Zwiespältigkeit des ausgehenden Mittelalters.

Philipp sieht nicht – oder will nicht sehen –, daß die große Zeit des Ritterideals unwiederbringlich dahin ist. Ein ritterlicher Fürst – das ist er, das will er immer sein. In seiner Jugend hört er wohl die Erzählungen seines Vaters von der Schlacht von Nikopolis, und bis zu seinem Lebensende bedauert er, daß es ihm nicht vergönnt war, an der Schlacht von Azincourt teilzunehmen, die doch nichts anderes war als die verdiente Niederlage eines militärisch überholten Machtinstruments, des französischen Ritterheeres. Der Sinn für das Ritterliche, in dem sich das Streben nach Ruhm mit religiösem Verlangen vereinigt, ist die Triebkraft seiner Kreuzzugsidee. Das ist bei ihm mehr als ein bloßes Lippenbekenntnis, und wenn das Projekt in Anfängen steckenblieb, so ist es nicht seine Schuld.

Wie die anderen Valois-Herzöge liebt Philipp den höfischen Prunk, ja er hat ihn in Dimensionen entwickelt, die man in Europa bis dahin nicht kannte: Prunk, Dekoration, Spektakulum bei jedem Staatsakt, sei es nun die Joyeuse Entrée, ein feierlicher Einzug in eine Stadt, eine Hochzeit oder auch eine Trauerzeremonie. Hier, an diesem Hofe, wird das Zeremoniell entwickelt, das sich später bei den habsburgischen Erben zum spanischen Hofzeremoniell entwickelt und das bis 1918 dauern soll. Uns mag es als skurrile Attitüde erscheinen, wenn der mächtige, immerhin schon sechzigjährige Herzog vor dem jungen Dauphin das Knie beugt, der an seinem Hof Zuflucht sucht; aber es ist mehr, es ist einfach Philipps Sinn für die Form. Er ist empfindlich, empfindlich in seinem Stolz, und so beherrscht er auch im allgemeinen ist, es gibt Gelegenheiten, wo sein ererbtes Temperament mit ihm durchgeht, und dann sind seine Ausbrüche maßlos.

Philipp wird als fromm, aber nicht als abergläubisch geschildert. Darin unterscheidet er sich ohne Zweifel von einem großen Teil seiner Zeitgenosen. Seine Frömmigkeit hat übrigens nicht zur Folge, daß er es mit der ehelichen Treue sehr genau nimmt, und unter seinen vielen Affären leidet insbesondere seine dritte Frau, Isabella von Portugal, so sehr, daß sie sich zeitweise von ihm trennt. Die Zahl der offiziell anerkannten Bastarde erreicht immerhin siebzehn, von denen einer, Anton »Le Grand Bâtard«, als Großer des

Reiches und als Feldherr seines Stiefbruders Karls des Kühnen bekannt wird.

Es wäre einseitig, wenn man die Prachtentfaltung des burgundischen Hofes, die so sehr zum Aufblühen der Künste, aber auch des Kunsthandwerks beigetragen hat (die mechanischen Vorrichtungen setzen uns noch heute in Erstaunen), nur der romantischen Ader oder der Prunkliebe des Herzogs zuschreiben würde. In einer politischen Welt, in der das persönliche Ansehen eine so große Rolle spielt, paßt die Prachtentfaltung des Burgunderherzogs ausgezeichnet ins politische Kalkül. Und man darf nicht übersehen, daß der Herzog stets versucht, eine durchdachte politische Konzeption überlegen zu Ende zu führen. Sein Erfolg gibt ihm recht: Die burgundischen Lande erfreuen sich jahrzehntelangen Friedens in einer Welt voller Unfrieden, die Besitzungen Burgunds und sein Einflußbereich werden in seiner Regierungszeit erheblich vergrößert und abgerundet.

Freilich ist dies nicht die Leistung eines einzelnen. Es ist vor allem sein großer Kanzler Nicolas Rolin, der verstreute Grafschaften, Herrschaften und Herzogtümer zu einem einheitlichen Ganzen zusammenschmieden hilft. Von diesem großen burgundischen Politiker und Diplomaten werden wir später noch sprechen.

Der junge Philipp ist mit der unglücklichen Michelle de France verheiratet, der Schwester jenes Dauphin, der als Mitwisser und Anstifter des Mordes an Herzog Johann Ohnefurcht gilt. Sie stirbt schon 1422. In zweiter Ehe heiratet der Herzog Bonne von Artois, die im Kindbett stirbt. Die dritte Ehe hat sich Philipp offenbar sorgfältig überlegt. Es gibt natürlich auch hier eine rührende Geschichte, nämlich die, daß mit anderen Gesandten auch der Maler Jan van Eyck am portugiesischen Königshof gewesen sei und das Bild der Prinzessin Isabella gemalt habe, das Philipp so gefallen habe, daß er sich entschloß, um Isabella anzuhalten. Die Wirklichkeit wird etwas nüchterner gewesen sein. Isabella von Portugal ist die Tochter des Königs Johann I., des Begründers des Hauses Aviz. Isabellas Mutter ist eine Engländerin, Philippa von Lancaster, Schwester Heinrichs IV. von England – schon dies eine bedeutende politische Verbindung. Aber ebenso wichtig dürfte gewesen sein, daß Portugal im Kampf mit Kastilien steht, dessen Herrscherhaus mit Frankreich verbündet ist. So zeigt sich die Heirat auch als Glied in der Kette eines politischen Kalküls, vor allem in der Zeit einer Gegnerschaft zwischen Burgund und Frankreich.

Isabellas Bruder ist übrigens jener Heinrich der Seefahrer, in dessen Institut die portugiesischen Entdecker systematisch geschult wurden, um auf die Entdeckungsfahrten auszugehen, die Portugal schließlich den Seeweg nach Indien eröffnen.

Am Tag der Hochzeitsfeierlichkeiten, dem 10. Januar 1430, verläßt der Herzog in Brügge, wie Chastellain berichtet, »in Begleitung von 23 edlen Rittern sein Gemach... Alle waren gekleidet wie er und trugen um den Hals den Orden vom Goldenen Vlies. Über diesen Orden hatte der Herzog lange heimlich nachgedacht, aber bis zu diesem Tage war davon nichts bekannt geworden...[27]«

Ritterorden mit dem Gedanken einer speziellen Elitebildung sind im ausgehenden Mittelalter nichts Neues. Aber dieser Januartag des Jahres 1430 sieht die Gründung eines Ordens, der nicht nur einen der mächtigsten und reichsten Fürsten der damaligen Welt als Stifter und Großmeister hat, sondern sich zu einem politischen Machtmittel und Machtfaktor entwickeln und seinen Stifter um vierhundert Jahre überdauern wird. Bewußt übernimmt Philipp selbst die Rolle des Großmeisters, seine Nachfolger auf dem burgundischen Herzogstuhl sollen es nach ihm sein. Einunddreißig Ritter aus altadligem Geschlecht werden ernannt. Der Orden strebt bewußt eine Bindung an den burgundischen Staat an. Die Bedeutung wird dadurch verstärkt, daß man auch ausländische Fürsten mit in das erlauchte Gremium beruft. Der Orden hat einen umfangreichen Apparat von Beamten: Kanzler, Schatzmeister, Sekretär, Wappenkönig mit einem Stab von Herolden und »Poursuivants«. Die Ordenskette zeigt Feuerstein und Feuerstahl, die Symbole Philipps, das

Ordenszeichen ist ein goldenes Widderfell unter einem Feuerstein.

Fast hätte das Symbol des neuen Ordens, der der Heiligen Jungfrau Maria und dem Heiligen Andreas gewidmet wird, Anlaß zu einer politischen Panne gegeben. Selbstverständlich denkt man zunächst an das Goldene Vlies der klassischen Sage. Nun stellt sich aber heraus, daß Jason, der das Goldene Vlies aus Kolchis stahl, nicht gerade ein einwandfreier Held war, sondern auch weniger liebenswerte Eigenschaften aufwies, die von politischen Feinden mit der Haltung Burgunds gegenüber dem französischen König in Verbindung gebracht werden konnten. Der kluge Bischof von Chalons, Jean Germain, seines Zeichens Ordenskanzler, findet Abhilfe in der Bibel: Er entdeckt nämlich die Geschichte von Gideon und seinem Vlies, und sein Nachfolger, Bischof Guillaume Filastre, findet sogar in der Bibel noch vier weitere Vliese[28]. Aber die klassische Sage von Jason und den Argonauten ist vielleicht doch bekannter als die Geschichte von Gideon, und so findet man bis zum heutigen Tage immer noch den Namen Jason in Verbindung mit der Erwähnung des Ordens vom Goldenen Vlies.

In scheinbarem Gegensatz zu der so außerordentlich aristokratisch anmutenden Gestaltung des Ordens steht die Praxis, daß sich jedes Mitglied, auch der Großmeister, vor dem Ordenskapitel zu rechtfertigen hat und gegebenenfalls von den Ordensbrüdern getadelt wird. Dies ist sowohl gegenüber Karl dem Kühnen als auch gegenüber Maximilian mehrfach geschehen. Andererseits hat noch im Jahre 1531 Kaiser Karl V. im »Ewigen Edikt« festgesetzt, daß Vergehen von Vliesrittern nur durch die Gesamtheit der Mitglieder oder doch einer Mehrheit des Ordenskapitels geahndet werden könnten und daß ein Mitglied nur mit Zustimmung von sechs anderen Ordensrittern verhaftet werden dürfe. Daß sich ein Ritter vom Goldenen Vlies, Lamoral Graf Egmont, siebenunddreißig Jahre später gegenüber Alba auf dieses Edikt verläßt, wird sich als ein tödlicher Irrtum herausstellen.

Das Wunder von Orléans hat Frankreich vor dem Untergang – oder vor einem Dynastiewechsel – gerettet, aber eine Entscheidung zwischen den Häusern Valois und Lancaster ist ferner denn je. Herzog Philipp, als Rächer seines ermordeten Vaters nun schon lange Jahre Verbündeter der Engländer, sucht nach einer politischen Lösung. Sein umsichtiger Kanzler, Nicolas Rolin, ist es, der den Friedenskongreß von Arras nach langwierigen Vorverhandlungen anbahnt und zustande bringt. Ganz Europa blickt nach der großen flandrischen Stadt, in der sich so viele Fürsten und Würdenträger versammelt haben. Arras liegt auf burgundischem Territorium: Die Wahl des Versammlungsortes ist Philipps erster Erfolg.

Der Papst hat den Kardinal von Saint-Croix entsandt. Das Konzil zu Basel schickt Hugo von Lusignan, Erzbischof von Nikosia und Kardinal von Cypern, dazu den Archidiakon von Metz und den Dompropst von Krakau. England ist durch den Erzbischof von York und die Bischöfe von Norwich und Saint David und den Grafen Suffolk vertreten. Auf französischer Seite sind die Herzöge Ludwig von Anjou und Johann von Bretagne, der Herzog von Alençon und der Dichterherzog Karl von Orléans – der letztere für die Friedenskonferenz aus englischer Gefangenschaft »beurlaubt« – anwesend, begleitet vom Erzbischof von Reims und vielen anderen Würdenträgern. Auch Jolantha, Königin von Sizilien, Mutter des »bon roi René« und Schwiegermutter des französischen Königs, hat sich eingefunden, um vor allem die Interessen ihres Sohnes, der noch immer in burgundischer Gefangenschaft lebt, zu vertreten. Rolins großer politischer Erfolg im Vorfeld der Konferenz ist, daß Burgund neben England und Frankreich als gleichberechtigte dritte Macht teilnehmen kann. Dabei gelingt es ihm auch, sich sowohl gegen die profranzösische wie gegen die proenglische Fraktion im burgundischen Lager durchzusetzen. Im Kapitelsaal von Saint-Vaast versammelt sich am 5. August 1435 das Grand Parlement, das den Frieden finden soll. Aber gleich in den ersten Tagen prallen die Meinungen hart aufeinander. Auch die Bemühungen der Kardinäle können keine Einigkeit darüber schaffen, welcher der beiden gekrönten Könige Frankreichs nun der richtige sei: Heinrich VI. von England, der in Paris gekrönte, oder Karl VII., den die Jungfrau von Orléans nach Reims zur Krönung geführt hat.

Die Engländer erkennen, daß die Entwicklung gegen sie gehen, daß der Schiedsspruch der Kardinäle gegen sie ausfallen wird. Sie entschließen sich, die Konferenz zu verlassen.

Der Herzog von Burgund bedauert außerordentlich. Nicht er ist es ja, der diese Entscheidung zu verantworten hat. Er hat, wie auch die englischen Herren, verkündet, er werde sich dem Schiedsspruch der Kirche unterwerfen, wie immer er ausfalle. Und er gibt am 1. September zu Ehren der englischen Delegation eines jener pompösen Bankette, für welche der burgundische Hof berühmt ist und die im Grunde doch nur ein Mittel burgundischer Politik sind. Zwischen den einzelnen Gängen kommen immer wieder Darbietungen von Dichtern, Akrobaten, Musikanten. Als Höhepunkt wird »die große Pastete in den Bankettsaal gefahren, aus der ein Konzert ertönte! Welch eine Wunderlichkeit. Oben leuchteten Kerzen. Auch waren die runden Augenscheiben des riesigen Fisches, den die Pastete mit Flossen und Schuppen darstellte, von innen beleuchtet. Da klappte das Ungeheuer plötzlich sein Maul auf! Dann purzelte aus dem auf- und niederschnappenden Fischmaul der Riese Hans heraus, ein ungeschlachter Goliath, hinter dem gleich darauf die zierliche Zwergin ›Madame d'Or‹ aus der Höhlung tänzelte, die ihm keck auf den Rücken sprang. Sie waren zwei Lieblingsgestalten Philipps, die er so eifersüchtig bewachte, daß er die Zwergendame mitunter an eine goldene Kette anschließen ließ. Heute tanzte sie um den verärgerten Riesen herum und narrte ihn, während Hans mit seiner weitausgeschwungenen Keule jeweils einen der Gaukler traf, die als Piraten den leckeren Fisch zu erobern hofften, mit Enterhaken und krummen Säbeln bewehrt. Endlich, nach vielen ergötzlichen Zwischenfällen, erlegte die Zwergin mit einer winzigen Davidsschleuder den Enaksohn. Dann flänsten die Piraten, nun höfisch gewandete Diener, den Riesenfisch ab und trugen die Stücke auf großen Tabletten auf. Die Musik in seinem Inneren, das sich zu einem Zelt verwandelt hatte, dudelte weiter. So folgte ein Einfall dem andern. Zuletzt ermahnte ein Schäferpaar die Versammlung in Versen zur Einigkeit, Friedlichkeit, Liebe[29]«.

Die Abreise der Engländer ist nicht aufzuhalten. Am 6. September verlassen sie Arras. Wenige Tage nach ihrem Abzug kommt die Nachricht, daß der Regent, der Herzog von Bedford, am 14. September in Rouen gestorben ist. Der Mann, der sich immer so für den Ausgleich zwischen England und Burgund eingesetzt hat, ist tot.

Die Einigung zwischen Frankreich und Burgund kommt nun rasch zustande. Am 20. September 1435 wird der Vertrag unterzeichnet, der Philipp nun wirklich zum Großherzog des Abendlandes macht. Dreifach und hart sind die Bedingungen für Frankreich:

Da ist einmal die Buße für den Mord von Montereau. Jean Tudert, der greise Doyen von Paris, kniet im Namen des französischen Königs vor dem Herzog nieder und spricht die Formel für die öffentliche Abbitte. Eine Kapelle in der Kirche von Montereau, wo Johann Ohnefurcht zuerst begraben war, muß gestiftet werden. In ihr soll bis in alle Ewigkeit jeden Tag ein Requiem gesprochen werden. In derselben Stadt muß Frankreich ein Kartäuserkloster stiften. Frankreich hat ein Kreuz auf der Brücke selbst, wo die Tat geschehen ist, zu errichten. Frankreich hat eine Messe in der Kartäuserkirche zu Dijon, wo die Burgunderherzöge begraben sind, zu stiften, und Kirchen zu Rom, zu Gent, zu Dijon, zu Paris, zu Santiago de Compostela und zu Jerusalem, mit steinernen Inschriften, die die verruchte Tat erzählen.

Da sind zum anderen die Abtretungen. Der französische König tritt Auxerre, Bar-sur-Seine, Luxeuil, die Somme-Städte, das Ponthieu und Boulogne-sur-Mer an Burgund ab. Frankreich behält das Recht, die außerordentlich wichtigen Somme-Städte gegen die Summe von 400000 Goldtalern zurückzukaufen.

Der dritte und nicht weniger wichtige Hauptpunkt ist, daß Burgund der Lehenspflicht gegenüber Frankreich auf Lebenszeit der beiden Vertragschließenden enthoben wird.[30].

Burgund ist unabhängig. Jetzt kann man wirklich vom Grand Duc, vom »Großherzog des Abendlandes« sprechen. Philipp steht auf einem Höhepunkt seiner Macht. Nun kann er, ohne sich etwas zu vergeben, mit fester Stimme den Eid sprechen, jede Kränkung zu vergessen und den Frieden zu wahren. Den Frieden – nichts anderes hat Philipp zu den Verhandlungen beigetragen. Arras ist ein Triumph der burgundischen Diplomatie, ein Triumph für Nicolas Rolin.

Man kann sich vorstellen, daß die Beziehungen zwischen England und Burgund zunächst einmal abrupt auf den Nullpunkt sinken. Die Engländer suchen nach Mitteln, um den ehemaligen Verbündeten zu schädigen.

Umgekehrt unterstützt Burgund den französischen König in den weiteren Kämpfen mit England, und Burgunder sind es, die dem französischen König am 30. April 1436 Paris erobern. Als Karl VII., begleitet von dem fünfzehnjährigen Dauphin Ludwig, im Jahre 1438 im Glanz in die Hauptstadt einzieht, steht mit großen Augen ein siebenjähriger Junge am Straßenrand: François de Montcorbier, der sich später nach seinem Erzieher und Beschützer Villon nennt.

Pest – allein im Jahre 1437 zählt Paris 50000 Todesopfer! –, Not, Hunger, Elend, Mord und Totschlag sind noch nicht zu Ende, aber die Kämpfe zwischen den Franzosen und Engländern gehen dem Ende zu, und 1444 gibt es wirklich einen Waffenstillstand.

Da erhebt sich ein neues Problem: Wohin mit der Soldateska? Man hat jetzt im Augenblick keine Verwendung für sie, stehende Heere kennt man noch nicht, und die Soldaten sind in langen Kriegsjahren des Zivillebens entwöhnt. Gerade jetzt kommt ein Ruf des neuen deutschen Kaisers Friedrichs III. Der Dauphin Ludwig zieht ihm mit den »Armagnacen« oder »Ecorcheurs« (Schinder) genannten Kompanien zu.

Furchtbar sind die Verwüstungen auf dem Wege, auch im Elsaß. Aus Straßburg flüchtet unter anderen in diesem Jahr vor den heranziehenden Mordbrennern ein gewisser Johann Gensfleisch, genannt Gutenberg, nimmt seine Apparaturen mit, an denen er herumbastelt, und läßt sich in Mainz nieder.

Vor den Toren von Basel lagern sich die Söldnerhaufen, rund zwanzigtausend Mann stark. Gegen die Mahnung ihrer Offiziere ziehen ihnen dreizehnhundert Eidgenossen entgegen. Bei St. Jakob an der Birs gibt es am 26. August 1444 ein fürchterliches Gemetzel. Achttausend Armagnacen finden den Tod, von den Schweizern überleben ganze sechzehn. Die Franzosen ziehen sich zurück; sie wollten Beute machen, nicht verlustreiche Feldschlachten schlagen. Der junge Dauphin, der spätere König Ludwig XI., aber hat die Kampfkraft der Schweizer Fußsoldaten kennengelernt. Er wird die Lektion nie vergessen.

Philipp von Burgund hat Frieden mit Frankreich, aber die Sorgen in Flandern und im Osten nehmen nicht ab. Die Flamen leiden unter dem neuen Gegensatz zwischen England und Burgund. Ihre Schiffe werden konfisziert. Englische Agenten versuchen die Unzufriedenheit mit dem Herzog zu schüren. Von Calais aus verwüsten die Engländer unter dem Herzog von Gloucester das Land. Brügge rebelliert. Es gibt einen Tumult in der Stadt, ein burgundischer Marschall wird getötet, aber die Eifersucht unter den flämischen Städten verhindert einen allgemeinen Aufstand, und im März 1438 muß sich Brügge unterwerfen. Im Jahre darauf werden bei Gravelingen Verhandlungen mit den Engländern aufgenommen. Rolin hält sich im Hintergrund. Die burgundische Delegation wird von Herzogin Isabella angeführt[21] (die ja selbst halbe Engländerin ist). Es kommt einstweilen nur zu einem Sicherheitsvertrag für den englisch-burgundischen Handel, der aber keine Normalisierung bringt, denn die Einfuhr englischen Tuchs in die Niederlande bleibt verboten.

Im nächsten Jahr, 1440, werden die Verhandlungen fortgeführt. Isabella gelingt ein humanitärer Erfolg: der Loskauf des prominentesten Gefangenen von Azincourt, des Herzogs von Orléans. Karl von Orléans ist der Sohn des Mannes, den Johann Ohnefurcht ein Menschenalter zuvor im Barbette-Viertel von Paris hat ermorden lassen. Nun endlich versöhnen sich die beiden Häuser, der »Dichterherzog« von Orléans wird in den Orden vom Goldenen Vlies aufgenommen und heiratet Maria von Cleve, die Nichte Philipps.

Die burgundische politische Propaganda nützt diesen Loskauf natürlich aus. Das Gewicht Burgunds wächst. Unermüdlich arbeiten Philipp und Rolin an der Erweiterung der Einflußsphäre. Die Bischofsstühle von Cambrai, Thérouanne, von Utrecht und schließlich auch von Lüttich werden mit Verwandten des Herzoghauses, teilweise auch mit Vertrauensleuten besetzt. 1443 gelingt ein wichtiger Schritt zur Herstellung einer Landbrücke zwischen den Oberen Landen – also dem »eigentlichen« Burgund – und den Niederlanden. Das Vorspiel zeigt wiederum ein Meisterstück burgundischer Diplomatie in den Verhandlungen mit dem neuen Kaiser, Friedrich III. Die Gegenspieler, die Herzöge von Sachsen, werden völlig ausmanövriert. Mit stillschweigender Billigung Friedrichs III. besetzt schließlich ein burgundisches Heer Luxemburg[32]. Die Sachsen verzichten auf ihre Anrechte gegen 120000 Gulden.

Das Fasanenfest

Wenn man vom Glanz des burgundischen Hofes spricht, vom Prunk seiner Feste, von der eigentümlichen Wiederbelebung des schon hohlen Ritter- und Kreuzzuggedankens, dann wird die Erinnerung an das berühmte Fasanenfest wach. Nie ist ein Fest sorgfältiger vorbereitet worden. Der Kanzler Rolin, der Erste Kammerherr Antoine de Croy, der junge Hofchronist Olivier de la Marche werden zu den Planungen hinzugezogen. Die noch erhaltenen Rechnungen der herzoglichen Kammer – unter anderem über viele hundert Ellen Tuch und Seidenstoffe für die Roben – verraten die exorbitanten Kosten. Alles, was Rang und Namen hat, ist an diesem 27. Februar 1454 in Lille versammelt.

Staunenswertes gibt es zu sehen[33]: ein bemanntes und aufgetakeltes Schiff, eine Wiese mit Bäumen, eine Quelle, Felsen und ein Bild des heiligen Andreas, dem Hof- und Hausheiligen von Burgund; Schloß Lusignan mit der Fee Melusine; eine Windmühle, bei der ein Vogelschießen stattfindet; ein Wald mit beweglichen wilden Tieren; die Kirche mit einer Orgel und Sängern, die abwechselnd mit einem Orchester von achtundzwanzig Personen, das in einer Pastete sitzt, Musik zum besten geben. Den Namen trägt das Fest von einem lebenden Fasan mit einer schweren Kette aus Gold und Edelsteinen um den Hals.

Olivier de la Marche, der junge Hofhistoriker, spielt die Rolle der »Dame Eglise«, der Heiligen Kirche, in einem Turm auf dem Rücken eines Elefanten thronend. Die Kirche erinnert in pathetischer Klage an den Fall von Konstantinopel im vorhergehenden Jahr und beschwört die Anwesenden – besonders den Herzog und die Ritter vom Goldenen Vlies –, ihr zu Hilfe zu kommen.

Darauf schwören der Herzog, nach ihm sein Sohn, der Graf von Charolais, und dann die anderen hohen Herren bei Gott, der heiligen Jungfrau und dem Fasan, daß sie sich auf den Kreuzzug begeben werden. Teilweise werden bei dieser Gelegenheit Gelübde abgelegt, die uns heute kurios und lächerlich erscheinen: Einer will des Samstags in keinem Bett schlafen, bevor er mit den Türken gekämpft hat; ein anderer will sich nicht vierzehn Tage lang in derselben Stadt aufhalten, bevor er den Feind erreicht hat. Philippe Pot – dessen wunderbares Grabmal mit den Figuren der Pleurants, der Trauernden, heute im Louvre zu sehen ist – gelobt, auf dem ganzen Türkenzug seinen rechten Arm von jeglicher Rüstung unbedeckt zu lassen, was ihm einen Tadel des Herzogs ob solch militärischer Unsinnigkeit zuzieht[34]. Nicht alle Ritter scheinen die Sache tierisch ernst genommen zu haben. So gelobt Jennet de Rebrevielles, falls er nicht vor dem Kriegszug der Gunst seiner Dame teilhaftig werde, werde er bei seiner Rückkehr die erste beste Frau oder Jungfrau heiraten, die zwanzigtausend Kronen habe, »falls sie will[35]«.

Ist nun das Ganze nur ein bombastisches Theater oder besteht wirklich der ernste Wille, gegen den Sultan zu ziehen? Ist das Fasanengelübde vielleicht der Vorwand zur Erhebung neuer Steuern für den später nie durchgeführten Kreuzzug?

Tatsächlich wird das christliche Abendland um diese Zeit von einem sehr schlechten Gewissen geplagt. Der Westen hat Konstantinopel, von ein paar hundert genuesischen und venezianischen Freiwilligen abgesehen, bei seinem letzten Kampf schnöde im Stich gelassen. Die Kirchenspaltung, die Unfähigkeit zur Beilegung innereuropäischer Streitigkeiten, die Meinung, eine so wunderbar befestigte Stadt könne ja doch überhaupt nicht erobert werden, all dies und noch mehr hat mitgespielt. Unausweichliches Ergebnis: In den Morgenstunden des 29. Mai 1453 brechen nach zweimonatiger Belagerung die Truppen Sultan Mehmeds durch die Kerkoporta in Konstantinopel ein[36]. Konstantin XI. Paläologos Dragases, der letzte byzantinische Kaiser, wirft sich an der Einbruchsstelle, wo die wenigen Verteidiger von den Osmanen weggeschwemmt wurden, ins Getümmel und verschwindet für immer. Byzanz ist tot.

Der Schock in ganz Europa ist tief und nachhaltig. Der Kreuzzugsgedanke erhält neuen Auftrieb. Es ist aber nicht nur der religiöse Impuls, der hier wirkt. Bei den großen Fürsten spielt auch der Gedanke mit, ein erfolgreicher Kreuzzug werde mit einem enormen Gewinn an politischem Prestige verbunden sein.

Für Herzog Philipp kommt hinzu, daß er glauben mag, jetzt einigermaßen den Rücken für ein solches Unternehmen frei zu haben. Luxemburg befindet sich fest in burgundischer Hand. Im Vorjahr ist es ihm gelungen, einen gefährlichen Aufstand in Flandern niederzuschlagen. Gent, Flanderns reichste Stadt, hat 1451 hinnehmen müssen, daß man den Genter Stapelplatz zum »Membre du Bien Public« erklärt. Das bedeutet, daß wie anderwärts die Speicherhäuser nicht mehr das Privileg einer ortsansässigen Bürgerschaft sind, sondern daß der Rat von ganz Flandern darüber verfügen kann. Es handelt sich um eine ganz handfeste wirtschaftliche Auseinandersetzung; es erscheint dabei zweifelhaft, ob nicht das störrische Festhalten der Genter Zünfte an alten Privilegien eine kurzsichtige Kirchturmpolitik ist. Dazu kommt noch die verhaßte Salzsteuer, die jeden Sack Salz mit vierundzwanzig Groschen belastet.

Aus der Sache einen militärischen Aufstand zu machen, ist eine ausgesprochene Dummheit. Am 23. Juli 1453 werden die Streitkräfte von Gent durch Herzog Philipp bei Gavere aufs Haupt geschlagen, was den burgundischen Rittern keine sonderliche Mühe macht.

Eine Woche später knien zweitausend Genter Bürger nur mit dem Hemd bekleidet vor dem Herzog und bitten um Gnade. Philipp besitzt einen Sinn für das Symbolische; beim Einzug in die Stadt ist er in vollem Harnisch und reitet auf dem Pferd, das in der Schlacht von Gavere verletzt worden ist und das noch an mehreren Stellen Wergpflaster trägt. Eines der Stadttore muß zugemauert werden: Symbol für den Verlust eines Teils der Stadtfreiheiten. Die Verfassung wird geändert. Die Stadt muß dreihundertfünfzigtausend Goldtaler zahlen. Man darf vermuten, daß die bisher von den Städten unterdrückte Landbevölkerung über die Brechung des städtischen Hochmuts nicht traurig ist; man darf auch annehmen, daß die ärmeren Volksteile in Gent, von der Kontribution weniger betroffen, ihrem Herzog nicht feindlich gesinnt sind. Privilegien hin, Salzsteuer her: Die Bevölkerung weiß sehr wohl, daß man unter dem Andreaskreuz in Frieden leben kann, und daß den burgundischen Landen im Gegensatz zu großen Teilen Frankreichs viel erspart geblieben ist.

Die Nachricht von der Niederlage der Genter veranlaßt die Lütticher, wo es immer eine starke antiburgundische Partei gibt, zur Vorsicht. Philipp, der schon zwei seiner Bastarde auf die Bischofssitze von Cambrai und Therouanne, später Utrecht, gebracht hat, gelingt es, beim Papst die Beleihung seines Neffen Ludwig von Bourbon mit dem Lütticher Bischofsstuhl durchzusetzen.

So stehen die Dinge zur Zeit des Fasanenfestes. Kaiser Friedrich III. beruft zur Vorbereitung des Kreuzzugs Europas Fürsten auf den 23. April nach Regensburg. Philipp zieht nach Deutschland, überall umjubelt und bestaunt von den Menschen, die den Großen Herzog des Abendlandes sehen wollen.

Aber obwohl der Papst schon das Datum der Abfahrt für den März 1456 festsetzt, obwohl Joffrey de Thoisy mit der Untersuchung der syrischen Häfen beauftragt wird, obwohl schon mit der Beschlagnahme und dem Bau von Schiffen begonnen wird, wird aus dem Kreuzzug nichts. Es bleibt bei einem Zug gegen die Mauren im westlichen Nordafrika. Beginnt der Herzog die Last seiner sechzig Jahre zu spüren? Seine Gesundheit läßt zu wünschen übrig. Der französische König weigert sich mitzumachen: Der Krieg mit England sei noch nicht beendet.

Aus dem großen Kreuzzug wird nichts. Vielleicht ist es gut so für die Bürger von Burgund.

Prunkvolle Festlichkeiten hat es an vielen Fürstenhöfen gegeben, auch dort, wo man es sich eigentlich gar nicht leisten konnte. Das Fasanenfest von Lille hat aber als Hintergrund ein Herrschaftsgebilde, dessen Bürger lange Jahrzehnte hindurch in Frieden leben dürfen. Gewiß – es gibt immer wieder Feldzüge, Mißernten, Pestepidemien, Durchzüge von Mordbrennerbanden. Aber im ganzen gesehen, leben die etwa drei Millionen Einwohner der burgundischen Lande besser als viele ihrer europäischen Zeitgenossen.

Natürlich zeigt sich der Wohlstand vor allem in den bedeutenden Städten der »Unteren Lande«, in Gent, in Brügge und Ypern, in Brüssel, Antwerpen und Arras. Aber auch im Herzogtum Burgund: Die Einwohnerzahl von Dijon steigt in einem Vierteljahrhundert von dreitausenddreihundertfünfundfünfzig auf dreizehntausendundsiebenzig Seelen[37]. Die Straßen werden gepflastert, der Unrat wird regelmäßig abgefahren, das Schulwesen entwickelt sich, die Armen erhalten kostenlose ärztliche Versorgung durch einen Arzt und vier Chirurgen[38].

Aber dieses ganze burgundische Gebiet ist keine Einheit, weder sprachlich noch geographisch, weder historisch noch nach den Gebräuchen oder nach der sozialen Struktur. Schon die Aufzählung der Titel, die beispielsweise in den Verordnungen des letzen Burgunderherzogs vorkommen, zeigt die Vielfalt: »Karl von Gottes Gnaden Herzog von Burgund, von Lothringen und Brabant, von Limburg und Luxemburg, Graf von Flandern, Artois und Burgund, Pfalzgraf von Hennegau, Holland, Seeland und Namur, Markgraf des Heiligen Römischen Reiches, Herr von Friesland, Salins und Mecheln.« Woher soll die Staatseinheit kommen, wenn Städte und

Stände eifersüchtig darüber wachen, daß jeder Herzog als Gegenleistung für Huldigung das feierliche Gelöbnis ablegt, die hergebrachten Privilegien zu schützen und zu wahren? Nur in behutsamen kleinen Schritten kann es gelingen, Verwaltung und Rechtsprechung zu vereinheitlichen.

Eine der wichtigsten Figuren der burgundischen Staatsverwaltung ist der Bailli. Er wird oft als Vogt bezeichnet (so beispielsweise der Grand Bailli Peter von Hagenbach als Landvogt am Oberrhein). Mit einiger Vorsicht könnte man sagen, daß sich im Bailli die Funktionen eines Landrats und eines Richters vereinigen. Von der Geschicklichkeit, der Erfahrung und dem Einfühlungsvermögen des Bailli hängt sehr viel ab.

Oberste Würdenträger des Herzogs sind der Marschall von Burgund, der Admiral von Flandern, der Erste Kammerherr, der Oberstallmeister und der Kanzler. Überragende Figur unter den Kanzlern von Burgund ist Nicolas Rolin. In seiner Person verkörpert sich der Aufstieg des kleinen Bürgertums zu machtvollen Schlüsselpositionen vieler Staaten im ausgehenden Mittelalter. Rolin ist 1376 in Autun geboren. Er hat das für jene Zeiten außergewöhnliche Alter von weit über achtzig Jahren erreicht. Drei Herzögen von Burgund hat er gedient – zwei Jahrzehnte als Jurist und fast vier Jahrzehnte als Kanzler[39]. Der überlegene Leiter der burgundischen Politik und Baumeister des Vertrages von Arras ist in seiner Welt schlicht als »Le Chancelier« bekannt. Seit 1423 mit Guigone de Salins aus altem Adel Burgunds verehelicht, hat er im Dienst des Herzogs sich selbst und seine Familie keineswegs vergessen. Sein Sohn Jean ist schon im Jahre 1449 Kardinal. Rolin selbst häuft große Reichtümer an, und man spürt die Zurückhaltung der Chronisten, wenn sie auf diesen Punkt zu sprechen kommen.

Aber nur durch seinen Reichtum ist es Rolin möglich, als Mäzen aufzutreten. Sein Name ist verbunden mit zwei der größten Namen der abendländischen Malerei, die beide der burgundischen Kultur das Gepräge geben. Dem Malerdiplomaten Jan van Eyck verdanken wir die »Madonna des

Kanzlers Rolin«, die heute im Louvre hängt. Der Flügelaltar, den Rogier van der Weyden im Auftrag Rolins schuf, ist heute noch im Hotel-Dieu in Beaune. Wer vor einem der Meisterwerke der Brüder van Eyck oder Rogiers van der Weyden steht, dem wird die Ohnmacht der Feder bewußt, die eine solche Pinselführung beschreiben will. Mit Melchior Broederlam, Hugo van der Goes und anderen großen Namen verkörpern sie niederländische Malerei der burgundischen Epoche.

Rolin ist auch der Stifter des bedeutendsten Bauwerks dieses burgundischen Kulturkreises des 15. Jahrhunderts, das wir heute noch bewundern können. Er hat im Jahre 1443 das Hospital in Beaune gestiftet. Nach einem halben Jahrtausend finden wir dort noch überall im Hospiz, an den Wänden, auf dem Boden, in den Stickereien der Wandteppiche das geheimnisvolle Wort »Seulle« – »Die Einzige«. So hat uns der strenge große Kanzler das Zeichen seiner Zuneigung zu Guigone von Salins hinterlassen.

Die plastische Kunst Burgunds verkörpert sich – ohne den Ruhm vieler anderer Meister zu schmälern – in dem Namen Claus Sluter. Philipp der Kühne hat den Künstler aus Haarlem geholt, um vor den Toren von Dijon die Chartreuse von Champmol zu schaffen. Zwanzig Jahre, von 1385 bis 1406, hat der Genius dieses Mannes, den Calmette mit Michelangelo auf eine Stufe stellt, in Dijon gewirkt. Sein Neffe und Schüler Claes van de Werve hat sein Werk fortgesetzt. Von bleibendem Eindruck sind die Reste, die der Sturm der Zeiten uns hinterlassen hat: das Portal der Kapelle; der Brunnen der Propheten mit den Statuen von Moses, David, Esajas, Zacharias, Gabriel und Jeremias; das Grabmal von Philipp dem Kühnen mit den eindrucksvollen Figuren der »Pleurants«, der Trauernden. Man bemüht sich zu begreifen, wie diese Kunst zustande kam, die den entscheidenden Schritt aus der Formstrenge des Mittelalters heraus tut.

Der Ruhm der Malerei und der plastischen Kunst im burgundischen Kulturkreis sollte nicht den Blick dafür verstellen, was auf anderen Gebieten Außerordentliches geleistet worden ist. Einige der Goldschmiedearbeiten, die die Jahrhunderte überdauert haben, erwecken noch heute die Bewunderung der ganzen Welt. Die Wandteppiche, deren viele wie etwa der berühmte Tausend-Blumen-Teppich auf Geheiß des Herzogs hergestellt wurden, haben eine Anmut, die in dieser Form später nicht mehr erreicht wurde. Die burgundische Hofkapelle ist zu ihrer Zeit die berühmteste Europas. Von Karl dem Kühnen wird berichtet, er habe selbst komponiert.

Auf dem Gebiet der Literatur ist besonders die Geschichtsschreibung Burgunds berühmt geworden. In die Zeiten der ersten beiden Herzöge fallen die Arbeiten von Jean Froissart, der ungefähr von 1333 bis 1404 lebt und dessen Chroniken die Zeit bis zum Ende des vierzehnten Jahrhunderts erfassen. Seine Arbeit wird fortgesetzt von Enguerrand de Monstrelet (um 1400 bis 1453), einem Pikarden.

Zweifellos der Repräsentativste ist George Chastellain (1404 bis 1475), »le Grand George«, »die Perle und der Stern aller Geschichtsschreiber« (Olivier de la Marche). Gebürtiger Flame aus der Gegend von Gent, erhält er verschiedene Hofämter, wird mit diplomatischen Missionen betraut. Der Herzog ernennt ihn schließlich zum Ritter vom Goldenen Vlies. Auf nicht weniger als zehntausend Folienblätter schätzt man das monumentale Werk des burgundischen Hofhistoriographen. Er hat den Sturz des Hauses Burgund nicht mehr erlebt.

Auch Olivier de la Marche (1425 bis 1502) war mehrfach mit diplomatischen Missionen betraut. Eine davon hat ihm wahrscheinlich das Leben gerettet, denn er wurde von Karl dem Kühnen kurz vor der Schlacht von Murten nach Mailand geschickt. In der Schlacht von Nancy gerät er als Hauptmann der Garde in Gefangenschaft; Maria von Burgund hat ihn später ausgelöst.

Nicht nur der Jüngste, sondern im ganzen Stil seiner Arbeit der Modernste ist sicher Philippe de Commynes[40]. Er stammt aus flämischem Adel und ist 1447 geboren. Als Pate fungiert kein Geringerer als Herzog Philipp der Gute. Von 1464 ab sehen wir Commynes an der Seite des Grafen von Charolais, des späteren Karl des Kühnen, den er jetzt ständig begleitet. Er ist es, der in der Krise von Péronne mit Ludwig XI. verhandelt und dabei möglicherweise schon die Basis für seinen späteren Übertritt legt. In der Nacht vom 7. auf den 8. August 1472 verläßt Commynes Karl den Kühnen und geht zu Ludwig XI. über. Er begleitet und berät den französischen König bis zu dessen Tod, fällt dann in der folgenden Regentschaft in Ungnade und stirbt mit 64 Jahren im Oktober 1511.

Was Commynes von den überwiegend rein beschreibenden Arbeiten der anderen Historiographen unterscheidet, ist der Versuch, aus den Geschehnissen Lehren für den Leser, das heißt für den Fürsten, den Politiker, den Diplomaten seiner Zeit, abzuleiten. Wo ihm Ursachen und Wirkungen unerklärbar erscheinen, da ist es die Macht Gottes, die die Fürsten und Völker belohnt und bestraft. So auch mit Karl dem Kühnen: Gottes Zorn hat ihn getroffen.

Was uns an Commynes modern anmutet, ist die Kombination der Farbigkeit des Berichts und der zuweilen ironischen Distanziertheit seiner Schilderung. Commynes hat eine ungeheure Verbreitung mit seinen Memoiren gefunden. Eine belgische Bibliographie des späten 19. Jahrhunderts zählt allein einhundertdreiundzwanzig Ausgaben, und noch heute werden wissenschaftliche Fehden über die Zuverlässigkeit und den Aussagewert seiner Aufzeichnungen ausgetragen[41].

Wenn die Prosa im burgundischen Kulturleben eine so große Rolle spielt, so tut es die Poesie nicht minder. Vieles ist beeinflußt durch den berühmten Roman de la Rose, der schon im 13. Jahrhundert von Guillaume de Lorris begonnen und von Jean Clopimel de Meun vollendet wird und dessen Personen die menschlichen Tugenden und Sünden sind. Dieser Roman in Versform hat über die ganze Epoche hinweg »nicht allein die Formen der aristokratischen Liebe vollkommen beherrscht, sondern ist darüber hinaus durch seinen enzyklopädischen Reichtum an Abschweifungen auf alle möglichen Gebiete die Schatzkammer geworden, aus der sich die gebildeten Laien das Lebendigste ihrer geistigen Entwicklung holten« (Huizinga).

Allegorische Verbrämungen finden sich in vielen, oft überlangen und uns heute schwülstig erscheinenden Gedichten. Viele Poeme sind zum Lobe eines Fürsten oder Fürstenhauses geschrieben – wes' Brot ich ess', des Lied ich sing'. Daneben gibt es Liebesgedichte von hinreißender Einfachheit und Eindringlichkeit, so von Christine de Pisan (1363 bis 1431). Von dieser frühen Verfechterin von Frauenrecht und Frauentugend ist das stolze Wort überliefert:

»Seulète suis et seulète veuil estre« – »Allein bin ich, allein will ich bleiben[42].«

Der Dichterherzog Karl von Orléans, seit der Schlacht von Azincourt in englischer Gefangenschaft, und Philipp der Gute, durch dessen diplomatische und finanzielle Intervention Orléans schließlich ausgelöst wird, korrespondieren in Versen miteinander.

Die Herzöge von Burgund betätigen sich auch als Bibliophile. Sie bauen in Dijon, in Gent, in Brügge und Brüssel, große Bibliotheken auf. Die wertvollsten Werke sind angekettet, damit man sie nicht entwenden kann. Zuweilen ist noch ein silbernes Etui für die »Brille des Herzogs« dabei. Die Bibliothek der burgundischen Herzöge gilt als die »reichste und edelste der Welt[43]«. Was von der Bibliothek Karls des Kühnen allein heute noch in Brüssel erhalten ist, umfaßt nicht weniger als achtzehntausend Einzelstücke!

Zwei Universitäten werden von den burgundischen Herzögen gegründet, die eine in Dôle, die andere in Löwen. Wenn sie auch nicht mit der damals größten und berühmtesten Universität der Welt, der von Paris mit ihren dreitausend Studenten, konkurrieren können, so manifestiert sich doch auch hier das burgundische Selbstbewußtsein.

Im Bewußtsein der breiten Masse des Volkes ist die von Gott gegebene Hierarchie der feudalen Zeit bei allem Beharren auf überkommenen Rechten und Privilegien im Grunde noch ungebrochen. Der Bauer ist verachtet wie zuvor. Sicher kennt er auch die Sorgen, die in einem zeitgenössischen ober-deutschen Gedicht aufgezählt werden:

»Ich aber bin von Art ein Bauer
Mein Arbeit wirt mir sauer.
Ich muß ackern, seen und egen
Schneyden, Heuwen, Dareegen
Holtzen, Einfuiren Hew und Treydt
Steuer macht mir viel Herzleit
Trinck Wasser und iss grob Brot
Wie denn der Herr Adam gebot.«

Aber er lebt nicht schlecht, solange Pestilenzen, Mißernten, Kriegszüge ihn verschonen und der Steuerdruck des Grundherrn erträglich bleibt. Das auf Befehl des Herzogs schriftlich aufgezeichnete Gewohnheitsrecht Burgunds verlangt vom Seigneur, daß er seine Rechte mit Maßen ausübe und Rücksicht darauf nehme, ob es ein schlechtes oder gutes Jahr sei. Natürlich kann man nicht immer auf Abhilfe hoffen, wenn man sich höheren Orts über etwaige Willkür beklagt[44].

Besser als dem Bauern geht es dem Bürger in der Stadt. Nicht jeder kann eine so märchenhafte Karriere erhoffen wie Jaques Coeur, der begabte Finanzmann Karls VII. von Frankreich, oder der Kanzler Rolin. Aber viele aus dem Bürgertum steigen in diesen Jahrzehnten zu höheren Ämtern, zu Ehren und Reichtum auf.

Was hat der kleine Mann in einem Zeitalter ohne Fernsehen, ohne Kino und ohne Fußball nun an Zerstreuungen? Die Umzüge bei religiösen Festen, die Joyeuse Entrée der Herzöge, die Märkte und Messen, die Turniere, die Kostüm- und Farbenprachten bei Familienfeiern im fürstlichen Haus sind Gelegenheiten zum Schauen und bunten Trubel, zum Erzählen hinterher. Die Ereignisse der Zeit werden in den Schenken und den Gassen Gegenstand polemischer Chansons. Die Privilegien der Stadt, der Zünfte, der Stände, die althergebrachten Rechte und Gewohnheiten werden eifersüchtig bewahrt, oft in langwierigen Prozessen verteidigt.

Aber solange alles zum Guten steht und solange Herzog und Obrigkeit nicht allzusehr an den Geldbeutel des Bürgers gehen, ruft auch der gemeine Mann mit Überzeugung und Begeisterung sein »Noël« und »Vive Bourgogne«.

Der Graf von Charolais

Zwei Söhne hat Isabella von Portugal bereits durch einen frühen Tod verloren, als am 10. November 1433 in Dijon der dritte geboren wird. Welche Menschen, welche Eindrücke begleiten den jungen Karl in seinen ersten Jahren? Als Erzieher des zweijährigen Kindes begegnen wir einem Sire d'Auxy. Mit ganzen fünf Jahren wird Karl zum ersten Mal verheiratet, mit Catherine de France, der Tochter Karls VII. und Schwester des Dauphins, des späteren Ludwig XI. Eine Kinderheirat, wie sie im ausgehenden Mittelalter nicht selten ist. Die Ehe hat nicht lange gedauert, acht Jahre später stirbt das kleine Mädchen.

1440 wohnt der Siebenjährige bei seiner Tante Beatrix von Portugal in Le Quesnoy. Vier Jahre später darf der Elfjährige in Brüssel den Grundstein zum linken Flügel des Rathauses legen. Mit vierzehn Jahren wird er in den Orden vom Goldenen Vlies aufgenommen.

Es ist sicher, daß Karl – vor allem auch vom kulturellen Standpunkt aus – eine bessere und umfassendere Erziehung genossen hat als die meisten Fürstensöhne seiner Zeit[45]. Unter seinen Tutoren dürften ihn besonders Ghilbert de Lannoy, der Verfasser der »L'Education du Prince«, und Haneron beeinflußt haben. Er lernt die Literatur des Altertums kennen, beschäftigt sich mit Musik (obwohl er keine allzu gute Stimme hat), lernt Harfe spielen.

Aber da ist noch ein anderer Name zu nennen: Jacques de Lalaing, der Chevalier Modèle seiner Zeit, zwölf Jahre älter als der junge Prinz, ein fahrender Ritter – man sieht ihn an den Höfen von Navarra, von Aragon, von Portugal, von Kastilien. Eine »antiquierte Kuriosität« (Huizinga), ein »Vorläufer des Don Quichotte« (Frédérix), aber für den jungen Prinzen von Burgund ein unvergeßliches Vorbild, unter dessen Aufsicht er 1451 mit achtzehn Jahren in Brüssel sein erstes Turnier besteht. Es ist eine Ironie des Schicksals, daß dieser Ritter ohne Furcht und Tadel, eines der letzten Glanzstücke einer zum Aussterben bestimmten Schicht, im Frühjahr 1453 vor Gent durch eine Kanonenkugel sein Ende findet. Man versteht, daß viele ehrliche Krieger mit den Zauberkünstlern dieser neuen Waffe, Artillerie genannt, nichts zu tun haben wollen.

Herzog Philipp möchte seinen Sohn verheiratet sehen. Und er hat auch eine Kandidatin im Auge, die kleine Prinzessin Isabella von Bourbon. Sie ist die Tochter von Philipps Schwester Agnes, also eine Kusine des burgundischen Erbprinzen. Die Bourbons sind in Frankreich Prinzen von Geblüt, eine verzweigte und mächtige Familie: einer ist Kardinal und Erzbischof von Lyon, ein anderer Bischof von Lüttich. Pierre, Herr von Beaujeu, wird Schwiegervater eines Königs und Regent von Frankreich werden. Marie von Bourbon heiratet einen Anjou, Johann von Kalabrien; Catherine Adolf von Egmont, den künftigen Herzog von Geldern; Johanna von Bourbon wird Prinzessin von Oranien, Margarete Prinzessin von Savoyen.

In den Auseinandersetzungen zwischen Burgund und Frankreich stehen die Bourbons einmal im einen, dann wieder im anderen Lager. Jacques de Bourbon wird in den Orden vom Heiligen Michael aufgenommen, dem feudalsten Orden der französischen Krone, und er wird in den Orden vom Goldenen Vlies berufen.

Herzogin Isabella von Burgund hat ganz andere Heiratspläne mit ihrem Sohn, der jetzt – wir schreiben das Jahr 1453 – inzwischen neunzehn Jahre alt ist und den Titel eines Grafen von Charolais führt. Sie steuert eine Heirat mit der älteren Tochter des Herzogs von York an und hofft auf ihren mütterlichen Einfluß.

Philipp aber will von einer Verbindung mit der Weißen Rose nichts wissen. Noch ist nicht klar, wer im England der Rosenkriege die Oberhand behalten wird. Und eine englische Heirat würde den französischen König verärgern.

Karl VII. von Frankreich ist längst nicht mehr der Bettlerkönig von Bourges, den seine eigene Mutter als Bastard beschimpft. Das Königreich leidet zwar noch unter den Zerstörungen von Krieg, Brandschatzung und Plünderung, aber die Verwaltung ist reorganisiert, die Finanzen sind gesund, im Heer werden die Ordonnanzkompagnien aufgebaut, die das Feudalaufgebot ersetzen sollen. Vor allem hat Karl den Hundertjährigen Krieg erfolgreich zu Ende bringen können. Der alte Talbot, Symbol der englischen Siege, Feldherr in vier Jahrzehnten, fällt im Juli 1453 unter den Mauern von Castillon. Ein Vierteljahr später zieht Karl VII. in Bordeaux ein. Die Engländer sind vom Kontinent verjagt. Nur in Calais halten sie noch einen Brückenkopf, umgeben von burgundischem Gebiet.

Philipp hat in diesem Kampf Neutralität bewahrt. Burgund will seine im Vertrag von Arras errungene politische Position als »dritte Macht« neben England und Frankreich behalten und ausbauen. Selbstbewußt nennt sich Philipp »von Gottes Gnaden«. Die Jahre seit 1435 sind voller schwieriger Verhandlungen. Es geht zwischen Burgund und Frankreich um die Erfüllung der Bedingungen des Vertrages von Arras. Und da ist noch etwas anderes. Philipp ist entschlossen, das große Abenteuer des Kreuzzugs zu beginnen, und dazu braucht er die Unterstützung oder doch mindestens die wohlwollende Neutralität des französischen Königs. Zwischen beiden Männern – die sich übrigens nie begegnet sind – steht immer noch der Schatten des Mordes von Montereau. Aber die Realpolitik hat langsam die Oberhand gewonnen, nicht zuletzt dank der klugen Diplomatie des Kanzlers Rolin.

In dieses Geflecht der Staatsraison muß die Heirat des

Grafen von Charolais eingepaßt werden, und wiederum zeigt sich Philipps und Rolins überlegene Regie. Bei den Verhandlungen um den Heiratskontrakt lehnt der Herzog von Bourbon die burgundische Forderung nach der Grafschaft von Château-Chinon als Mitgift ab: Das Land müsse er für seine Söhne bewahren. Das Heiratsprojekt scheint gescheitert, und am französischen Königshof ist man aufs höchste beunruhigt: Wie, wenn der verärgerte Burgunder nun doch die englische Verbindung vorzieht?

Aber da reitet ein junger burgundischer Ritter namens Philippe Pot – später Marschall von Burgund – in geheimer Mission nach Lille mit dem herzoglichen Auftrag, der Graf von Charolais solle unverzüglich seine Kusine Isabella von Bourbon heiraten und die Ehe vollziehen. So geschieht es am 30. Oktober 1454.

Als die neugebackene Gräfin von Charolais ihre Eltern in Kenntnis setzt, will der Herzog von Bourbon hinter Philipps »Großmut« nicht zurückstehen: Er übersendet dem Burgunder den Entwurf eines Heiratskontraktes, in dem die Grafschaft Château-Chinon dem Grafen von Charolais geschenkt wird. Philipp weigert sich, das zu akzeptieren. Er läßt sich dann mit Mühe überzeugen, daß seine Weigerung den edlen Bourbon beleidigen müsse. Am 28. November wird ratifiziert. Burgund ist wieder ein Stück größer geworden.

Zwei Jahre später. Der Burgunderherzog steht in Holland, er hat das aufständische Deventer eingeschlossen, als er eine überraschende Nachricht erhält: Ludwig, der französische Dauphin, bittet um Asyl in Burgund. Der Herzog wiegt die Gefahr und die Vorzüge dieser überraschenden Entwicklung ab. Ist das nicht eine unerwartete Möglichkeit, sich der Dankbarkeit des künftigen Ludwig XI. zu versichern? Am Hofe sind die Meinungen geteilt. Die politische Brisanz ist allen klar.

Der Dauphin hat sich schon lange mit seinem Vater überworfen und sich in die Dauphiné zurückgezogen. Schließlich setzt Karl VII. Truppen gegen den unbotmäßigen Sohn in Bewegung. Da entschließt sich Ludwig zur Flucht, aber – wie es seinem Charakter entspricht – nicht ohne Vorwand: Er informiert seinen Vater und die Bischöfe von Frankreich, es sei seine Absicht, zu seinem lieben Onkel nach Burgund zu gehen, um diesen bei dem bevorstehenden Kreuzzug zu begleiten. Anfang September 1456 trifft er bei Louis Chalon, dem Fürsten von Oranien ein; dann reist er weiter zu Johann von Neuchâtel, Marschall von Burgund, und wird durch Lothringen bis nach Löwen geleitet. Hohe Adlige bringen ihn nach Brüssel, wo die Herzogin von Burgund und die Gräfin von Charolais, die bereits mit ihrer Tochter Marie schwanger geht, ihn an der Porte du Coudenberghe feierlich einholen. Einige Zeit später kommt des Dauphin junge Frau Charlotte von Savoyen nach[46]. Das Schloß von Genappe wird zur zeitweiligen Heimat des Dauphin und seines kleinen Hofs. Sechsunddreißigtausend Pfund setzt ihm der Herzog als jährliche Pension aus.

Karl VII. von Frankreich nimmt die Nachrichten mit Gelassenheit auf. Er kennt seinen Sohn. »Mein Vetter Burgund«, sagt er, »nährt den Fuchs, der ihm eines Tages seine Hühner wegfressen wird[47].« Der Fuchs zeigt sich einstweilen höflich, wohlwollend, geduldig, fromm, voll von Dankbarkeit gegenüber dem Onkel von Burgund. Die fiebernde Ungeduld eines Mannes, der in seinen besten Jahren zwischen dreißig und vierzig zur Untätigkeit verdammt ist, bleibt unter der Oberfläche verborgen.

Die Generationenspannung zwischen Vater und Sohn ist freilich nicht auf die Valois von Frankreich beschränkt. Auch zwischen Philipp von Burgund und seinem Sohn gibt es Auseinandersetzungen. Voller Mißvergnügen sieht Karl, wie sich die Familie Croy – »adlige Neureiche« nennt sie Huizinga – eine immer stärkere Stellung am Hof schafft. Als Herzog Philipp entgegen einem früher gegebenen Versprechen einen Posten im Hofstaat des Grafen von Charolais einem der Croy zukommen lassen will, kommt es zwischen dem Dreiundzwanzigjährigen und seinem Vater zu einer Auseinandersetzung. Chastellain schildert uns die Szene lebendig.

»An einem Montag, dem Sankt-Antons-Tag (es war der 17. Januar 1457), rief der Herzog, der sehr wünschte, daß sein Haus in Frieden bleibe und kein Zwist unter seinen Dienern entstehe und daß auch sein Sohn nach seinem Wunsch und Willen tue, diesen seinen Sohn zu sich, nachdem er schon einen großen Teil der Stundengebete gesagt hatte und die Kapelle leer war von Leuten, und sagte sanft zu ihm: ›Karl, was den Streit angeht zwischen den Herren Sempy und von Hémeries wegen der Stelle des Kammerdieners, so will ich, daß Ihr ein Ende damit macht und daß der Herr von Sempy die unbesetzte Stelle erhält.‹ Dagegen sagte der Graf: ›Monseigneur, Ihr habt mir einmal Eure Verordnung gegeben, in der aber der Herr von Sempy nicht aufgeführt ist. Und, Hoher Herr, so es Euch gefällt, bitte ich Euch, es dabei zu belassen.‹ – ›Ha, kümmert Euch nicht um Verordnungen‹, sagte da der Herzog. ›Mir kommt es zu, zu erhöhen und zu erniedrigen, und ich will, daß der Herr von Sempy dort eingesetzt werde.‹ – ›Hahan‹ sagte der Graf (so pflegte er zu fluchen), ›Hoher Herr, ich bitte Euch um Verzeihung, denn ich könnte es nicht tun. Ich halte mich an das, was Ihr verordnet habt. Das hat mir der Herr von Croy eingebrockt, ich sehe es wohl.‹ ›Wie!‹ sprach der Herzog, ›wollt Ihr mir ungehorsam sein? Wollt Ihr nicht tun, was ich will?‹ – ›Monseigneur, ich will Euch gern gehorchen – aber dies werde ich nicht tun.‹ Und der Herzog, rasend vor Zorn über diese Worte, erwiderte: ›Ha, Bursche, wirst Du meinem Willen folgen? Geh mir aus den Augen!‹ Und das Blut drückte ihm mit den Worten aufs Herz, und er wurde bleich und dann plötzlich flammendrot und so schrecklich verändert in seinem Gesicht, daß es (wie ich vom Schreiber der Kapelle hörte, der allein bei ihm war) gräßlich anzusehen war[48].«

Die Herzogin, Zeugin dieser Szene, bekommt es mit der Angst zu tun, zerrt ihren Sohn mit sich und will die Kapelle verlassen. Sie wendet sich an den Diener: »Caron, öffne uns.« Der fällt den beiden zu Füßen und fleht sie an, Karl möge seinen Vater doch um Verzeihung bitten, ehe sie die

Kapelle verlassen. Die Herzogin schließt sich dieser Bitte an, doch Karl antwortet: »Bah, Madame, Monseigneur hat mir verboten, ihm vor die Augen zu treten, und ist erbost über mich, weswegen ich, nach diesem Verbot, nicht sobald zu ihm zurückkehren werde, sondern werde im Schutze Gottes weggehen, ich weiß nicht, wohin.« Der Herzog sitzt mit wutverzerrtem Gesicht noch in seinem Betstuhl, die Herzogin aber ruft dem Diener angsterfüllt zu: »Lieber Freund, schnell, öffnet uns, wir müssen fort oder wir sind tot.«

Der Herzog geht in seine Zimmer zurück, wirft sich aufs Pferd und reitet mutterseelenallein aus Brüssel fort. »Nun wollte es der Zufall«, schreibt Chastellain weiter, »daß gerade an jenem Tage nach einem langen und harten Frost Tauwetter eintrat, und nach einem langen und dichten Regen, der den ganzen Tag über niedergegangen war, brach der Abend mit einem sehr feinen, aber nässenden Regen herein, der die Felder durchtränkte und mit dem Wind, der heftig blies, die Eismassen auf dem Boden löste.« Der Herzog verirrt sich in einem riesigen Walde. Der über Sechzigjährige stürzt mit dem Pferd und verletzt sich. Nach langen Stunden des Umherirrens stößt er auf einen Kohlenmeiler, das Kläffen eines Hundes führt ihn zu der Hütte eines armen Mannes, wo er Ruhe und etwas zu essen findet.

Am nächsten Tage erst findet ihn einer der ausgesandten Suchtrupps. Die Situation zwischen Herzog und Gefolge ist heikel. Da findet Philippe Pot das recht Wort: »Guten Tag, Hoher Herr, guten Tag, was bedeutet dies? Spielt Ihr jetzt den König Artus oder den Junker Lancelot[49]?«

Juli 1461. Ein Kurier nach dem andern kommt aus Frankreich in Genappe an mit den letzten Nachrichten von einer schweren Erkrankung des französischen Königs. Am 25. Juli kommt die Meldung, daß Karl VII. in den frühen Morgenstunden des 22. Juli verschieden ist. Ludwig ordnet ein Requiem für seinen Vater an. Am Nachmittag kleidet er sich in Rot und Weiß und geht zum Jagen. Keine Trauer für den verstorbenen König.

Am nächsten Tag bricht der neue König von Frankreich, Ludwig XI., mit seinem kleinen Gefolge auf. An der Grenze, bei Avesnes, zeigt Ludwig, daß er der Herr ist: Eine ganze Reihe von Spitzenpositionen werden neu besetzt. Ende Juli kommt der Herzog von Burgund nach, begleitet von einem bescheidenen Gefolge von »nur« viertausend Rittern. Am 15. August findet in der überfüllten Kathedrale von Reims die Salbung Ludwigs nach der uralten Zeremonie statt. Philipp, der erste der Pairs von Frankreich, hebt die Krone auf und setzt sie dem König auf die Stirn: »Vive le Roy! Montjoye et St. Denis!«

Am Montag, dem 31. August, erfolgt der feierliche Einzug in Paris. Es ist wieder einmal eine hervorragende Gelegenheit für den Herzog von Burgund, seinen Glanz und seine Macht zu zeigen. Die burgundischen Adligen eröffnen den Zug, gekleidet in Gold, pelzbesetztem Samt und Damast, Tausende von Silberglöckchen klingeln an ihren Pferden. Vier Trompeter kündigen den König an. Über einem Wams von scharlachfarbenem Satin trägt er einen Mantel von weißem Damast, der mit Gold gesäumt ist. Sechs Bürger von Paris, in scharlachfarbenem Satin gekleidet, halten einen Himmel von blauem Satin, mit Lilien überstickt, über ihn.

Hinter ihm reitet der Herzog von Burgund auf einem Pferd, das mit schwarzem Satin überdeckt ist, die Decke mit Gold und Edelsteinen bestickt. Er selber trägt einen schwarzen Samtmantel, auf dem Rubine, Diamanten und Perlen glitzern. Sein Hutrand zeigt eine Reihe von Edelsteinen. Man munkelt sich zu, sie seien vierhunderttausend Kronen wert, etliche Millionen in heutiger Rechnung. Hinter ihm wird zeremoniös ein Helm getragen, an dem der Rubin von Flandern blinkt, das »Wunder der Christenheit«.

Die Stadt Paris ihrerseits hat sich nicht lumpen lassen. Pantomimen mit Jagdszenen, Kampfszenen, religiösen Darstellungen wechseln einander ab. In einem künstlichen Teich spielen drei nackte Mädchen als Sirenen. Der Pariser Chronist, offenbar begeistert von diesem Einfall, beschreibt im Detail ihre Busen.

Die Tage in Paris sind ein ideales Mittel für den Herzog, den Glanz und die Macht Burgunds darzustellen, sich in den Straßen zu zeigen, Empfänge zu geben. Ludwig hält nichts von Festlichkeiten. Aber er wiederholt seine Dankbarkeit gegenüber dem Onkel Burgund, ohne den er, wie er sagt, möglicherweise nicht mehr am Leben sei, und sucht ihn, obwohl das an sich ein Bruch der Etikette ist, sogar im Hotel d'Artois auf. Schließlich aber gibt er ihm zu verstehen, er selbst müsse jetzt leider in die Provinz abreisen – in klaren Worten: Der Herzog möge jetzt nach Hause zurückkehren. Ludwig XI. möchte nicht, in welcher Form auch immer, bevormundet sein.

Zu den vornehmsten Rechten eines neuen Herrn gehört es, Amnestie zu üben. Im Oktober kommt der König nach Meung und läßt auch hier entsprechend der alten Sitte die Gefangenen in Freiheit setzen. Daß einer von ihnen, ein Magister aus Paris, den Namen François Villon trägt, ist ihm sicher nicht bekannt; es hätte ihn auch nicht interessiert. Der Gnadenbrief ist uns nicht erhalten, wohl aber Villons »Großes Testament«:

»Geschrieben habe ich mein Büchlein dazumal
im Jahre 61, als der gute König mich
zu Meung erlöste aus der harten Kerkerqual
und mich dem Leben wiederschenkte gnädiglich.
Solang in meinem Herzen Odem pulst und Leben,
steh ich in seiner Schuld und bleib ihm treu ergeben,
bring Dank und Liebe ihm entgegen, ungemessen,
denn was man Gutes tut, bleibt ewig unvergessen.«

Villon, wieder in Freiheit, aber ohne Mittel, wendet sich an den Herzog von Bourbon. Aber es hält ihn nicht in Blois. Er geht nach Paris zurück, wird im Dezember 1462 wieder in eine Schlägerei verwickelt und kurzerhand zum Tode verurteilt. Beziehungen, die er noch aus alter Zeit hat, verhelfen ihm zu einer Begnadigung in nächster Instanz. Am 3. Januar 1463 wird eine zehnjährige Verbannung aus Stadt und Graf-

Karl der Kühne.
Gemälde von Rogier van der Weyden (1400-1464).

Karl der Kühne mit seiner Frau Isabeau de Bourbon.
Unbekannter flämischer Meister.

schaft Paris verkündet. Seine Spur verliert sich im dunkeln. Wir wissen nicht, wann und wie er umgekommen ist.

Aber seltsam: Er, den doch mit Karl dem Kühnen gar nichts verbindet außer das ungefähr gleiche Alter, zeigt in vielen seiner Balladen einen ganz ähnlichen Grundzug der Traurigkeit, der Resignation, der Erkenntnis der Vergänglichkeit alles Irdischen, wie er bei dem letzten Burgunderherzog – wahrscheinlich als Erbe seiner portugiesischen Mutter – immer wieder sichtbar wird.

> »Ach, meine Tage sind verronnen wie ein Traum, und wie die Fäden eines Tuchs sind sie verglimmt, wenn in die Hand der Weber einen Kienspan nimmt, und einem Fädchen sengend nahekommt, und kaum fängt Feuer es, lohts auf und fällt verascht zusammen.«

Krieg für das öffentliche Wohl

Im August 1464 wartet König Ludwig bei Abbéville in der Picardie sehnsüchtig, aber vergebens auf eine Gesandtschaft der Engländer. Philipp sitzt in seinem Schloß in Hesdin, nur mit Mühe von der Abreise abgehalten. Der Graf von Charolais, noch mit seinem Vater zerstritten, hat mit seiner Gemahlin den Wohnsitz in Gorkum genommen. Er hat es noch nicht verwunden, daß sich Herzog Philipp auf den Handel mit König Ludwig eingelassen und die Sommestädte gegen vierhunderttausend Goldstücke zurückgegeben hat.

An einem Tag im September sieht man im Hafen von Gorkum ein Schiff mit einer Besatzung von etwa fünfzig Matrosen ankommen und abseits Anker werfen. Ein Mann in der Kleidung eines Edelmannes steigt aus, inspiziert die Gegend, bummelt durch Herbergen und Schenken, fragt die Einwohner nach den Gewohnheiten des Grafen von Charolais aus, prüft die Wälle des Schlosses und klettert auf den Befestigungen herum. Vor allem aber fällt auf, daß er keine Anstalten macht, dem burgundischen Erbprinzen einen Besuch abzustatten. Die Einwohner des kleinen Ortes, dem Grafen von Charolais sehr ergeben, fangen an, Verdacht zu schöpfen, dem Fremden zu folgen und ihn zu überwachen. Als der sich beobachtet fühlt, flüchtet er sich in eine Kirche wie ein Verbrecher, der im Allerheiligsten Zuflucht sucht. Karl von Charolais läßt den Unbekannten verhaften und vor sich bringen. Der schweigt zunächst und gibt sich dann als der Bastard von Rubempré zu erkennen, ein Neffe von Jean de Croy. Man weiß von ihm, daß er schon mehrfach für den französischen König Missionen dubiosen Charakters ausgeführt hat. Aufgefordert, seine Anwesenheit in einem so abgelegenen Ort, in den selten Reisende kommen, zu rechtfertigen, gibt er unwahrscheinlich klingende Erklärungen. Man wirft ihn ins Gefängnis, aber Karl verhindert eine Folterung. Er will der Gerichtsbarkeit des Vaters nicht vorgreifen. Statt dessen sendet er seinen Hofmeister (und Geschichtsschreiber) Olivier de la Marche nach Hesdin, um Weisungen einzuholen.

Was auch immer die wirkliche Mission des Bastards sein mag – die Wirkung in der Öffentlichkeit ist beträchtlich. Flandern ist empört. Philipp reist, ohne sich vom König zu verabschieden, von Hesdin ab – man weiß nie, was Ludwig noch alles im Schilde führt. Der französische König sagt zunächst überhaupt nichts. Dann behauptet er, Rubempré nicht zu kennen. Später, als seine Verbindung zu Rubempré nicht mehr abzustreiten ist, erklärt er, er habe ihn abgesandt, um den Vizekanzler der Bretagne, Rouville, abzufangen, der von England nach Gorkum zurückkehre, um Charolais über seine Verhandlungen mit Eduard IV. zu berichten. Die Behauptung ist dürftig und kann an dem Prestigeverlust für Ludwig nichts mehr ändern, zumal inzwischen klar geworden ist, daß die erwartete Gesandtschaft aus England nicht mehr kommen wird. Aber er muß sich für seinen Emissär einsetzen.

So sieht man zwei Monate nach der Verhaftung des Bastards von Rubempré in Lille eine französische Gesandtschaft einreiten, bestehend aus dem Erzbischof von Narbonne, dem Grafen von Eu und dem Kanzler Morvilliers. Der Gefangene, so fordern die Franzosen, soll sofort freigelassen werden. Die Priester, welche von der Kanzel herab das versuchte Attentat verurteilt haben, sollen dagegen verhaftet und an König Ludwig zur Bestrafung ausgeliefert werden. Morvilliers verbindet die Forderungen mit scharfen Angriffen auf den Grafen von Charolais. Sein Haß gegen den französischen König rühre nur daher, daß er eine Pension als Statthalter nicht bekommen habe. Karl braust auf und will unterbrechen, aber Morvilliers wendet sich kühl zu ihm: »Ich spreche nicht mit Ihnen, sondern mit seiner Gnaden dem Herzog.« Philipp entscheidet, man solle die Gesandten frei reden lassen; Karl solle den folgenden Tag Gelegenheit haben, sich zu rechtfertigen.

Einen Bruch mit Frankreich will der nun achtundsechzig Jahre alte Herzog vermeiden, so gibt er sich zögernd. Das interpretieren die Franzosen falsch; der Graf von Eu beginnt, mit schneidender Arroganz und Schärfe vom Herzog eine sofortige Entscheidung zu verlangen.

Philipp entgegnet gelassen: »Lieber Schwager, ich habe vor diesem Tage schon oft hochmütige und stolze Worte gehört, und ich kann mich nicht erinnern, daß sie mich sehr bewegt hätten.«

Am nächsten Tag hält Karl in Anwesenheit der Ritter vom Goldenen Vlies und des ganzen Hofes, vor seinem Vater kniend, seine Verteidigungsrede. Er bestreitet ruhig und energisch, mit dem bretonischen Herzog gegen den König konspiriert zu haben. Die Statthalterschaft der Normandie sei ihm übertragen worden, ohne daß er es verlangt habe. »Mein Hoher Herr und Vater«, fügt er hinzu, »solange ich mich Eurer Gnade erfreue, habe ich es nicht nötig, die Wohltaten eines anderen Fürsten zu suchen.«

Philipp entscheidet kühl: Er werde keine der gestellten Forderungen erfüllen. Die Franzosen, die noch immer auf das Zerwürfnis zwischen Vater und Sohn gesetzt haben, sehen sich vollkommen getäuscht. Das letzte Wort aber bleibt dem burgundischen Erbprinzen. Bei der Abreise der Gesandtschaft sagt er zum Erzbischof von Narbonne: »Empfehlt mich untertänigst des Königs Gnade und sagt ihm, er habe mir durch seinen Kanzler eine schöne Abreibung erteilen lassen, aber vor Ablauf eines Jahres werde er es bereuen[50]!«

Die Affäre Rubempré endet also mit einer Niederlage

Ludwigs. Der alte Herzog, erzürnt darüber, daß man seinem Sohn ans Leben wollte, versöhnt sich feierlich mit ihm und überträgt ihm im März 1465 – der steigenden Last seiner hohen Jahre bewußt – die Generalstatthalterschaft der burgundischen Lande – genau jenes Amt, das König Ludwig selbst von dem alten Herzog hatte haben wollen.

Die Feindschaft zwischen den beiden so ungleichen Vettern, Ludwig von Frankreich und Karl von Burgund, ist endgültig. Der Kampf auf Tod und Leben hat begonnen. Beide wissen es.

Die Spannung in Frankreich wächst. Seit dem Thronwechsel ist klar, daß die französischen Großen den Zentralisierungsbestrebungen Ludwigs scharfen Widerstand entgegensetzen werden. Ludwig sieht die Auseinandersetzungen kommen. Er weiß auch von Anfang an, daß er keine bessere Möglichkeit hat, als die Gegner gegeneinander auszuspielen. Warwick hat ihm Waffenruhe zugesagt, von den Engländern ist also nichts zu fürchten. Der gefährlichste Gegner ist ohne Zweifel Burgund.

Nach vielen beiderseits verlogenen Beteuerungen bricht der Kampf im März 1465 aus. In den frühen Morgenstunden des 5. März erhält Ludwig die Nachricht, daß sein junger Bruder, der Herzog von Berry, Mittelpunkt der Unzufriedenen, sich unter einem Vorwand entfernt habe. Berry, der sich mit Odet d'Aydie und dem Kanzler der Bretagne trifft, galoppiert mit ihnen nach Nantes, wo sie bereits vom bretonischen Herzog erwartet werden. Der alte Haudegen Graf Dunois hat seine bewegliche Habe auf ein Schiff verladen und fährt die Loire abwärts. In der Nacht vom 9. auf den 10. März gelingt dem Grafen von Dammartin, dem alten Anführer der Ecorcheurs vom Jahre 1444, ein waghalsiger Ausbruch aus der Bastille, wo er seit 1463 wegen Majestätsbeleidigung gefangen sitzt. Er reitet sofort zum Herzog von Bourbon.

Am 13. März veröffentlicht der Herzog von Bourbon ein Manifest. Danach haben sich die Großen des Reichs zu einer Liga für das öffentliche Wohl – Ligue du bien public –

zusammengeschlossen. Ihr gehören die Herzöge der Bretagne, von Bourbon, Nemours und Kalabrien an, weiter König René – das Oberhaupt des Hauses Anjou –, die Grafen von Armagnac, Charolais, St. Pol. Dunois und eine große Anzahl von Edelleuten. Es ist der Beginn eines langen Kampfes, den erst Richelieu und Mazarin endgültig zugunsten der Zentralgewalt beenden werden.

Was fordern diese tugendhaften Männer mit ihrer Liga für das öffentliche Wohl? Die Generalstände sollen einberufen werden, Berry soll Regent von Frankreich werden, das Kommando über die Armee soll den Herzögen Berry, Bretagne und Bourbon vorbehalten werden. Vor allem wollen sie die Kontrolle über die Finanzen, lukrative Posten.

Ganz im Gegensaz zu den Phrasen des Manifests ist es keine populäre Erhebung. Nicht, daß das Volk von Frankreich etwa Ludwig als einen großartigen König ansieht. Aber der einfache Mann weiß: Bürgerkrieg – das bedeutet verwüstetes Land und mehr Steuern. Dem Bauern ist gleichgültig, von wem er bedrückt und ausgepreßt wird. So sind in diesem Krieg außer den adligen Hauptfiguren die Söldner (hauptsächlich schottische und schweizerische) und das Gefolge des Adels (Ritter und Knappen) diejenigen, die die Kämpfe bestreiten.

Der König sammelt Truppen, wirft sich am 13. März nach Thouars und überrumpelt am 26. März eine Stadt der Anjous. König René, das Haupt der Anjous, beeilt sich daraufhin, am 10. April einen Treueid zu schwören. In diesen Tagen begegnen wir in der Umgebung des Königs zum ersten Male einem jungen Mann aus Mailand, der als Gesandter des Herzogs zunächst bei Ludwig, später bei Karl von Burgund hervorragend beobachtete Berichte an seinen Herzog sendet: Giovanni Pietro Panigarola.

Am 17. April – sechs Wochen nach der Flucht seines Bruders – ist der König mit seinen militärischen Vorbereitungen soweit. Dreizehntausend Mann unter dem Kommando des Grafen von Maine werden entsandt, den Herzog von Berry und Franz II. in der Bretagne zu blockieren. Der König selbst will mit elftausend Mann, darunter achthundert Lanzen Elitetruppen, gegen den Herzog von Bourbon vorrükken. Eine andere Streitmacht soll von Südosten her, von der Dauphiné und Languedoc, das Bourbonnais angreifen. Francesco Sforza, der Mailänder Herzog, sendet einen Brief, in dem er verspricht, seinen eigenen Sohn und Erben, Galeazzo Maria, mit fünftausend Mann zu entsenden. Das Unternehmen läßt sich für Ludwig nicht schlecht an.

Aber Ende Mai sieht es schon nicht mehr so gut aus. Es kommen Nachrichten aus dem Norden: Der Graf von Charolais hat von den Ständen Geld zur Aufstellung einer Armee bewilligt erhalten und die Pikardie durchquert. Am 6. Juni überschreiten die Burgunder die Somme. Der Weg nach Paris ist offen.

Der König versucht verzweifelt, in zähen Verhandlungen mit den Herzögen Bourbon und Nemours zu einem Ergebnis zu kommen. Am 23. Juni kommt endlich ein elender Waffenstillstand zustande, ein Papier voll von Versprechungen, die keine Seite einzuhalten gewillt ist.

Die Armee des Königs zieht ihre Besatzungen aus dem Bourbonnais zurück und marschiert in Gewaltmärschen über staubige Straßen nach Norden. Paris ist dreihundertfünfzig Kilometer entfernt. Wütend wehren sich die Nachhuten gegen die Angriffe der Liga. Anfang Juli überschreiten im Norden die Burgunder die Oise. In wenigen Tagen stehen sie vor Paris. Aber die Zeiten, da die Sympathie der Pariser den populären Herzögen von Burgund gehörte, sind vorbei. Des Königs Statthalter und der Bischof von Bayeux, Jean Balue, organisieren die Verteidigung der Stadt. Ein Überraschungsangriff der Burgunder mißlingt.

Mittlerweile rücken von Westen her die Bretonen mit zwölftausend Mann näher. Der Graf von Maine, der sie aufhalten soll, weicht langsam zurück. Der König reitet Tag und Nacht. Am 11. ist er in Orléans, an den beiden nächsten Tagen zieht die Kavallerie über die Loire. Fußtruppen, Artillerie und Nachhut hängen noch weit zurück. Inzwischen haben die Burgunder die Seine überschritten und blockieren die Straße von Paris nach Süden. Sitzt der König in der Falle? Von Westen die Bretonen, von Süden die Truppen des Bourbon, von Südosten der Marschall von Burgund, von Osten Johann von Lothringen, von Norden die burgundische Armee des Grafen von Charolais. Ludwig kann gerade noch den Grafen von Maine und die Truppen aus der Dauphiné an sich ziehen.

Der König entscheidet sich für den Angriff auf die Burgunder, ehe sie sich mit den übrigen Ligatruppen vereinigen können. Es ist Dienstag, der 16. Juli, ein glühend heißer Sommertag. Zwischen zehn und elf Uhr vormittags rücken die Truppen des Königs gegen den Feind[51].

Auf dem linken Flügel der Burgunder weht ein rot und graues Banner mit einem silbernen Einhorn. Dort steht der Graf von St. Pol, umgeben von seinen Armbrustschützen, alle in Rot und Grau gekleidet. Hier steht die Ritterschaft von Artois, Flandern, Hennegau und Picardie. Das burgundische Fähnlein befehligt Anton, der Große Bastard. Seine Armbrustschützen tragen rote Jacken mit einem Andreaskreuz. Über dem rechten Flügel weht die Standarte des Grafen von Charolais in Schwarz und Violett, seine Armbrustschützen sind in gleichen Farben gekleidet.

Der König ist sich im klaren: Jetzt steht alles auf dem Spiel. Er sendet nacheinander drei Boten nach Paris mit dem dringenden Befehl an Marschall Rouault, mit allen verfügbaren Truppen den Burgundern in den Rücken zu fallen. Wenn alles gutgeht, muß Rouault im Laufe des Nachmittags eintreffen, noch rechtzeitig, um die Schlacht zu entscheiden.

Noch will niemand angreifen. Seit sieben Uhr morgens stehen die Burgunder in der glühenden Sonnenhitze. Nur die Artillerie beider Seiten schießt. Der Nachmittag bricht an. Noch immer stehen sich beide Armeen gegenüber. Da rückt der linke burgundische Flügel unter St. Pol vor. Die Franzosen – unter dem Groß-Seneschall der Normandie, Pierre de Brezé – weichen zurück, stieben auseinander und fassen die vorrückenden Burgunder von den Seiten her. Im Getümmel fällt der Groß-Seneschall, aber seine Taktik ist erfolgreich:

Die Burgunder geraten ins Wanken, lösen sich in einzelne Gruppen auf, fliehen. In diesem Augenblick rückt der König mit dem Zentrum vor. Die burgundische Mitte, bereits durch die Flucht des linken Flügels in Mitleidenschaft gezogen, kann dem Ansturm nicht standhalten. Die siegreichen Franzosen stürmen auf den burgundischen Troß los. Vergebens versuchen die Hauptleute beider Seiten, ihre Scharen zusammenzuhalten. Nun muß die Entscheidung kommen. Der König galoppiert zum linken Flügel und befiehlt den Angriff. Die Lanzen des Grafen von Maine senken sich zur Attacke. Der Sieg ist zum Greifen nahe; Roualt muß nun jede Minute im Rücken der Burgunder erscheinen.

Da geschieht etwas Unerwartetes: Der rechte Flügel der Burgunder unter dem Grafen von Charolais hat sich gegen den Feind in Bewegung gesetzt, und die Truppen des Grafen von Maine machen kehrt und galoppieren in wilder Flucht davon. Karl von Charolais jagt ihnen mit einigen hundert seiner Leute nach. Inzwischen gelingt es dem Bastard von Burgund, die versprengten Scharen zu sammeln. Der Angriff rollt vor. Langsam zieht sich der König bis zum Schloß von Monthléry zurück. In der Ebene herrscht in Hitze und Staub ein wildes Durcheinander.

Inzwischen ist es sieben Uhr abends geworden. Auf das Drängen eines kriegserfahrenen Hauptmanns kehrt Karl von Charolais um. Zu seinem Erstaunen flattert keineswegs die burgundische Flagge über dem Schlachtfeld, und das Schloß von Monthléry ist offenbar fest in den Händen der königlichen Truppen. In diesem Augenblick fällt eine Truppe der Königlichen das kleine Häuflein um Charolais an. Ein wildes Handgemenge entsteht. Karls Standartenträger wird niedergehauen, ein Schwert durchdringt das Halsstück von Karls Panzer, das Blut strömt, ein Franzose packt ihn und schreit: »Herr, ergebt Euch! Ich kenne Euch wohl! Laßt Euch nicht töten!« Charolais wehrt sich verzweifelt und wird im letzten Augenblick von den Seinen herausgehauen. Ein neuer Trupp von Burgundern rückt an, die Franzosen ziehen sich auf den Hügel von Monthléry zurück.

Langsam bricht die Sommernacht herein. Karl läßt seine Standarte auf dem Schlachtfeld aufstellen. Der Bastard von Burgund, dessen Fahne völlig zerrissen ist, und St. Pol sammeln, was an Truppen noch greifbar ist. Eine Wagenburg wird gebaut. Erschöpft, blutbedeckt und staubig – so stehen sich die Reste beider Armeen in der hereinbrechenden Nacht gegenüber. Nur noch einige Schüsse der Artillerie werden gewechselt. Im Schutz der Dunkelheit läßt Ludwig seine Truppen ostwärts abziehen, nach Corbeil an der Seine. Die Schlacht ist zu Ende. Niemand hat sie gewonnen. Die Burgunder sind die Herren des Schlachtfeldes. Der König aber kann ungehindert nach Paris marschieren.

Am Nachmittag des 18. Juli reitet er in Paris ein. Die Pariser haben teilweise gute Beute von den fliehenden Burgundern gemacht. Einige hundert, von denen man sich kein Lösegeld erhoffen kann, werden ohne Umstände in Säcke genäht und in die Seine geworfen. Was noch an burgundischen Parteigängern in der Stadt ist, verhält sich mucksmäuschenstill.

Aber die Sache des Königs steht schlecht, es ist nicht zu leugnen. Die Desertionen häufen sich. Manchen Truppenteilen ist nicht mehr zu trauen. Ludwig reitet mit einer Streitmacht in die Normandie, um Verpflegung zu beschaffen. Inzwischen legt sich die Belagerung der Ligatruppen um Paris. Aber die Stadt lehnt Verhandlungen ab. Am 28. August kehrt der König mit den restlichen Verstärkungen und – was die Pariser weit mehr freut – mit vielen Wagenladungen Mehl in die Stadt zurück. Die Tage vergehen mit Scharmützeln. Eines Tages trifft eine Kanonenkugel das Quartier des Grafen von Charolais und tötet einen Trompeter, der gerade das Essen auftragen will. Keine der beiden Seiten hat Lust, das Schlachtenglück von neuem zu versuchen. Als die Prinzen am 3. September Waffenstillstand und Verhandlungen anbieten, greift Ludwig bereitwillig zu. Es beginnen nun die wochenlangen Diskussionen, bei denen sich die ganze Meisterschaft des französischen Königs erweist.

Am 9. September kommt es zu einem Gespräch zwischen dem König und Charolais. Ludwig hat sich entschlossen, zunächst mit dem gefährlichsten seiner Gegner zu verhandeln. Commynes – damals noch im Gefolge des burgundischen Erbprinzen – hat uns das Gespräch aufgezeichnet, das uns Ludwig in der ganzen Kunst seiner Diplomatie vorstellt[52].

Der König läßt sich nur von einem halben Dutzend Knechte den Fluß hinausrudern, wo auf der rechten Seite in vollem Staat Charolais und St. Pol stehen, umgeben von ihrem Gefolge. »Mein Bruder, gewährt Ihr mir sicheres Geleit?« ruft der König, und Charolais antwortet: »Ich verspreche es.« Der König steigt an Land und sagt nach der Begrüßungszeremonie: »Mein Bruder, ich weiß, Ihr seid ein Edelmann vom Hause Frankreich.« »Wie das, Monseigneur?« fragt Charolais verwundert. »Weil Ihr, als ich vor einiger Zeit meine Gesandten nach Lille zu meinem Onkel, Eurem Vater, und zu Euch geschickt habe, und dieser Esel Morvilliers so gut zu Euch geredet hat, Ihr mir durch den Erzbischof von Narbonne eine Botschaft sandtet, daß ich vor Ablauf eines Jahres die Worte bereuen würde, die Morvilliers zu Euch sprach. Nun, Ihr habt euer Versprechen gehalten, und das noch weit vor dem Ende eines Jahres.« Der König sagt das lachend, da er den Charakter seines Gesprächspartners kennt. »Es ist ohne Zweifel«, fügt Ludwig hinzu, »ein großes Vergnügen, mit Leuten zu verhandeln, die ihre Versprechen halten.«

Die Verhandlungen gehen gut, was die Forderungen des Burgunders betrifft: Rückgabe der Sommestädte, dazu die Grafschaften Boulogne und Guines. Bei den anderen Forderungen gibt es Widerstand. Insbesondere will der König nicht seine schönste Provinz, die Normandie, seinem Bruder, dem Herzog von Berry, abtreten. Aber am 29. September kommt die Nachricht, daß Rouen den Rebellen die Tore geöffnet hat. Mit ihrer Hauptstadt ist die Normandie für Ludwig verloren. Er beeilt sich, die politischen Konsequenzen zu ziehen. Noch am selben Tage hat er eine zweite

Unterredung mit dem Grafen von Charolais. Charolais, knapp an Nahrungsmitteln für seine Truppen, ist bereit, das Angebotene anzunehmen. Ludwig, unerschöpflich in seinen Ideen, hat ein neues Projekt: Der zweiunddreißigjährige burgundische Erbprinz, seit kurzem verwitwet, soll die Tochter Anna des französischen Königs heiraten. Die beiden Gesprächspartner sind so vertieft in ihre Unterhaltung, daß sie – ohne es zu merken – eines der großen Befestigungswerke betreten, die von den königlichen Truppen errichtet worden sind. Die zurückgebliebenen burgundischen Adligen schwitzen vor Angst, der Graf von Charolais könne gefangen oder vielleicht sogar ermordet werden. Indessen geht alles gut, Charolais behält seine Ruhe und wird höflich in die eigenen Linien zurückgeleitet.

Der Friede wird einen Tag später, am 5. Oktober 1465, in Conflans und Ende Oktober noch einmal in St. Maur unterzeichnet. Die Forderungen der anderen Liga-Angehörigen werden großenteils erfüllt. Nicht alle sind zufrieden, aber sie müssen sich zufriedengeben, nachdem Ludwig mit Charolais abgeschlossen hat.

Eine Rechnung bleibt nach Abschluß der Verhandlungen allerdings noch offen: die der niederländischen Städte, die sich während des Krieges auf die Seite des Königs gestellt haben.

Besonders merkwürdig ist die Situation von Lüttich. Diese außerordentlich reiche Stadt hat ihre Autonomie aufrechterhalten können. Die Macht des Adels ist in der Stadt Lüttich gebrochen. Handwerker, Edelleute, Proletarier – alle sind für die öffentlichen Ämter wählbar. Das formale Oberhaupt ist der Bischof von Lüttich, dessen Rechte allerdings stark eingeschränkt sind. Er kann sich weder auf einen ortsansässigen Adel noch auf eine Armee stützen, es bleiben ihm nur die (allerdings nicht gering zu achtenden) religiösen Druckmittel.

Diese Enklave inmitten des burgundischen Gebietes können die Herzöge nicht vernachlässigen. Die Grundsätze der Politik gebieten, hier Machthaber einzusetzen, die die Karte von Burgund spielen. Philipp der Gute setzt seinen Neffen Louis de Bourbon auf den Bischofsstuhl. Mit scheelen Augen sehen die Lütticher, daß hier ein achtzehnjähriger Student, der noch nicht einmal die Weihen besitzt, zum Bischof ernannt wird. Der junge Mann stützt sich auf die burgundischen Lanzen. Er hat offenbar nicht die Absicht, es in Güte mit den Bürgern zu versuchen (was allerdings auch in Lüttich sehr schwierig gewesen wäre).

Im Rat der Stadt werden die Gemäßigten, die auf einen Ausgleich mit Herzog Philipp hinarbeiten, verdrängt. Die Unzufriedenen finden einen Kopf in Raes de Heers, einem verarmten Adligen, der eine bessere Räuberbande mit dem romantischen Namen »Genossen vom grünen Zelt« (weil man im Walde logiert) als Lütticher Armee aufstellt. Dieser Haufen kann es natürlich in keiner Weise mit den burgundischen Truppen aufnehmen, und Raes de Heers hält nach Verbündeten Ausschau. Es ist noch die Zeit vor Beginn des Ligakrieges. Selbstverständlich nimmt König Ludwig einen Bundesgenossen, der im Rücken seines Erzfeindes steht, mit offenen Armen auf. Während das Gros der burgundischen Truppen in Frankreich steht und bei Monthléry ficht, verwüsten die Banden von Raes de Heers Luxemburg und Brabant, wo sie zahllose Grausamkeiten verüben. Um so ernüchternder kommt die Nachricht vom Ende des Ligakrieges, vor allem als man in Lüttich erfährt, daß die Stadt keineswegs, wie ihr König Ludwig vorgegaukelt hat, in den Vertrag von Conflans einbezogen ist.

Die Lütticher senden eine Botschaft zum alten Herzog Philipp, um dessen Zorn zu besänftigen. Sie wird nicht einmal vorgelassen. Die Gesandten reisen weiter zum Grafen von Charolais, der sie wider Erwarten freundlich empfängt, sie zum Essen einlädt und eine Parade veranstaltet. Die vorbeimarschierenden Truppen, erklärt er, sind nur der Rest der Armee, die in Frankreich gekämpft hat. Die Gesandten verstehen: So ausgezeichnet aussehende Truppen, eine so zahlreiche Artillerie, das kann nur eines bedeuten: einen Frieden akzeptieren zu jedwelchen Bedingungen. Aber das

Volk von Lüttich will nicht annehmen. Was man dem Chef der Gesandtschaft, Gilles de Metz, vor allem übelnimmt: daß man auf Gnade und Ungnade dem Herzog zehn Bürger überliefern soll. Man entschließt sich, eine neue Gesandtschaft an den Grafen von Charolais mit der Bitte um Milderung der Bedingungen zu senden. Karl will keinen Krieg haben. Er weiß besser als die Gesandten, in welchem Zustand seine Soldaten sind, daß sie nach Hause wollen. Und jetzt die Armee von neuem zu riskieren, um die Lütticher zu bestrafen? Es ist besser, einen prestigewahrenden Kompromiß zu suchen. Also verzichtet er auf die zehn Opfer, erhöht statt dessen die Schadensersatzforderungen, besteht aber darauf, daß die Repräsentanten von Lüttich an einem festgesetzten Tag entblößten Hauptes Abbitte zu leisten haben. Der Pakt enthält noch andere Bedingungen, die politisch wichtiger sind, nämlich das Verbot, irgendein Bündnis ohne Genehmigung des Herzogs einzugehen, den freien Durchzug für die burgundischen Armeen, die Anerkennung des burgundischen Herzogs als Protektor, das Verbot, Befestigungen an der Grenze beider Staaten zu errichten. Vor allem aber muß Lüttich mehrere hunderttausend Gulden bezahlen.

Das sind also die Bedingungen des »jämmerlichen Friedens«, wie ihn die Flamen nennen. Er wird am 26. Januar 1466 unterzeichnet. Eine einzige Stadt ist ausgenommen: Dinant. Nicht etwa, daß diese Stadt einen besonders aktiven Anteil am Krieg genommen hätte; etwas ganz anderes ist geschehen: Gegenüber Dinant. Eines Tages nun tragen die Dinanter vor den Toren von Bouvignes, das gut burgundisch ist, einen Galgen mit einer Gliederpuppe, die das Wappen des Hauses Burgund trägt und den Grafen von Charolais repräsentiert. Dazu wird gebrüllt, dies sei der Bastard des Bischofs Heinsberg.

Eine solche Beleidigung der frommen und keuschen Isabella von Portugal, der Mutter Karls, kann nur durch exemplarische Bestrafung gesühnt werden, und das ist der Grund, weshalb Dinant vom Frieden ausgeschlossen ist. Die

Dinanter verschlimmern die Situation noch, indem sie sich an König Ludwig um Hilfe wenden. Der König aber ist anderweitig beschäftigt. Er denkt nicht daran, seinen Bundesgenossen von gestern zu helfen. Denen von Dinant bleibt nichts übrig, als sich direkt an den Grafen von Charolais zu wenden. Ihren Brief, voll Entschuldigungen und untertänigen Beteuerungen, läßt Karl eine Zeitlang ohne Antwort. Dann gewährt er einen Waffenstillstand von acht Tagen, um die Friedensbedingungen auszuhandeln. Die Stadt soll alle bürgerlichen Freiheiten einbüßen und alle Vorrechte, deren sich die flandrischen Städte erfreuen und auf die sie großen Wert legen. Was bleibt anderes übrig, als anzunehmen? Aber in Dinant gibt es wie anderwärts auch eine Extremistengruppe, zusammengesetzt aus Abenteurern, politischen Agitatoren, demagogischen Maulaufreißern. Diese revolutionäre Partei ergreift die Macht und läßt jeden, der mit dem Grafen von Charolais verhandelt hat, als Verräter exekutieren. Kampf bis zum letzten Mann! Nun rücken die Burgunder heran. Der alte und schwerkranke Herzog Philipp übernimmt, auf einer Bahre getragen, selbst den offiziellen Oberbefehl über die Strafexpedition. Das tatsächliche Kommando führt sein Sohn.

Als die burgundischen Truppen in Sicht kommen, flüchten sich die Extremisten, die vorher Durchhalteparolen proklamierten, in die Wälder. Jetzt ist es zu spät, von neuem zu verhandeln. Die Stadt vertraut auf die Festigkeit ihrer Mauern und hofft immer noch, daß eine französische Armee auftauchen werde oder wenigstens die versprochenen Hilfstruppen von Lüttich. In dieser Hoffnung weisen die von Dinant unsinnigerweise die Aufforderung des Grafen Charolais zurück, sich ohne Kampf zu ergeben. Statt dessen brüllen sie Schmähreden von den Mauern herunter. Die burgundische Artillerie eröffnet das Feuer. Jetzt endlich werden die Städter nüchtern. Sie bitten um neue Verhandlungen. Antwort: Man solle sich auf Gnade und Ungnade ergeben, sonst werde die Bombardierung fortgesetzt. Noch zögert die Stadt. Aber als offenbar wird, daß die Burgunder den Sturm vorbereiten, übergeben die Einwohner die Schlüssel der Stadt. Dinant ist auf die Gnade der Burgunder angewiesen.

Als erster betritt der Bastard von Burgund mit seinen Truppen die Stadt. Die von Dinant müssen den Siegern Lebensmittel und Garnison stellen, aber es ist den Soldaten verboten, zu plündern und die Einwohner zu belästigen. Karl der Kühne ist in diesem Punkt meist sehr streng gewesen. Auch Edelleute sind mit dem Tode bestraft worden, wenn sie diese Regel verletzten. Diesmal aber wird es anders. Die Soldaten haben einen langen Feldzug hinter sich, sie wollen Beute, Verbot hin oder her. Während der Nacht beginnen einige bei den Bürgern zu plündern, bei denen sie einquartiert sind. Als am nächsten Tag der Graf von Charolais um die Mittagszeit seinen offiziellen Einzug in die Stadt hält, sind ihm die Dinge schon aus der Hand geglitten. Er ist nicht in der Lage, den Furor der Soldateska anzuhalten.

Nur die Soldaten, die sich gegen Frauen vergehen, werden aufgehängt. Die Stadt wird methodisch geplündert. Man schleppt alles weg, was nicht niet- und nagelfest ist. Selbst der Adel ist beteiligt. Diejenigen unter den Einwohnern, die sich am meisten kompromittiert haben, werden kurzerhand aufgehängt oder in den Fluß geworfen. Uns will das heute alles als ein Exzeß von Bestrafung nach einem gewiß taktlosen, unverschämten und ehrabschneidenden Unfug einer übermütig gewordenen Stadt erscheinen. Nach der Mentalität der Epoche wäre es ein politischer Fehler ersten Ranges gewesen, nach dem, was alles vorgefallen ist, die von Dinant samt und sonders zu begnadigen. Die flandrischen Städte, nur auf ein Zeichen der Schwäche wartend, würden sich erheben. Karl will keineswegs die Zerstörung von Dinant. Er will nur eine erhebliche Kontribution, um seinen Kriegsschatz aufzufüllen. Folgerichtig sollen alle Einwohner als Kriegsgefangene Lösegeld bezahlen, mit Ausnahme der Frauen, der Kinder und der Priester, die das Recht haben, die Stadt zu verlassen. Aber in der Nacht bricht ein Brand aus und greift, ehe man ihn löschen kann, auf die anderen Häuser über. Das Rathaus, wo die Munition für die Artillerie lagert, fängt Feuer und fliegt in die Luft. Die Flammen schlagen aus der Kirche Notre Dame. Die dort eingeschlossenen Gefangenen sind nicht mehr zu retten. Bald steht die ganze Stadt in Flammen. Am Nachmittag ist nichts mehr übrig von einer der reichsten Städte der Niederlande. »Ici fut Dinant« – »Hier stand Dinant«.

Karl der Kühne tritt die Herrschaft an

Im Jahre 1466 hat der alte Herzog Philipp, nun siebzig Jahre alt, seinen zweiten Schlaganfall. Im Juni 1467 erkrankt er von neuem, und zwar diesmal so schwer, daß die Ärzte erkennen: Es geht zu Ende. Man sendet Eilboten nach Gent, um den Sohn zu holen. Karl reitet in gestrecktem Galopp ab, keiner seiner Knappen kann ihm folgen, er kommt allein in Brügge an, stürzt die Treppe hinauf, wirft sich vor seinem Vater auf die Knie und bittet in Tränen um seinen Segen und um Verzeihung seiner Fehler. Der alte Herzog ist nicht mehr in der Lage zu sprechen. Er kann nur noch eine Handbewegung machen. Karl bleibt am Bett des Sterbenden. Sechs Uhr abends – man schreibt den 15. Juni 1467 – ist es zu Ende. Der Grand Lion, der Große Herzog des Abendlandes, ist zu seinen Vätern versammelt.

Karl zeigt einen ungeheuren Schmerz. Gewiß, das fünfzehnte Jahrhundert schwelgt häufig in tränen- und gestenreichen intensiven Schmerzbezeugungen, die uns heute ungewöhnlich vorkommen. Aber den burgundischen Erbprinzen trifft der Abschied von dem Vater, mit dem er sich nach langjährigen Auseinandersetzungen wieder versöhnt und den er nicht nur respektiert, sondern auch geliebt hat, ins Innerste. Er ahnt nicht, daß er selbst keine zehn Jahre mehr zu leben hat.

Am nächsten Tag defiliert das Volk von Brügge vor der aufgebahrten Leiche[53]. Dann wird der Leichnam einbalsamiert und in einen mit schwarzem Samt ausgeschlagenen Sarg gelegt, der mit einem Kreuz aus weißem Damast versehen und mit brennenden Kerzen umstellt ist. Unaufhörlich liest man Messen für den Toten. Am sechsten Tag nach dem Tode wird der Leichnam in feierlichem Zug zur Kirche St. Donat überführt. Eintausendsechshundert Männer ganz in Schwarz, jeder eine Kerze in der Hand, eröffnen den Zug. Es folgen neunhundert Edelleute und Armbrustschützen, der Abt von Brügge, einundzwanzig Prälaten, eine Reihe von Bischöfen. Danach erscheinen vier Wappenkönige, in Trauer und in Waffenröcken, dann der Marschall von Brabant. Vor dem Sarg schreitet der Oberste Stallmeister mit dem Schwert des Herzogs. Der Sarg wird durch Herren des Hofes getragen. Das Bahrtuch aus Goldstoff, von vier Lanzen gestützt, wird von den Mitgliedern der ersten Familien des Herzogtums gehalten. Eine Kompanie Bogenschützen marschiert neben dem Sarg. Dahinter kommen zwei Neffen des Herzogs. Jacques de Bourbon und Adolf von Cleve, dazu der Graf von Marle, der Herr von Royssy und Jacques de St. Pol. Es folgen die vier Bettelorden der Pfarrbezirke von Brügge.

Karl erwartet den Sarg in der Kapelle. St. Donat ist ausgeschlagen mit Damast und schwarzem Samt, der das Wappen des Herzogs und das Zeichen des Goldenen Vlieses trägt. Zwei Messen werden gelesen von einem Bischof aus der Schweiz und einem aus der Picardie; auch in dieser Regie wird die Spannweite des burgundischen Einflusses betont. Dann kommt der Augenblick, wo der Sarg mit der sterblichen Hülle des Grand Duc in die Gruft versenkt wird.

Karl, dreiunddreißig Jahre alt, ist »Herzog von Burgund, Brabant, Limburg und Luxemburg, Graf von Flandern, Artois, Burgund, Hennegau, Holland, Seeland und Namur, Markgraf des Heiligen Römischen Reiches, Herr von Friesland und Mecheln«.

Der junge Herzog hat umfangreiche Reformen vor. Zwar schätzt man die Hinterlassenschaft Philipps auf zwei Millionen Gulden, aber zum einen ist das nicht in Geld, sondern großenteils in Gold- und Silbergeschirr, in Büchereien und anderen Wertgegenständen angelegt, und zum anderen sagt die Zahl nichts über die Höhe der laufenden Einkünfte aus.

Man muß die Abgaben erhöhen. Nach Lage der Dinge kann das fast nur in den Niederlanden geschehen; das Herzogtum Burgund und die Freigrafschaft sind nicht wohlhabend genug. Eine strenge Rechnungskontrolle wird eingeführt; keine Abrechnung ist gültig ohne des Herzogs Siegel. Außerdem führt Karl etwas sehr modern Anmutendes durch, was anderwärts erst Jahrhunderte später exerziert wird: die Trennung seines persönlichen Vermögens und der persönlichen Einkünfte vom Staatsvermögen und den Staatseinkünften.

Schwierigkeiten bereitet die Gleichschaltung auf dem Gebiet der Justiz. Die burgundischen Gesetze sollen ohne Rücksicht auf lokales Herkommen und alte Gebräuche gelten. Das beeinträchtigt natürlich auch manche feudalen Rechte des Adels. Karl versucht den Adligen begreiflich zu machen, daß der Adel zwar ein göttliches Privileg, aber auch mit Pflichten und der Bereitschaft zu uneigennützigem Handeln verbunden sei. Nicht alle wollen das begreifen. In einigen Fällen kommt es sogar zu Hinrichtungen.

Der burgundische Hof beginnt sehr bald den Umschwung im Regiment zu spüren. Die Zeit des freigebigen Herzogs Philipp ist passé. Eine ganze Anzahl von Müßiggängern und Faulenzern muß sich von ihren einträglichen Pfründen trennen. Das schafft natürlich Unzufriedenheit bei manchen Familien am Hof. Man amüsiert sich über die Arbeitswut des jungen Herzogs, die »eines Fürsten nicht würdig« sei. Aber Karl weiß, wie er die politische Lage zu beurteilen hat. Burgunds Gegner ist Frankreich, und dieses Frankreich ist nicht mehr das von langen Feldzügen gegen England erschöpfte und ausgeblutete Land. Es ist wiedererstarkt, und es steht unter der Führung eines Königs, der zielstrebig und ohne Skrupel seine politischen Ziele verfolgt. Über Ludwig XI. macht sich Karl von Burgund keine Illusionen.

Der Beginn der Regierungszeit des jungen Herzogs verläuft nicht gerade glücklich. Die Beerdigungszeremonien sind eben zu Ende, als eine Deputation der Stadt Gent nach Brügge kommt, um zugleich mit den Beileidsbezeugungen die Bitte zu überbringen, den ersten feierlichen Besuch in Gent zu machen. Karl weiß sehr wohl, daß diese Stadt niemals die Niederlage bei Gavere vergessen hat.

Die Delegation versucht ihn zu beruhigen: Ist nicht der junge Graf von Charolais immer in der Stadt gut aufgenommen worden? Am 28. Juni hält Karl, begleitet von seiner Tochter Marie und einer bewußt klein gehaltenen Begleitung, seinen Einzug in Gent. Die Stadt ist großartig dekoriert. Karl hält in der Abtei von St. Peter seine erste Rede als Graf von Flandern. Das stolze, das gefürchtete Gent erweist seinem Herrn allen Respekt. Aber am Abend wird plötzlich Alarm gegeben, man hört Lärm und Geschrei von einer Menschenmenge[54]. Was ist geschehen? Nun, der 28. Juni ist der Feiertag des Heiligen Liévin, und man pflegt den Schrein des Heiligen in feierlicher Prozession herumzuführen. Merkwürdig nur, daß im Prozessionszug plötzlich die alten Banner von Gavere auftauchen, der Schlacht, in der Philipp die Genter vor vierzehn Jahren besiegt hat. Merkwürdig, daß die Frommen im Zug mit Stöcken und Eisenstangen bewaffnet sind. Am merkwürdigsten aber der Eigensinn des Heiligen, der offenbar diesmal durch das Häuschen durch will, in dem die Einnehmer einer besonders verhaßten Steuer, der Cueillotte, ihren Sitz haben. Der Heilige soll seinen Willen haben, also demoliert die Menge das Finanzamt mit lautem Geschrei und langen Brecheisen. Durch die engen Gassen wälzt sich die Masse dem Platz des Großen Freitagsmarktes zu. Fackeln beleuchten die Szenerie, Banner werden geschwenkt, in der Anonymität des Halbdunkels ertönen Rufe: »Schlagt tot, schlagt tot!«

Der junge Herzog hat ein paar Ritter seiner Begleitung, insbesondere den Seigneur de Gruuthuse, um sich gesammelt und ist ebenfalls zum Freitagsmarkt geritten[55]. Die Menge nimmt eine drohende Haltung ein. Karl, nervös geworden, versetzt einem Mann einen Schlag mit seinem Stock. Gruuthuse hält den Herzog am Arm: »Wo denkt Ihr, daß Ihr seid? Seht Ihr nicht, daß Euer Leben und das unsrige an einem Seidenfaden hängt?« Es gelingt schließlich, zum Rathaus durchzudringen. Vom Balkon aus redet der Herzog die Menge auf flämisch an: »Meine Kinder, Gott segne und beschütze Euch. Ich bitte Euch, bewahrt Ruhe und verhaltet Euch anständig. Alles, was ich für Euch tun kann, bei meiner Ehre, werde ich auch tun.« Die Volksmenge, als sie flämisch hört, ruft Beifall. Aber plötzlich steigt aus der Masse ein Mann auf ein Mauerstück, schlägt mit einem Eisenhandschuh auf den Stein, um Ruhe zu erheischen, und nimmt direkt unter dem Herzog das Wort: »Seid Ihr gekommen, um die Schuldigen zu bestrafen?« »Ja«, schreit die Menge. »Wollt Ihr die Abschaffung der Cueillotte?« »Ja.« »Wollt Ihr Eure Gerichtshoheit wiederbekommen? Eure vermauerten Tore? Eure Banner?« »Ja, ja.« Auf jede Frage begeisterte Zustimmung. In wenigen Sekunden hat sich die Situation geändert. Gruuthuse bittet den Unbekannten, zum Balkon heraufzukommen. Darauf verschwindet der Agitator wieder in der dichten Menge.

Die Situation ist prekär. Die Menge zerstreut sich nicht. Es gelingt dem Herzog mit seinem Gefolge, wieder seine Residenz zu erreichen. Die Gefahr scheint vorüber, aber ist sie es wirklich? Immer noch ziehen aufgeregte Volksmassen durch die nächtlichen Gassen. Der Herzog wacht mit seinem bewaffneten Gefolge die ganze Nacht, und seine kleine Tochter, zehn Jahre alt, mit ihm. Was ist zu tun? Karl könnte sicher die Stadt verlassen; aber dann hätten die Genter seine Tochter als Geisel und die mitgeführte Staatskasse des Herzogs dazu. Die erste Begegnung mit dem flandrischen Volk wird zu einer Niederlage. Die verhaßte Steuer wird abgeschafft, die Öffnung dreier Tore zugestanden, die nach Gavere zugemauert werden mußten, die Zünfte dürfen ihre Banner wieder führen.

Die minutiös vorbereitete Revolte in Gent ist nicht allein auf den Gegensatz zwischen dem feudalen Herrschaftsanspruch der Herzöge (als Grafen von Flandern) und dem Selbstbewußtsein der eifersüchtig ihren Vorteil wahrenden Stadtbürger zurückzuführen. Wir spüren hier deutlich das Wirken der »universellen Spinne«, wie man Ludwig XI. von Frankreich nennt. Französisches Geld und französische Hilfsversprechen sind allenthalben am Werk und nirgends erfolgreicher als in Stadt und Bistum Lüttich.

Dort hat inzwischen Raes de Heers wieder die Macht an sich gerissen. Seine politischen Gegner werden ersäuft oder geköpft. Das Städtchen Huy an der Maas, wohin sich der Fürstbischof Louis de Bourbon geflüchtet hat, wird belagert. Auf burgundischem Gebiet wird ein früherer Bürgermeister von Dinant, Jean Capentier, der sich nichts weiter hat zuschulden kommen lassen als Verhandlungen mit den Burgundern, ergriffen und ohne Federlesen ermordet.

Burgund benötigt wahrhaftig keinen Vorwand zur Intervention. Die Kriegsmaschinerie setzt sich in Bewegung. Am 27. Oktober schlägt Karl der Kühne die zwanzigtausend Mann starken Lütticher mit geringen eigenen Verbänden bei Brustem unweit der zu Lüttich gehörenden Stadt St. Trond. »Niemals hat der Herzog soviel Klugheit und militärische Erfahrung bewiesen wie an diesem Tag[56].«

Am 11. November erscheint die burgundische Armee vor Lüttich. Bei Nacht und Nebel flieht Raes de Heers mit seinen Parteigängern aus der Stadt. Dreihundertundvierzig Bürger, im Hemd, auf den Knien, barfuß und barhäuptig, übergeben dem Herzog die Schlüssel der Stadt und bitten um Gnade. Tore und Mauern werden eingerissen. In der Mitte seiner Armee reitet Herzog Karl mit gezogenem Schwert in die Stadt ein. Überall sieht man das Zeichen der Burgunder, das Andreaskreuz.

Naturgemäß sind die Friedensbedingungen schwerer als beim letzten Mal. Lüttich verliert all seine Freiheiten, all seine Prärogativen, all seine Privilegien, es wird burgundisches Protektorat. Die Zünfte werden aufgelöst, die Stadtverwaltung beseitigt. Die Befestigungen werden zerstört, um künftige Revolten zu vermeiden. Der Bischof nimmt sein Amt wieder auf, hinter sich weiß er den Herzog von Burgund. Die Lütticher werden seine Untertanen. Das Symbol der Lütticher Freiheit, der Perron, wird vom Marktplatz entfernt und in Brügge aufgestellt[57].

Es gibt keinen Gewaltakt gegen die Bevölkerung, keine Plünderung. Ein burgundischer Armbrustschütze, den man beim Hammelstehlen erwischt, wird sofort aufgehängt. Im Vergleich zu Dinant hat Lüttich noch ein günstiges Schicksal.

Der französische König hat keinen Finger für seine Lütticher Freunde krumm gemacht. Für Karl den Kühnen aber bedeutet Lüttich weit mehr als eine erfolgreiche Strafexpedition. Sein politisches Prestige ist gestiegen. Er ist in Europa nun unangefochten der Nachfolger des Grand Lion, ein Stern erster Ordnung.

Was für ein Mensch ist Karl, der vierte und letzte Herzog von Burgund aus der Familie Valois, der den Staat zum Höhepunkt seiner Macht und seines Glanzes führen und – Schuld oder Schicksal – in den Strudel des Abgrunds reißen wird?

Wir kennen etwa zehn Porträts von ihm. Sie sind alle anonymer Herkunft bis auf zwei, die man dem niederländischen Meister Rogier van der Weyden zuschreibt. In den preußischen Gemäldesammlungen in Berlin-Dahlem hängt eines der van der Weyden zugeschriebenen Bilder. Es zeigt einen jungen Mann von siebenundzwanzig Jahren, gutaussehend, mit dem nach burgundischer Mode kurzgeschnittenen dunklen Haar, einem sympathischen, vielleicht etwas weichem Gesicht und ein wenig verträumten Augen. Um den Hals trägt er die Kette vom Goldenen Vlies, die linke Hand ruht am Schwertgriff.

Das Musée Calvet in Avignon hat ein anonymes Gemälde, das die Sachverständigen in das erste Viertel des 16. Jahrhunderts verweisen, obwohl es die Schrift trägt »Carolus, Dux, Burgu, 1474«. Das Bild zeigt den Herzog in schwerer, grünlich schimmernder Feldrüstung; die gepanzerte Faust hält das gezogene Schwert über der linken Schulter (es sieht fast aus, als sei er Linkshänder gewesen). Das Gesicht hat sich bei dem Vierzigjährigen gegenüber der Jugendzeit unvorteilhaft verändert, es scheint breiter, ein wenig schwammig. Die Augen erscheinen flackernd, voll Ungeduld, voll verhaltener Leidenschaft, aber vielleicht ist dieser Eindruck nur aufgebaut auf dem vorweggenommenen Urteil dessen, der die Lebensgeschichte Karls kennt. Man sollte vorsichtig sein bei diesem posthum entstandenen, im günstigen Fall auf einer früheren Vorlage fußenden Porträt.

Karl der Kühne ist nicht so groß wie sein Vater Philipp, eher etwas untersetzt, aber doch gut proportioniert. Er wird als stark und muskulös mit breiten Schultern beschrieben. Eine oberflächliche Familienähnlichkeit mit dem Vater ist nicht zu verkennen, vor allem wenn man sich eine Federzeichnung aus dem Recueil d'Arras ansieht[58]. Der bräunliche Teint und das schwarze Haar weisen auf das Erbe der Mutter. Immer wieder heben die Beschreibungen Karls Augen hervor, die starken Eindruck gemacht haben müssen. Sie werden als »lebhaft und wechselnd im Ausdruck« beschrieben: Bald seien sie »engelhaft hell«, bald »metallisch hart«.

Karl von Burgund ist ohne jeden Zweifel durch Erziehung und Veranlagung ein hochgebildeter Mensch. Er liest über Alexander, über Cäsar, über Hannibal: Hier mag er Vorbilder gesehen haben. Die Werke der griechischen und lateinischen Geschichtsschreiber und Philosophen läßt er übersetzen. Hier hat sich offenbar der Einfluß seines Lehrers Haneron durchgesetzt. Was nach einem halben Jahrtausend noch an Büchern – Tausenden von ihnen! – übriggeblieben ist, setzt uns heute in Erstaunen.

Ebensosehr gilt sein Interesse der Musik. Er spielt Harfe. Er komponiert selbst; man sagt, daß er den Kontrapunkt weiterentwickelt habe. Jedenfalls gilt die von ihm maßgebend geförderte burgundische Hofkapelle als die beste Europas. Seine Sprachkenntnisse sind erstaunlich. Neben dem Französischen als seiner Muttersprache beherrscht er das Flämische, er spricht mit seinem englischen Schwager englisch, lernt Latein und kann genug italienisch, um den Nuntius in dieser Sprache zu begrüßen[59].

Karl hat nicht das leichtere Naturell seines Vaters, aber das bedeutet nicht, daß er Spielen abgeneigt ist. Er ist ein guter Schachspieler, er liebt das Stabspiel, das Bogenschießen, er macht auch einmal ein Glücksspiel mit, er geht auf die Jagd, wenn sich Zeit und Gelegenheit bieten. Aber – und das erregt die Verwunderung seiner Zeitgenossen – er spielt nicht mit Frauen. Immer wieder wird hervorgehoben, daß er seiner zweiten Frau – die erste Heirat war ja eine Kinderheirat – Isabella von Bourbon in zärtlicher Liebe zugetan war.

Die Überlieferung hat das Bild von Karl dem Kühnen mehr und mehr als das eines wilden Kriegsmannes gezeichnet. War er ein begabter Feldherr? Nein. Er hat Feldzüge und Schlachten gewonnen, aber er hat in den letzten Kriegen entscheidende Fehler begangen. Seine Stärke lag woanders: Er war ein tüchtiger Verwaltungsmann, ein begabter Organisator. »Er arbeitete zu viel und mehr, als für einen solchen Fürsten gut war«, kritisiert ein Chronist. Zusammen mit seinen hohen Beamten hat er unermüdlich an der Organisation des burgundischen Staates gearbeitet, an der Vereinheitlichung von Recht und Gesetz, an der Förderung der Wirtschaft durch Messen und Außenhandel, und auf diesem Gebiet des Organisierens hat er auch Gutes für die burgundische Armee geleistet: Er hat sie reorganisiert, aus den veralteten Formen des Feudalismus gelöst, eine moderne Artillerie aufgebaut.

Der Politiker Karl wird von den kritischen Historikern gern an seinem schließlichen Mißerfolg beurteilt. Es ist kein Zweifel, daß sein großer Gegenspieler Ludwig XI., die »universelle Spinne«, ihm am Schluß des Ringens überlegen blieb mit einer klugen, geduldigen, abwartenden Politik, die bis zu Hinterlist und Selbsterniedrigung, bis zu Täuschungen und Bestechung kein Mittel scheute, das zum Erfolg führen konnte. Was aber den Politiker Karl von Burgund hochmodern erscheinen läßt: Er wußte um die Wichtigkeit dessen, was wir heute mit Image bezeichnen. Das Ansehen des Staates und seines Fürsten – beides war ja eins –, die »Haulteur«, geht ihm über alles, und es ist primitiv, diese

Haltung auf stolzen Übermut zurückzuführen. Er weiß genau, daß er seine Ziele ohne Bundesgenossen nicht erreichen kann und daß die Bundesgenossen nur so lange zu ihm halten, als sein Ansehen, das Ansehen von Burgund, groß genug ist, um sie bei der Stange zu halten.

Das Bild des Menschen Karl von Burgund wäre aber nicht vollständig, wollte man das Geheimnis der Zwiespältigkeit dieser faszinierenden Figur des ausgehenden Mittelalters übergehen. Man schreibt die immer wieder durchbrechende Verdüsterung seines Charakters, die Depressionen, die latente »Tristesse« insbesondere, dem Erbteil seiner portugiesischen Mutter zu. Und wirklich besteht eine eigentümlich Parallele zwischen den »Fados«, den traurigen Volksliedern, die man heute noch in den kleinen Schenken hören kann, in denen die portugiesischen Fischer sitzen, und der Erkenntnis von Vergänglichkeit und Auflösung, die tief im Charakter des Herzogs steckt. Diese Erkenntnis und die Leidenschaft, die Ungeduld, die auch ein Erbteil sind, sind ihm nur zu bewußt. Zeit seines Lebens muß er ein Übermaß an Selbstbeherrschung aufgebracht haben, bis in die Einzelheiten: Er trinkt beim Essen nur verdünnten Wein. »Von unruhigem Herzen« – »Animo inquieto« wird ihn später Lorenzo de'Medici zu charakterisieren versuchen.

Man weiß von ihm, daß er die Struktur der eigentümlichen und eigensüchtigen flämischen Städte nie recht begriffen hat und sie oft hart anfuhr: »Ihr Flamen mit euren harten Köpfen« (Middelbourg, 25. Mai 1470). Es ist aber kaum bekannt, daß er Ende 1470 in einer Ansprache an die Stände von Flandern sagte:

»Wir glauben nicht, daß wir jemand etwas getan haben, das dazu führen könnte, daß wir die Liebe und die Treue unseres Volkes verlieren. Wenn aber Gott trotzdem zur Strafe unserer Sünden entscheidet, daß es so kommt, so unterwerfen wir uns seinem heiligen Willen. Es ist daher nicht nötig, daß unser Volk uns bedroht und sich gegen uns erhebt. Obwohl der Himmel uns die Mittel gegeben hat, ihre gesetzwidrigen Anschläge zu unterdrücken, werden wir es gar nicht so weit kommen lassen, daß sie das Verbrechen des Ungehorsams und der Rebellion begehen. An dem Tag, an dem man uns Gesandte schicken wird, um uns zu erklären, daß unsere Regierung ihnen nicht mehr konveniert, und um uns aufzufordern, Macht und Herrschaft abzugeben, werden wir diesen Forderungen entsprechen[60].«

Der ständige Kampf des Intellekts gegen die Natur muß ihn ungeheure Kraft gekostet haben. Dieser Kampf hat ihn wohl verzehrt, und so finden wir am Ende seines vierundvierzigjährigen Lebens angesichts der drohenden Katastrophe eine eigentümliche letzte Erstarrung seines Wesens: »Lieber den Tod...«

Ein König sitzt in der Falle

Isabella von Bourbon, der Karl der Kühne so unerschütterlich die Treue gehalten hat, ist mit erst achtundzwanzig Jahren im September 1465 in einer unbekannten Abtei, man weiß nicht an welcher Krankheit, gestorben.

Karls dritte Ehe entspricht politischem Kalkül. Von seiner Mutter her ist er mit den Lancaster verwandt. Das bedeutet aber keineswegs, daß er in den mörderischen englischen Rosenkriegen die Lancaster-Partei ergreift. Lange Verhandlungen werden mit England geführt, vor allem von Anton, dem Grand Bâtard und älteren Halbbruder Karls des Kühnen. Trotz aller Intrigen Ludwigs XI., der natürlich die englische Heirat fürchtet, kommt der Heiratskontrakt zustande: Der Herzog von Burgund heiratet Margarete von York, die Schwester des englischen Königs. Man sagt, sie sei eine der schönsten und klügsten Prinzessinnen des damaligen Europa gewesen. Panigarola, der mailändische Botschafter, weiß freilich Klatsch zu berichten, wonach Margaretes Reputation nicht ganz intakt sei. Aber jeder wird sich hüten, über so etwas laut zu reden[61].

Die Hochzeit bietet Anlaß zur Entfaltung aller Pracht, deren Burgund fähig ist. Margarete kommt am Abend des 25. Juni 1468 in Flandern an. Die Herzoginwitwe Isabella und ihre Enkelin Maria nehmen sie in Empfang. Vor allem mit Maria, ihrer künftigen Stieftochter, versteht sich Margarete vom ersten Augenblick an glänzend. Beide Frauen sind nur elf Jahre im Alter auseinander. Sie werden in späteren Jahren ihre Freundschaft noch bitter nötig haben. Am 2. Juli gleitet auf dem Zwijn-Kanal ein Schiff der Stadt Damme zu. Auf einem goldenen Stuhl an Deck, über sich einen scharlachroten Baldachin, umgeben von Damen des burgundischen Adels, hört die englische Prinzessin den Liedern von Minnesängern und dem Spiel der Fiedeln zu. Auf den Uferböschungen begleitet eine Kavalkade von Rittern in schimmernden Rüstungen mit flatternden Fahnen das Schiff.

In Damme segnet anderntags der Bischof von Salisbury die Ehe des herzoglichen Paares ein. Der Herzog reist dann nach Brügge ab, um dort seine neue Gemahlin zu empfangen. Olivier de la Marche, der Regisseur der ganzen Festlichkeiten, hat die Details auf vielen Seiten seiner Mémoires geschildert[62]. Man kann sicher sein, daß die von Brügge noch ihren Kindeskindern von den Wundern dieser Tage erzählen.

Die junge zweiundzwanzigjährige Herzogin erscheint in einem ziemlich dekolletierten weiß-goldenen Hochzeitskleid, die Krone auf den aufgelösten Haaren, um den Hals ein kostbares Kollier, umgeben von den Damen ihres Gefolges, teils auf schneeweißen Zeltern, teils auf Wagen mit den Wappen von England und Burgund. Am Tor Sainte-Croix von Brügge formiert sich der Festzug. Den Anfang machen Bischöfe, Prälaten und Äbte mit Kruzifixen und Reliquiaren. Es folgt der Bailli von Brügge mit weiteren Amtspersonen, alle mit den Insignien ihres Amtes, die unteren Dienstgrade des Hofes in schwarzer und violetter Livrée; die hohen Beamten in langen Mänteln von schwarzem Samt und Umhängen aus karmesinrotem Satin.

Die Sänfte der Herzogin wird begleitet von hohen Adligen und zwanzig Bogenschützen zu Fuß. Dahinter folgen das gesamte Ordenskapitel vom Goldenen Vlies, englische Ritter und wieder Bogenschützen. Die ausländischen Botschafter werden begleitet vom Kanzler von Burgund, Pierre de Goux. Dann kommen die Bischöfe von Salisbury, Metz, Verdun, Cambrai, Utrecht und Tournai.

Den Schluß des Zuges bilden die sogenannten Nationen der ausländischen Kaufleute in Brügge, jede Gruppe prächtiger als die andere und jeweils mit Dutzenden von Pagen und Fackelträgern voraus. Die Venezianer in Karmesinrot; die Florentiner in Weiß und Karmesinrot; vierunddreißig Spanier in Violett und schließlich einhundertundsechs hanseatische Kaufleute in Violett mit grau und weiß abgesetzt.

Und um diesen Festzug muß man sich das farbenfroh gekleidete Volk von Brügge vorstellen, die mit wertvollen Tapisserien behängten Häuser der reichen Handelsstadt. Hier und dort stehen Triumphbogen. Wenn Margarete darunter durchfährt, flattern weiße Tauben auf, die sich dann am Rande der Sänfte niederlassen. Glocken läuten, Fanfaren schmettern. Marias Zwergin, Madame de Beaugrant, ist als Hirtin verkleidet und reitet auf einem vergoldeten Löwen, der gelegentlich das Maul aufreißt und ein Lied zu Ehren der jungen Herzogin singt.

Lebende Bilder an den Straßenkreuzungen zeigen Szenen aus der Bibel und der Weltgeschichte: Adam und Eva, Cleopatras Hochzeit, das Hohe Lied Salomos, die Königin von Saba. St. Georg und St. Andreas tragen den Wahlspruch des Herzogs »Je l'ay emprins« – »Ich hab's gewagt« (eine Parallele zeigt sich bei Ulrich von Hutten und dem Württemberger Eberhard im Bart).

Auf einem großen Platz ist eine Halle für das Festbankett errichtet, behängt mit Wollstoffbahnen in Weiß und Blau, geschmückt mit acht Wandteppichen, die die Geschichte von Gideon erzählen. An beiden Enden der Halle Emporen, die eine für die Damen, die andere für die Trompeter. Zwei lange Tische sind im Saal aufgebaut, quer davor und erhöht die Ehrentafel, über ihr ein großer Baldachin mit golddurchwirktem Tuch.

Was die meiste Bewunderung erregt und gleichzeitig den fast kindlichen Hang der Zeit zu hübschen mechanischen Konstruktionen zeigt, sind zwei riesenhafte Kronleuchter an beiden Enden des Saales. Sie zeigen Burgen, auf der Spitze Felsen und Berge, voll von Bäumen, Blättern und Blüten, wo

Menschen und Tiere promenieren und wo gräßliche feuerspeiende Drachen auftauchen. Die Leuchter drehen sich um sich selber und lassen jeweils sieben Spiegel schimmern, die den Boden bilden. Ab und zu flattert eine Handvoll von Rosenblättern heraus. Mangels Motor wird der ganze Mechanismus von einem Mann betätigt, der verborgen innen drin sitzt.

Auf einer hohen Anrichte werden, ähnlich wie später in Trier, die Reichtümer des burgundischen Hofschatzes zur Schau gestellt: Kleine und große Edelsteine, Werke der niederländischen Goldschmiedekunst.

Margarete von York nimmt an der Ehrentafel Platz. Sie wird begleitet von der Herzogin-Witwe, die jetzt den Titel »Madame la Grande« führt, von der Erbprinzessin Maria, der Herzogin von Norfolk und Mademoiselle d'Argueil. Auf das Kommando eines Herolds öffnen sich die Türen, und die Chevaliers – alles hohe und höchste Herren des burgundischen Hofes – marschieren mit den Fleischplatten herein, vor ihnen die Trompeter. Nach dem Bankett rollt eine ganze Schau von Waffenspielen und anderen Darbietungen, auch mit Zwergen und Zwerginnen, ab.

Aber all das festliche Gepränge kann nicht darüber hinwegtäuschen, daß sich in diesen Wochen schon wieder dunkle Wolken am außenpolitischen Horizont zusammenballen. Der französische König hat den Waffenstillstand mit Burgund und Bretagne zunächst bis zum 15. Juli 1468 verlängert. Angesichts der undurchsichtigen Verhältnisse in dem von den Rosenkriegen erschütterten England neigt Burgund einer weiteren Verlängerung zu. Herzog Franz II. von Bretagne und sein Schützling Charles de France, der Bruder (und präsumtive Nachfolger) des Königs, glauben eine Verlängerung nicht nötig zu haben. Aber sie verrechnen sich. Blitzschnell schlägt die französische Armee zu. Ehe Burgund noch seine schwerfälligen Truppen in Marsch gesetzt hat, ist der bretonische Herzog schon zum Vertrag von Ancenis gezwungen. Am 10. September entsagt Franz seinem Bund mit England und Burgund und verpflichtet sich, Charles de

France mit seinem königlichen Bruder zu versöhnen. Die für Frankreich so gefährliche Allianz ist zerbrochen.

Hat sich nun das Gleichgewicht der Kräfte verschoben? Der Burgunderherzog tobt, als ihm der Vertrag von Ancenis bekannt wird. Aber Ludwig XI. strebt Verhandlungen mit Burgund an. Gegen die Meinung einer klaren Mehrheit am Hofe verfolgt er sein Ziel. Es ist offenbar: Der König traut sich zu, in persönlichem Gespräch mit seinem Gegner das zu erreichen, was ihm vorschwebt. Kardinal Balue und der Connétable von St. Pol verhandeln; am 8. Oktober schreibt der Herzog von Burgund eigenhändig den Geleitbrief für den König aus und unterzeichnet »Euer untertäniger und gehorsamer Diener Charles«.

Der König bricht auf, kaum daß er die Nachricht erhalten hat. In schlichtem Jagdgewand, von einem kleinen unbewaffneten Gefolge begleitet, reitet er zu seinem mächtigsten Feind nach Péronne. Das Schloß ist alt und zerfallen. Der Herzog weist seinem Lehensherrn Quartier in dem hübschen Haus des Steuereinnehmers an.

Lachend und scherzend kommt Ludwig an, aber das Lachen gefriert, als er von seinem Zimmer aus dem Fenster sieht und eine Gruppe von Männern auf der Straße erkennt, die ihm sehr wohl bekannt sind: Philipp von Bresse aus dem savoischen Herzoghaus, den er völkerrechtswidrig jahrelang hat einkerkern lassen; Antoine du Lau, der vor Monaten aus dem Gefängnis des Königs entwichen ist; Poncet de Rivière, der ehemalige Seneschall von Guyenne, den er unter dem Verdacht, in Verhandlungen mit Burgund zu stehen, in einem seiner berüchtigten eisernen Käfige hat einsperren lassen. Der Anblick ist ein böses Omen, und der abergläubische Ludwig hat sein Leben lang an Vorzeichen geglaubt. Er läßt den Herzog bitten, ihn ins Schloß umzuquartieren, obwohl er weiß, was es mit dem alten Turm dort auf sich hat: Vor Zeiten lag dort ein französischer König, Karl der Einfältige, bis zu seinem Tode gefangen.

Die Verhandlungen beginnen, sie ziehen sich hin. Wenn der König erwartet hat, sein Charme, seine überlegene

Verhandlungstaktik würden ihm einen raschen Erfolg bringen, so sieht er sich getäuscht. Bis zum 12. Oktober sind erst langsame Fortschritte erzielt. Der Herzog besteht auf dem Bündnis mit England. Des Königs Bruder soll, nachdem er auf die Normandie verzichtet hat, die Champagne als Apanage erhalten, also ein Gebiet, das an Burgund grenzt. Ein Kompromiß scheint trotz aller Schwierigkeiten in Sicht, da tritt eine dramatische Wendung ein.

Reitende Boten treffen mit alarmierenden Nachrichten aus dem Lütticher Gebiet ein. Sie berichten, die Lütticher hätten sich wieder erhoben, sie hätten unter dem Ruf »Vive le Roi« Tongern angegriffen, den Bischof von Lüttich und den burgundischen Gouverneur Humbercourt massakriert. Unter den Lüttichern hat man etliche Agenten des Königs erkannt. Péronne gleicht einem aufgestörten Ameisenhaufen. Unter dem Vorwand, eine Schatulle mit Juwelen sei verlorengegangen, werden die Stadttore geschlossen. Die Wachen um das alte Schloß werden verstärkt.

Der König sitzt in der Falle, und er weiß es. Er kennt das Temperament seines Gegners zur Genüge, um sich nichts vorzumachen. Jetzt kommt es auf Informationen, auf Fürsprecher an. Kardinal Balue erhält deshalb Auftrag, einige tausend Gulden an Personen zu verteilen, von denen man Vermittlung und Information erhofft. Eine eilige Botschaft wird an den Herzog gesandt: Der König sei entrüstet über die Handlungsweise der Lütticher und auch bereit, die Burgunder auf einer Strafexpedition gegen die aufrührerische Stadt zu begleiten.

Über die wahren Hintergründe der Ereignisse von Péronne wird bis heute gestritten. Commynes meint, der König habe die nach Lüttich gesandten Aufwiegler vergessen, aber er macht es sich entweder zu einfach oder er verschweigt uns etwas, was er genau weiß. Plausibel erscheint, daß für Ludwig ganz einfach der Lütticher Aufstand genau zur Unzeit losbrach und daß er diesem Punkt nicht genug Sorgfalt zugemessen hatte. Er wußte natürlich, daß die Tätigkeit französischer Agenten nicht unerkannt bleiben würde und daß sie eine Verletzung der Verträge von Conflans und St. Maur bedeutete.

Manche Historiker vertreten die Auffassung, Karl der Kühne habe sehr wohl um die Wühlarbeit der französischen Agenten gewußt, und seine ganzen Reaktionen in Péronne seien mehr oder weniger Schauspielerei gewesen. Davon mag ein wenig wahr sein, aber man darf das Temperament des Burgunderherzogs nicht vergessen. Kühle Analyse aus der Distanz von Jahrhunderten gerät in Gefahr, die knisternde Spannung, das Geraune von tödlichen Gefahren im verfallenen Schloß von Péronne zu vergessen.

Der Herzog ist überzeugt, der König habe ihn bewußt hintergangen. Was soll man tun? Die Meinung im Rat ist geteilt. Die einen sind schlicht dafür, man solle den König gefangennehmen und umbringen. Andere vertreten die Auffassung, man solle Charles de France herbeischaffen und Ludwig von jetzt an in Gefangenschaft halten. Die Mehrheit spricht sich aber dafür aus, es sei unehrenhaft, den gegebenen Geleitbrief zu brechen, und drängt darauf, den jetzt konzipierten vorteilhaften Vertrag so rasch wie möglich abzuschließen. Dieser Meinung stimmt Karl der Kühne zu: er wird seinen Ehrenkodex einhalten. Daß die Lütticher noch einmal einen Aufstand versuchen würden, kommt ihm nicht ganz überraschend, und in der Zwischenzeit ist Nachricht eingetroffen, daß der Bischof und Humbercourt leben und unversehrt sind.

Als der König erfährt, seinem Leben drohe keine unmittelbare Gefahr, begeht er einen neuen Fehler. Er versucht, sein voreiliges Versprechen wieder rückgängig zu machen und sendet dem Herzog eine neue Botschaft: Er wolle den Vertrag unterschreiben und die Vornehmsten seines Gefolges mit dem Herzog von Bourbon und dessen Bruder sowie den Connétable als Geisel zurücklassen, um sich in Compiègne mit den nötigen Maßnahmen für den Zug gegen die Lütticher zu befassen. Sofort flammt der Zorn des Herzogs wieder auf: Das kann doch nur ein übler Trick sein, ein Versuch, sich dem burgundischen Zugriff zu entziehen.

In der Nacht vom 13. auf den 14. Oktober schläft keiner der beiden. Ludwig kann die Schritte der burgundischen Wachen vor seinem Zimmer hören. Er erwägt eine Flucht in Verkleidung, läßt den Plan wieder fallen; die Chancen stehen zu schlecht[63].

Der Herzog geht in seinem Zimmer auf und ab, wirft sich auf sein Bett, steht wieder auf, beginnt wieder hin- und herzugehen. Bei ihm ist in dieser Nacht ein junger Adliger von erst einundzwanzig Jahren: Philippe de Commynes, Herr von Renescure. Leider hat er uns in seinen sonst so aufschlußreichen Memoiren keine Details über diese entscheidende Nacht gegeben. Aber am frühen Morgen erreicht den König die Nachricht »eines guten Freundes« – aller Wahrscheinlichkeit nach niemand anderes als Commynes, der vier Jahre später zum König übergeht – mit dem Inhalt, Ludwig XI. werde nichts geschehen, wenn er beide Bedingungen des Herzogs annehme, andernfalls werde er sich in die größte denkbare Gefahr begeben.

Am Vormittag betritt der Herzog das Zimmer des Königs. Man sieht ihm an, daß er sich nur mühsam beherrscht, um vor dem königlichen Lehensherrn die Form zu wahren. Ludwig ist entschlossen, den ihm zugegangenen Rat zu befolgen. Er weist noch einmal alle Beschuldigungen zurück, wonach er den Lütticher Aufstand angezettelt habe, er erklärt sich bereit, den aufgesetzten Vertrag zu beschwören und mit seinem »lieben Bruder« nach Lüttich zu ziehen, um die Aufrührer zu bestrafen. Kardinal Balue bringt das Reliquiar Karls des Großen mit den Splittern vom Wahren Kreuz Christi und hält es über den Vertrag. König und Herzog legen die Hand auf Frankreichs größtes Heiligtum und schwören, den Vertrag zu halten. Karl hat alle burgundischen Konditionen durchsetzen können. Der Marsch gegen die Rebellen kann beginnen.

An der Seite des Herzogs reitet der König, nach außen in bester Laune, durch den kalten Herbstregen des Lütticher Gebiets. Am 27. Oktober kommt das burgundische Heer vor der Stadt an. Der Marschall von Burgund hat inzwischen die

Lütticher Miliz geschlagen, ein großer Teil der Einwohner flieht aus der Stadt, die Mauern liegen teilweise in Trümmern.

Fast hätte es in letzter Stunde noch eine Wendung mit kaum übersehbaren Folgen gegeben. In der Nacht vom 29. zum 30. Oktober überfallen sechshundert zum äußersten entschlossene Männer, von Ortskundigen geführt, die Quartiere, in denen sich nahe beieinander der König und der Herzog aufhalten. Wenig hätte gefehlt, und beide Fürsten wären ums Leben gekommen, aber es gelingt den Garden des Herzogs und den schottischen Bogenschützen des Königs, sich rasch zu sammeln und die Angreifer niederzuhauen.

Am nächsten Morgen wird die Stadt von verschiedenen Seiten aus auf das Zeichen eines Bombardenschusses gestürmt. Der Widerstand ist nur noch schwach. Der König und seine schottische Garde tragen das Andreaskreuz der Burgunder. Mit dem Ruf »Vive Bourgogne« reitet der König über die Leichen der Erschlagenen durch die Straßen, ohne sich durch die ungläubigen und haßerfüllten Blicke der Einwohner gestört zu fühlen, die sich ihren großen Verbündeten anders vorgestellt haben.

Hunderte werden massakriert und in der Maas ersäuft, selbst die Kirchen werden geplündert, bis Karl dem Treiben Einhalt gebietet. Der König selbst empfiehlt dem Herzog, die Stadt zu zerstören, und das geschieht in den nächsten Tagen auch systematisch; am 3. November geht in Flammen auf, was noch steht. Tausende von den in die Wälder Geflohenen kommen vor Kälte und Hunger um. Die blühende, reiche Stadt ist nicht mehr.

Sobald er kann, verabschiedet sich der König. Er hat sein Versprechen erfüllt. Mitte November trifft er in Paris ein, wo bereits Spottlieder auf ihn gesungen werden. Ludwig versteht Spaß, aber er braucht auch einen Sündenbock für Péronne, und er findet ihn in Balue. Der unglückliche Kardinal – der wohl auch erheblich in die eigene Tasche gewirtschaftet hat – wird unter ziemlich fadenscheinigem Vorwand ungeachtet der Proteste des Papstes für die nächsten elf Jahre in einen eisernen Käfig gesteckt.

Die flandrischen Städte aber erkennen sehr wohl, welches Zeichen ihnen mit Lüttichs Zerstörung gesetzt wird. Im Januar 1469 erscheint eine Abordnung von Gent im Brüsseler Palast vor dem Herzog, um Verzeihung für die Vorgänge des Jahres 1467 zu erbitten. Vor ihren Augen wird das Große Privileg von 1301 zerrissen. Die verhaßte Steuer, die den Anlaß für den Aufruhr von 1467 gegeben hat, die Cueillotte, wird wieder eingeführt. Der Herzog hat sich als Meister erwiesen, und die Flamen wissen es.

Der Herzog aber weiß etwas anderes: daß ihm Ludwig XI. Péronne niemals verzeihen wird. Und er bereitet sich auf eine großangelegte europäische Bündnispolitik vor.

Das europäische Karussell

Eine europäische Macht, die so in der Mitte liegt wie Burgund, kann sich aus internationalen Verwicklungen nicht heraushalten. Gerade diese Jahre zwischen Péronne und Trier, zwischen 1469 und 1473, zeigen eine Fülle rascher Veränderungen der politischen Szene. Allianzen werden geschlossen und wieder gelöst. Rebellionen in einem Staat stellen die Nachbarn vor die Entscheidung, mit welcher Bürgerkriegspartei sie es halten, ob sie unmittelbar eingreifen sollen. Habsburg – die Eidgenossen – die italienischen Staaten – Frankreich – England – Spanien: Das europäische Karussell dreht sich.

In diesen Jahren steht Burgund auf dem Höhepunkt seiner Macht. Die Geschicklichkeit der burgundischen Politik, aber auch ihre Fehler treten klar zutage. In Europa sieht alles auf die Mitte, auf den Großen Herzog des Abendlandes und seine wohlhabenden Länder, von denen man auf allen Märkten und Messen soviel Wunder berichtet. Die burgundische Diplomatie ist unablässig in Europa bemüht, ein Netz von Allianzen zu knüpfen, bei Gegensätzen zu balancieren, sich vorzubereiten auf die endgültige Auseinandersetzung mit Frankreich, die sich unausweichlich abzuzeichnen beginnt. Werfen wir einen Blick auf einzelne Schauplätze dieser Entwicklung.

Herzog Sigmund von Tirol hat dieses Land 1457, ein Jahr später den Besitz der Vorlande übernommen. Die Vorlande: Das sind vor allem die habsburgischen Besitzungen im Elsaß, im Schwarzwald und die sogenannten vier Waldstädte am Oberrhein. Aus ihren eigentlichen Stammlanden sind die Habsburger schon vertrieben. Commynes nennt Sigmund »einen Mann von wenig Verstand und wenig Ehre[64]«. Emanuel von Rodt berichtet, er sei »von verschwenderischer Freigebigkeit und den Weibern so ergeben« gewesen, »daß er hierin dem König Salomo glich[65]«.

Kriegslüstern ist Sigmund durchaus nicht, aber der Adel der Vorlande – viele davon wenig besser als Raubritter – gibt immer wieder Anlaß zu Zwischenfällen. Auf der anderen Seite steht die Expansionspolitik von Bern. Im Juni 1468 rücken die Eidgenossen in den Sundgau ein und verwüsten ihn. Der dortige Adel kann keinen ernsthaften Widerstand leisten. Anschließend wird Waldshut belagert. Nur der Vermittlung von Basel und Bayern, denen wohl beiden an einem Gleichgewicht der Kräfte liegt, verdankt es Herzog Sigmund, daß er beim Friedensschluß am 28. August 1469 noch relativ glimpflich davonkommt. Die Konditionen sehen insbesondere vor, daß er zum 22. Juni 1469 zehntausend Gulden zahlen solle, sonst sollten Waldshut und der Schwarzwald den Eidgenossen huldigen.

Zehntausend Gulden – das sollte wohl ein Herzog aufbringen, der den Beinamen »der Münzreiche« trägt. Sigmund aber ist sein Leben lang in Geldverlegenheit gewesen. So ist er auch 1469 absolut unfähig, die zehntausend Gulden rechtzeitig aufzubringen. Die Eidgenossen rechnen sich aus, daß sie über den Rhein nach Norden hinaus ihre Macht ausdehen können.

Der Kaiser rät, Sigmund möge sich an Ludwig XI. wenden. Aber der Herzog wird am französischen Hof nicht einmal empfangen. Ludwig XI. kann sich einen Kontakt, geschweige denn ein Bündnis mit dem Habsburger derzeit nicht erlauben. Der politische Gegenzug einer solchen Aktion müßte notwendig eine engere Bindung zwischen Burgund und der Eidgenossenschaft sein, die ohnehin seit 1467 vertraglich aneinander gebunden sind. Burgund ist mächtig; die Kraft der Eidgenossen hat Ludwig schon als Dauphin kennengelernt. Er selbst ist nach Péronne in einer schwierigen politischen Situation, und Sigmund ist alles andere als ein begehrenswerter Bundesgenosse.

Die Vermutung liegt nahe, Ludwig habe den Bittsteller Sigmund arglistig an seinen lieben Vetter Karl von Burgund verwiesen, um so den Keim des Zerwürfnisses zwischen Burgund und den Eidgenossen zu legen. Tatsache ist, daß Ludwig in seinem verzweifelten Bemühen, die burgundische Bündnispolitik zu durchbrechen, die von ihm militärisch durchaus richtig eingeschätzten Schweizer nicht verärgern will.

Sigmund bleibt praktisch nichts anderes übrig, als sich an den burgundischen Hof zu wenden. Am 21. März 1469 wird er in Arras vom burgundischen Herzog empfangen. Im Mai schließen Karl von Burgund und Sigmund von Tirol in St. Omer einen folgenschweren Vertrag. Sigmund tritt in ein Schutz- und Dienstverhältnis zu Burgund. Das heißt praktisch, daß er in das burgundische Bündnissystem einbezogen wird. Der Dissens besteht darin, daß Sigmund in Burgunds politischer Macht und militärischer Stärke ein willkommenes Werkzeug sieht, sich der verlorengegangenen Länder wieder zu bemächtigen und die erlittenen Niederlagen gegen die Eidgenossen wettzumachen. Karl der Kühne dagegen denkt nicht entfernt daran, sich etwa mit den Schweizern zu überwerfen. Er verpflichtet sich lediglich, Sigmund gegen etwaige Aggressionen der Schweizer zu schützen.

Sigmund verpfändet die Grafschaft Pfirt, die Landgrafschaft Oberelsaß und die sogenannten vier Waldstädte am Rhein, nämlich Waldshut, Lauffenburg, Rheinfelden und Säckingen samt dem Schwarzwald und Breisach gegen die Pfandsumme von fünfzigtausend Gulden. Davon sollen zehntausend Gulden durch Burgund direkt an die Eidgenossen gezahlt werden. Der Rest soll Herzog Sigmund für die noch in seinem Besitz befindlichen Städte Breisach und Thann zukommen. Der Herzog von Tirol erklärt sich einverstanden, daß Burgund die von Österreich bereits verpfändeten Herrschaften des Landes auslösen dürfe. Die dafür notwendige Summe wird mit einhundertachtzigtausend Gulden angegeben[66]. In dieser ungeheuren Pfandsumme spiegelt sich bereits die Tatsache wider, daß der neue Pfandherr in den meisten Orten kaum mehr als den landesherrlichen Gehorsam fordern kann. Steuern, Zinsen, Gülten, Gefälle und was dergleichen Abgaben mehr sind – alles ist verpfändet. Die Pfandgeschichte der von Herzog Sigmund an Burgund verpfändeten Gebiete zu schreiben, würde allein ein Buch füllen. Es ist nicht recht klar, ob dem burgundischen Hof das Ausmaß dieser Verpfändung an Dritte bewußt war. Hier wird ein ausgesprochen defizitäres Unternehmen gestartet.

Bei einer Auslösung der verpfändeten Gebiete müßte Herzog Sigmund neben der Pfandsumme von fünfzigtausend Gulden auch noch die gesamten Kosten der Verwaltung und die Investitionen zum Zeitpunkt der Auslösung zurückerstatten. Karl der Kühne hat guten Grund anzunehmen, daß dies erst am Sankt Nimmerleinstage geschehen wird. Und was die Rentabilität der Pfandlande betrifft, so sieht der burgundische Hof hier nicht nur die Möglichkeit der Realisierung alter Ansprüche, sondern auch die Chance, ein wichtiges Stück der so dringend benötigten Landbrücke zwischen den Oberen und den Unteren Landen zu schaffen.

Bereits am 28. Juni nimmt Markgraf Rudolf von Hochberg für den Herzog von Burgund von den Pfandlanden förmlich Besitz. Die versammelten Stände huldigen in Ensisheim – wie üblich unter Vorbehalt aller bisherigen »Gnaden, Freiheiten, Satzungen, guten Gewohnheiten, alten Herkommen und Rechte«, natürlich auch unter Zusicherung derjenigen Pfandschaften, die sich noch in den Händen anderer Gläubiger Herzog Sigmunds befinden. Darunter ist vor allem die Stadt Basel, der die Stadt Rheinfelden um achttausend Gulden seit 1466 verpfändet ist. Anfang Juli bringen zwei hohe burgundische Beamte den Eidgenossen nach Bern die von Herzog Sigmund zu zahlende Entschädigungssumme.

Nach einer Übergangszeit wird zum Landvogt der Pfandlande Peter von Hagenbach bestellt. Die Wahl scheint naheliegend. Hagenbach entstammt dem sundgauischen Adel, er kennt das Land, er hat sich in burgundischen Diensten ausgezeichnet und bekleidet hohe Ämter am Hof. Unter burgundischer Herrschaft kehren in dem zerrütteten, unruhigen Land wieder Recht und Ordnung ein. Die burgundische Verwaltung bringt das Durcheinander der verschiedenen Verpfändungen, der vielen Rechtsstreitigkeiten in Ordnung. Aber andererseits versteht es der neue Landvogt, seine Aversion gegen die Eidgenossen offen, ja zuweilen brutal, auf jeden Fall aber undiplomatisch zur Schau zu tragen. Das trägt entscheidend mit dazu bei, die burgundische Partei in Bern zu schwächen. Bereits im Frühjahr 1470 reist Adrian von Bubenberg, das Haupt der burgundischen Partei, zu dem Herzog, dessen alter Kriegsgefährte er ist, um sich über Hagenbachs Amtsführung zu beschweren, findet indessen nicht viel Entgegenkommen und muß sich Gegenvorwürfe über Mißhandlungen von Burgundern anhören. Karl der Kühne stellt sich vor Hagenbach. Bern aber ist der politisch mächtigste Ort der Eidgenossenschaft, und die französische Patei, vertreten durch die Familie Diesbach, gewinnt ständig an Boden.

ITALIEN

In der zweiten Hälfte des 15. Jahrhunderts gibt es in Italien fünf Mächte, die wirklich zählen: Neapel, den Kirchenstaat, Florenz, Mailand und Venedig. Nach endlosen großen Kriegen und kleinen Fehden haben sich die italienischen Staaten im Jahre 1454 in Lodi auf eine Politik des Gleichgewichts der Kräfte geeinigt. Sieht man von den dauernden Schwankungen der Diplomatie und den weiterlaufenden inneritalienischen Fehden ab, so hält der Friede vier Jahrzehnte bis zu der großen französischen Invasion des Jahres 1494. Italien ist reich, es ist reicher als das übrige Europa, Flandern vielleicht ausgenommen. Auch die kleinen Höfe leisten sich den Luxus der Förderung von Kunst und Wissenschaft, und alle trachten danach, einen möglichst berühmten Condottiere in ihrem Solde zu haben. Die Condottieri und ihre Truppen sind kostspielig, die Fehden langwierig, denn man bemüht sich meist, die kostbaren Truppen nicht zuschanden werden zu lassen. Machiavelli berichtet von einer Schlacht, in der es nur einen Toten gegeben habe, und der sei unglücklicherweise vom Pferde gefallen und habe sich dabei das Genick gebrochen.

In Mailand ist es nach dem Tode von Philippo Maria Visconti dem erfolgreichsten Condottiere der Zeit, Francesco Sforza, gelungen, die Macht an sich zu ziehen und sie zu halten. Dieser Sohn eines Bauern aus Cotignola besitzt die hohe Achtung des französischen Königs, der seine kriegerischen Erfolge und seine Staatskunst bewundert. Der Nachfolger, Galeazzo Maria Sforza, ist durch seine Heirat mit Bona von Savoyen mit dem französischen König verwandt und hält zunächst das französische Bündnis aufrecht. Gern würde er, wenn es nur die politische Lage erlaubte, mit der »universellen Spinne« Savoyen teilen. Später schließt sich Galeazzo Maria dem burgundischen Bündnissystem an, ohne allerdings mit Frankreich zu brechen. Er versucht, zwischen den Mächten zu lavieren.

Galeazzo Maria hat den Burgunderherzog nicht überlebt. Ende 1476 wird er in der Kirche San Stephano von drei Adligen erstochen. Derartige Morde in der Kirche kommen damals öfters vor und zeugen keineswegs von einem Mangel an Frömmigkeit, sondern rühren von einem Sinn für das Praktische her: Es ist »fast unmöglich, der wohlbewachten Gewaltherrscher anderswo habhaft zu werden als bei feierlichen Kirchgängen[67]«.

Die burgundische Italien-Politik hat mit großen Schwierigkeiten zu kämpfen. Bei den Italienern stehen gerade in diesen Jahren Venedig und der Kirchenstaat auf der einen, Mailand, Florenz und Neapel auf der anderen Seite. Aragon, Burgunds Verbündeter, steht verwandtschaftlich Neapel nahe, damit also auch Florenz und Mailand. Savoyen, Burgunds anderer Alliierter, befindet sich aber im Gegensatz zu Mailand, dafür wieder in mehr oder weniger freundschaftlichem Verhältnis zu Mailands Gegner Venedig. Für die burgundische Diplomatie sind die Verhältnisse also von vornherein instabil. Der Versuch, Ludwig XI. mit Hilfe einer weitgespannten Bündnispolitik einzukreisen, ist so einfach nicht – vor allem bei einem so gerissenen Gegner.

GELDERN

In dem beiderseits des Niederrheins gelegenen Herzogtum Geldern bestehen seit 1459 erhebliche Auseinandersetzungen zwischen dem Herzog Arnold und seinem Sohn Adolf. Der liebende Sohn versucht, die Auseinandersetzung 1465 dadurch zu beenden, daß er den Vater gefangennimmt und ihn in ein lichtloses Turmverlies wirft. Damit gerät er aber in Auseinandersetzungen mit dem Herzog von Cleve, dem Schwager des alten Herzogs. Die Wirren nehmen kein Ende; schließlich beauftragt der Papst den Burgunderherzog, das Schiedsrichteramt zu übernehmen und den alten Herzog aus der Gefangenschaft zu befreien.

Commynes, der bei den Versöhnungsverhandlungen beteiligt ist, schildert das Angebot des Burgunderherzogs: Dem Sohn soll der Titel eines Statthalters des Landes mit den ganzen Einkünften verbleiben. Der Vater soll den Herzogstitel behalten und die Stadt Gavre, außerdem soll er dreitausend Gulden Pension bekommen. Adolf von Geldern erwidert, er wünsche lieber, seinen Vater mit dem Kopf zuerst in einen Brunnen geworfen zu haben und sich selbst hinterher, als daß er ein solches Abkommen unterzeichne. Vierundvierzig Jahre sei nun sein Vater Herzog gewesen, es werde nun wohl an der Zeit, daß er es würde; er biete seinem Vater dreitausend Gulden jährlich unter der Bedingung, daß er das Herzogtum niemals mehr betrete. Das ist eine, wie Commynes bemerkt, recht unkluge Rede, und Jung-Adolf muß das auch erkannt haben, denn er flieht vom burgundischen Hofe, wird aber von einem Fährmann bei Namur erkannt, gefangengenommen und bis zum Tode Karls des Kühnen in Namur gefangengehalten.

Inzwischen versucht der alte Herzog Arnold, sein Land wieder in seine Macht zu bekommen, stößt aber dort auf Widerstand. So verkauft er schließlich am 7. Dezember 1472 das Herzogtum Geldern und die Grafschaft Zütphen für dreihunderttausend Gulden an Karl den Kühnen. Für sich selbst behält er nur den Herzogstitel und die Nutznießung auf Lebenszeit. Schon im Februar 1473 stirbt der alte Herr, und sein Herzogtum kommt nach kurzem Feldzug in burgundischen Besitz. Im August 1473 huldigen die Stände Karl dem Kühnen, der dann mit der Beleihung durch den Kaiser Lehensuntertan des Heiligen Römischen Reiches wird.

ENGLAND

Das Wort »England« ist in diesen Jahren identisch mit dem Wort »Rosenkriege«. Und niemand von den vielen Akteuren des blutigsten englischen Bürgerkrieges fasziniert mehr als Richard Neville, Graf von Warwick, dem die Geschichte den Beinamen des Kingmaker, des Königmachers, gegeben hat[68]. Warwick, der wie die Königsvertreter der Weißen und der Roten Rose von Eduard III. abstammt, ist 1428 geboren, steht also im Alter zwischen den beiden großen Gegenspielern auf dem Kontinent, Ludwig XI. und Karl dem Kühnen.

In seine Jugend fällt das langsame Erlöschen des hundertjährigen Krieges zwischen England und Frankreich. Margarete von Anjou, die schöne und arrogante Tochter des Guten Königs René, hat den geistesschwachen englischen König Heinrich VI., das Haupt der Lancasterpartei, 1445 geheiratet. Zunächst gewinnen die Yorkisten die Oberhand. Ihr Parteigänger Warwick wird Captain of Calais und besucht im Frühling 1459 Philipp den Guten von Burgund. Am burgundischen Hof lernt Warwick auch den flüchtigen französischen Thronfolger kennen. Zwischen beiden bahnt sich eine politische Freundschaft an, die bis zum Ende von Warwick andauern wird.

Die Parteinahmen auf dem Kontinent sind um diese Zeit merkwürdig verteilt. Philipp der Gute und sein Gast, der französische Thronfolger Ludwig, halten es mit den Yorkisten, also mit Warwick, und stehen mit diesem gegen den französischen König. Der burgundische Thronfolger, der Graf von Charolais, der sich mit seinem Vater überworfen hat, begünstigt die Lancaster, von denen er über seine Mutter abstammt.

Inzwischen geht der Bürgerkrieg in England weiter. In blutigen Schlachten lichten sich die Reihen des britischen Adels rapide. Schließlich muß die stolze Margarete von Anjou nach Frankreich flüchten, wo sie im Herzogtum Bar von einer mageren Pension lebt.

Im August 1463 kommt in St. Omer endlich die lange geplante Dreierkonferenz Burgund – England – Frankreich zustande. Margarete von Anjou versucht, die ihr gefährliche Konferenz zu torpedieren, aber Philipp von Burgund bleibt unbeugsam. Er empfängt die Königin, wie es ihrem Rang gebührt, schenkt ihr einen wunderhübschen Diamanten und etwas Geld und schickt sie wieder nach Nancy zu ihrem Vater zurück. Andererseits beteiligt er sich nicht in Person an den Verhandlungen, er bleibt in seinem Schloß in Hesdin, während die Engländer seine Anwesenheit verlangen und von den Franzosen fordern, daß sie definitiv die Partei der Lancaster aufgeben sollen.

Im März des Folgejahres werden Verhandlungen zwischen England und Frankreich in London fortgesetzt, aber der zweiundzwanzigjährige König Eduard zögert. Die ersten Schatten fallen zwischen ihn und den übermächtigen Regenten Warwick. Während dieser jetzt voll auf Frankreich setzt, führt Eduard Geheimverhandlungen mit der Bretagne.

Im Oktober 1464 platzt im englischen Thronrat eine Bombe: Eduard IV. kündigt seine Heirat mit Elisabeth Woodville, der ältesten Tochter von Lord Rivers, an. Nicht nur, daß es sich um eine Familie der Lancasterpartei handelt, Elisabeth Witwe ist und schon zwei Söhne hat, es bestehen auch enge verwandtschaftliche Beziehungen mit dem Grafen von St. Pol, einem treuen Gefolgsmann des burgundischen Erbprinzen, des Grafen von Charolais. Warwick kann den Entschluß des Königs nicht ändern. Der Clan der Woodvilles kommt an den Hof. Warwicks Einfluß sinkt. Die Woodvilles spielen am Hof die burgundische Karte. Inzwischen hat der französische König andere Sorgen: Der Hochadel des Landes zieht gegen ihn zu Felde.

Am 15. April 1466 trifft Warwick den Grafen von Charolais, der seit der Erkrankung seines Vaters Regent von Burgund ist, in Boulogne. Das Klima der Begegnung ist eisig. Die beiden Männer wissen, daß sie Feinde sind und bleiben werden. Warwick seinerseits versucht, seinen Einfluß in England dadurch zu stärken, daß er sich um die Freundschaft der jüngeren Brüder des Könis, Clarence und Gloucester, bemüht. Am Hof von Westminster geht auch im folgenden Jahr das diplomatische Duell zwischen der französischen und der burgundischen Partei weiter. Karl der Kühne will die Schwester von König Eduard heiraten. Die Verhandlungen ziehen sich hin.

Inzwischen erhält Warwick vom König die Erlaubnis, mit einer Gesandtschaft nach Frankreich zu gehen. Am 27. Mai reist er mit großem Gefolge ab. In Rouen wird er wie ein Fürst empfangen.

Ludwig XI. hat neue Pläne: Da er sieht, daß die Heiratspläne des burgundischen Erbprinzen sich möglicherweise realisieren, da er spürt, wie sich Warwick seinem König entfremdet hat, überlegt er, ob man Warwick und Margarete von Anjou nicht doch zusammenbringen könne. Ein wahnwitziger Plan zu dieser Zeit, und Warwick lehnt zunächst auch ab. Es wird vereinbart, daß eine französische Botschaft nach England kommt, aber Eduard empfängt sie kühl. Die

Maria von Burgund.

Turnier der Ritter.
(Buchminiatur des 15. Jahrhunderts)

Woodvilles haben die Oberhand am englischen Hof. Der im Volk immer noch populäre Warwick zieht sich zurück. Seine Anhänger werden aus ihren Ämtern entfernt. Inzwischen ist der Heiratskontrakt mit Burgund perfekt. Eine teure Hochzeit für die englische Krone, denn der Burgunderherzog – Karl ist inzwischen seinem verstorbenen Vater nachgefolgt – fordert und erhält eine Mitgift von zweihunderttausend Goldkronen, was zwei Drittel eines Jahreseinkommens der Krone Englands ausmacht.

Noch immer ist Warwick eine mächtige Figur der englischen Politik. Aber das Lavieren wird immer schwieriger für ihn. Ende April 1469 trifft er in St. Omer mit Karl dem Kühnen und Sigmund von Österreich zusammen, die über die Verpfändungen der oberrheinischen Lande verhandeln. Mitte Mai ist er wieder in Windsor, wo der Hosenbandorden in Abwesenheit an Karl den Kühnen verliehen wird (der seinerseits seinen englischen Schwager zum Ritter des Goldenen Vlieses macht). Am 11. Juni heiratet Warwicks Tochter Isabelle Neville den Bruder des Königs, den Herzog von Clarence. Vorübergehend bringt Warwick den König in seine Gewalt. Aber die Reaktion der öffentlichen Meinung zeigt ihm, daß ein gekrönter König auch gewaltlos siegen kann. Im Oktober kehrt Eduard, unbehelligt von Warwick, nach London zurück. Anfang 1470 flackern wieder Rebellionen auf; es ist nicht mehr zu leugnen, daß Warwick hier seine Hand im Spiel hat. Jetzt zitiert der König seinen Bruder und den mächtigen Warwick vor den Thron.

Diesmal entscheidet sich Warwick für das Exil. Er vertraut seinem Stern nicht länger. Am 10. April versucht er, zu Schiff in seine langjährige Domäne Calais zu flüchten. Aber Calais empfängt ihn mit Geschützfeuer. Der große Warwick wird zum heimatlosen Piraten, bringt im Kanal burgundische und bretonische Schiffe auf, landet am 1. Mai vollbeladen mit Beute in Harfleur. Ein Bote an Ludwig XI.: Warwick ist bereit, Lancaster wieder zum Thron zu verhelfen. Der französische König andererseits wird bombardiert mit wütenden burgundischen Protesten wegen der Piraterie Warwicks.

EDUARD IV. (1442–1483)

König von England 1461–1483 (mit einer Unterbrechung 1470/71)
Kupferstich von Elstracke, 17. Jahrhundert.
Die Inschrift gibt dem König irrtümlich ein Lebensalter von 52 Jahren.
Eduard von York war in den blutigen Rosenkriegen, die dreißig Jahre lang in England wüteten, nach seines Vaters Tod Haupt der »Weißen Rose«. Es gelang ihm schließlich, das Haus Lancaster (»Rote Rose«) endgültig auszuschalten. Durch seine Schwester Margarete wurde Eduard 1467 Schwager Karls des Kühnen. Beide Schwäger verabredeten 1475 einen großangelegten Feldzug gegen Ludwig XI. von Frankreich; aber dem diplomatischen Geschick des französischen Königs gelang es, Eduard durch enorme Zahlungen die bereits begonnene Invasion abzukaufen – zur begreiflichen Enttäuschung des Burgunderherzogs.
Eduard wird von den Zeitgenossen als hochgewachsen, sehr gut aussehend und den Freuden des Lebens zugetan beschrieben, aber auch als begabter Feldherr und als tapfer in der militärischen Aktion. Gegenüber den Erben Karls des Kühnen, Maria und Maximilian, bewahrte er eine Art unverbindlich wohlwollender Neutralität. Sein früher Tod machte den Weg frei für seinen Bruder Richard III., den letzten Plantagenet.

EDWARDUS IIII . ANGLIÆ ET FRANCIÆ REX DOMIN9 HIBER
HONI SOIT QVI MAL Y PENSE
AVT OBRVET EXPIABIT
HIC HOC LACEATIS
16
The
right noble Prince EDWARD the 4th King of
England, and Fraunce Lord of Ireland. He
raigned 22 yeares and 5 weekes. Died at the age
of 52 yeares: buried at Windsor, 1483.
R Elstracke sculpsit

Ludwig will keinen Krieg mit Burgund, noch nicht, er laviert. Der Friede von Péronne bindet ihn, er will nicht eidbrüchig werden, bittet Warwick, doch seine Flotte wegzuschicken. Er selbst will nicht, kann nicht mit Warwick selbst sprechen, der aber gerade auf dieser Unterredung besteht. Inzwischen droht Karl der Kühne weiter, die burgundische Flotte blockiert die Seine, äschert Dörfer an der Küste ein.

Der französische König spielt hoch, sehr hoch. Während seine Boten nach dem Herzogtum Bar reiten, um Margarete von Anjou an den Hof zu bitten, schickt er eine Botschaft an den burgundischen Hof, die Karl den Kühnen beschuldigt, er habe den Vertrag von Péronne gebrochen, indem er die normannische Küste angegriffen habe. Der Herzog erwidert erregt, der König sei es, der den Vertrag gebrochen habe, indem er seinen Todfeind Warwick unterstützt habe. Aber die Burgunder ziehen ab. Ihre Flotte ist nicht hinreichend ausgerüstet, eine lange Blockade durchzuhalten. Warwick läßt seine Schiffe absegeln.

Der König verhandelt, droht, schmeichelt, und hat schließlich auch bei Margarete von Anjou Erfolg. Neun Jahre Exil haben ihren Stolz in keiner Weise gebrochen, und sie ist zunächst empört über das Ansinnen, den Thron ihrem Todfeind Warwick verdanken zu müssen. Aber dann gibt sie doch nach.

Am 22. Juli 1470 geschieht in Angres das Unwahrscheinliche: Ludwig nimmt Warwick bei der Hand und führt ihn vor dieselbe Margarete, die von Warwick beschimpft, verhöhnt, aus dem Lande gejagt worden ist. Der Königmacher kniet nieder und bittet um Verzeihung für das Unrecht, das er der Königin angetan hat. Eine Viertelstunde läßt sie ihn knien, dann ringt sie sich zu einer Geste der Verzeihung durch. Drei Tage später wird Warwicks Tochter Anne Neville mit Eduard, dem Prinzen von Wales, in der Kathedrale von Angres verlobt. Die Vertragsparteien leisten den Eid auf ein Stück vom Kreuze Christi, genannt das Kreuz von St. Laud, dem man eine furchtbare Wirkung nachsagt: Wer seinen Eid nicht hält, muß binnen Jahresfrist sterben.

Ein kalter Krieg, ein Propagandakrieg mit den üblichen, in den Schenken gesungenen Versen zwischen Burgund und Frankreich folgt. Am 9. September setzt Warwick Segel. Vier Tage später landet seine Flotte in Dartmouth und Plymouth. In einem Zuge überrennt er, siegreich wie eh und je, das Inselreich. Eduard IV. muß ins niederländische Exil zu seinem Schwager von Burgund fliehen. Seine Frau, hochschwanger, sucht Zuflucht in Westminster und schenkt dort einem Sohn das Leben. Inzwischen wird Heinrich VI. aus dem Tower geholt. Warwick kniet vor dem Lancaster-König.

England hat nun zwei Könige, zwei Königinnen, zwei Prinzen von Wales – die beide auch noch Eduard heißen – und einen Regenten namens Warwick, der jedenfalls die Hoffnung hat, Schwiegervater eines Königs zu werden.

Die Flucht seines Schwagers trifft Karl von Burgund unvorbereitet. Er will es mit dem Inselreich nicht verderben und beeilt sich, zu versichern, er habe sich immer aus den inneren Streitigkeiten Englands herausgehalten, er sei erfreut über die Wiedereinsetzung Heinrichs VI., zumal er doch von den Lancaster abstamme. Seinen Schwager Eduard läßt er in Brügge gut unterbringen und ausstatten, vermeidet aber, sich mit ihm zu treffen. Der Burgunderherzog muß fürchten, England und Frankreich würden sich gegen ihn verbünden. Tatsächlich werden bereits Gespräche zwischen Warwick und Ludwig geführt, die auf eine Zerstückelung Burgunds abzielen.

Der französische König ist über die Entwicklung in England voller Freude. Er »badet in Rosen«, wie es Chastellain blumig ausdrückt. Am 13. November kommt eine große französische Botschaft nach England. Es werden interessante wirtschaftliche Angebote gemacht, aber die Verhandlungen gehen nur zögernd voran. Warwick braucht die Zustimmung des Parlaments, und die Bürger in den Städten wollen keinen Krieg mit Burgund, vor allem jetzt nicht. Die Franzosen sind nach wie vor nicht beliebt in England, der Außenhandel liegt darnieder, und so kann Warwick auch nur Teile seiner Pläne für den englisch-französischen Pakt wahr machen. Es wird ein Friede auf zehn Jahre geschlossen, England erklärt sich mit Frankreich gegen den »Usurpator« Eduard und dessen Anhänger (worunter man die Burgunder verstehen kann) verbündet. Soweit sind die Dinge im Februar 1471 gediehen, während Margarete von Anjou immer noch zögert, mit dem Prinzen von Wales nach England zu kommen.

Inzwischen muß Warwick erkennen, daß er zwischen den Stühlen sitzt. Die Lancaster-Anhänger, die er so lange und blutig bekämpft hat, mißtrauen ihm. Aus dem niederländischen Exil kommen die Lancaster-Herzöge Exeter und Somerset zurück, die beide Warwick hassen. Gerüchte laufen durchs Land: die Yorkisten kehren zurück! Und dann, am 14. März, kommt die Nachricht: Eduard IV. ist mit zweitausend Engländern und Burgundern, ausgerüstet mit vierzehn von der Hanse gestellten Schiffen, gelandet. Warwick sammelt rasch seine Streitkräfte. Aber die Lancaster-Anhänger zögern, zu ihm zu stoßen. Am 1. April geht der Herzog von Clarence zu seinem königlichen Bruder über. Eduard macht Warwick Verhandlungangebote. Er weiß, wie furchtbar dieser Gegner sein kann. Aber Warwick lehnt ab: Er kann nicht wieder die Seite wechseln.

Am Ostersonntag, dem 14. April, treffen Warwick, der inzwischen zwölftausend Mann gesammelt hat und sein einstiger Schüler Eduard, unter dessen Fahnen neuntausend Mann kämpfen, in den nebeldunstigen Wiesen bei dem Flecken Barnet aufeinander. Lange schwankt die Schlacht hin und her. Der König, ein Riese von Gestalt, schwingt sein Schwert in vorderster Front. Trotzdem sieht es so aus, als würde die Übermacht siegen. Aber der Nebel läßt Mißverständnisse unter den Lancaster-Anhängern entstehen, Rufe von Verrat werden laut, die Reihen brechen. Warwick, der den Zusammenbruch sieht, versucht zu flüchten und wird von einem Dolch in die Kehle getroffen, als er sein Pferd besteigen will. Eduard IV. ist der Herr des Schlachtfeldes.

Der Königmacher ist nicht mehr. Burgund frohlockt. In den Tavernen werden in plumpen Reimen Spottlieder auf die Franzosen und ihren König gesungen:

»Sein ganzer Clan ist nun dahin,
auch sein Geld, das schmerzt ihn nicht wenig.
Denn Warwick ist besiegt und tot.
Ha! Das ist was für Louis den König!«

»Franzosen! Miteinander weint
bittere Tränen um Euren Held,
den Warwick, Euren guten Freund,
der ist jetzt besiegt im Feld.«

Wenige Tage später, am 4. Mai, schlägt Eduard IV. die übrigen Lancaster-Streitkräfte unter Margarete von Anjou bei Tewkesbury. Der junge Prinz of Wales wird niedergehauen. Die Häupter der Lancaster-Partei fallen oder werden hingerichtet, Margarete wird in einer Abtei aufgestöbert. Zwei Wochen später läßt Eduard den blöden Heinrich VI. im Tower umbringen.

Burgund hat die Runde gegen Frankreich gewonnen. England gehört nun zum burgundischen, gegen Frankreich gerichteten Bündnissystem, und wenn auch die beiden Schwäger von England und Burgund sich nicht sonderlich trauen, so bleibt doch die englisch-burgundische Allianz bestehen bis zu dem letzten Kapitel dieser Beziehung, von dem später noch die Rede sein soll: der abgekauften Invasion. Die »universelle Spinne« aber zieht noch Vorteile aus ihrer Niederlage: Jahre später zahlt Ludwig XI. dem englischen König Lösegeld für Margarete von Anjou, die ihm dafür alle ihre Erbrechte gegenüber ihrem Vater, dem König René, abtreten muß. 1483 stirbt sie, vierundfünfzigjährig, verbittert, eine wahrhaft tragische Figur.

SPANIEN

Auf der Iberischen Halbinsel sind aus jahrhundertelangen Kämpfen drei Königreiche hervorgegangen: Portugal, Kastilien/Leon und Aragon/Katalonien. Die Mauren haben nur noch das kleine Reich von Granada inne. Das lebhafte Interesse des französischen Königs muß es sein, ein Bündnis oder gar eine Fusion zwischen Kastilien und Aragon, wo verwandte Herrscherhäuser regieren, mit allen Mitteln zu verhindern.

1466 rufen die Katalanen, die gegen König Johann II. von Aragon rebellieren, den Anjou Johann von Kalabrien ins Land. Ludwig XI. sieht eine willkommene Gelegenheit, einen seiner unangenehmsten Gegner unter den französischen Großen loszuwerden und anderwärts zu beschäftigen. Prompt bricht er die diplomatischen Beziehungen zu Aragon ab und stellt dem Anjou Geld und Truppen zur Verfügung. Ihm liegt vor allem daran, Aragon aus dem burgundischen Bündnissystem herauszubrechen. Deswegen entsendet Ludwig auch den Kardinal von Albi nach Kastilien, um die Gegner einer Heirat zwischen Isabella von Kastilien und Ferdinand von Aragon zu unterstützen und statt dessen seinen Bruder, Charles de France, mit Isabella zu verheiraten.

Allein der Plan mißlingt. Die kastilische Erbprinzessin besteht darauf, den aragonischen Kronprinzen Ferdinand zu ehelichen. Die Hochzeit des Paares, das als »Los Reyes Catolicos« in die Geschichte eingehen wird, findet am 19. Oktober 1469 statt. Noch ahnt niemand, welche weltgeschichtlichen Folgen später die Eheschließung der Tochter der »Katholischen Könige« mit dem Enkel Karls des Kühnen haben wird.

Ludwig XI. ist weit davon entfernt, aufzugeben. Er spielt eine neue Karte aus: die Beltraneja. Heinrich IV., der kastilische König und Stiefbruder Isabellas, ist mit einer portugiesischen Prinzessin verheiratet. Man spricht ganz offen davon, daß die Königin sich angesichts der Impotenz des Königs mit dem Hofmann Don Beltran de la Cueva getröstet habe und daß die 1462 geborene Prinzessin Juana nicht die Tochter des Königs sei. Das Prestige des Königs schwindet so sehr, daß ihn seine eigenen Granden 1465 absetzen und seinen Bruder Alfonso zum König wählen. Dieser stirbt allerdings bald an der Pest. Heinrich IV. wird wieder eingesetzt, muß aber zustimmen, daß Isabella als seiner unmittelbaren Nachfolgerin und Erbin der Treueid geleistet wird. Von seiner Gemahlin läßt er sich scheiden, aber die Vaterschaft an der Beltraneja verleugnet er merkwürdigerweise nicht. Deshalb hat die unglückliche kleine Prinzessin noch immer einigen Anhang im Lande, und im Oktober 1470 wird die Verlobung von Charles de France mit der Beltraneja vollzogen[69]. Politische Konsequenzen hat die Verbindung der beiden allerdings nicht mehr.

Burgund hat zunächst – nicht zuletzt infolge der verwandtschaftlichen Beziehungen durch Isabella, die dritte Frau Herzog Philipps des Guten – die portugiesische Karte gespielt[70]. Ab 1466 ist es zu Aragon umgeschwenkt. Die Gesandten Johanns II. von Aragon unterzeichnen am 22. Februar 1469 am Hof von Burgund den Bündnisvertrag. Und nachdem in England die Rosenkriege mit dem Sieg Eduards IV. über die Lancaster-Partei ihr Ende gefunden haben, gibt es im November 1471 einen regelrechten »Dreibund[71]« zwischen Burgund, England und Aragon. Ludwig XI. wird ausdrücklich als Feind der vertragschließenden Parteien bezeichnet. Die Verbündeten garantieren sich die Unverletzlichkeit ihrer Staaten. Interessanterweise wird der Bündnisvertrag auch von Ferdinand und Isabella mitunterzeichnet.

Tatsächlich hat das burgundisch-aragonisch-englische Bündnis, an das praktisch auch Kastilien und das Aragon stammverwandte Neapel angeschlossen sind, lange Zeit gehalten.

Die katalonische Rebellion bricht nach dem Tod Herzog Johanns von Kalabrien endgültig zusammen. Im September 1473 beendet der Vertrag von Perpignan die Auseinandersetzungen. Die französische Diplomatie hat ihr Ziel nicht erreichen können. Sechs Jahre später werden Aragon und Kastilien – wenn auch vorerst in Personalunion – vereinigt. Der Thron wird gezimmert, auf dem der Urenkel Karls des Kühnen sitzen wird: der Habsburger Karl V.

Wenn es noch irgendwelcher äußeren Ereignisse bedurft hat, um die Todfeindschaft zwischen Burgund und Frankreich sichtbar werden zu lassen, dann sind es die Ereignisse von Péronne und Lüttich. Beide Mächte versuchen, in Europa ein wirkungsvolles Bündnissystem aufzubauen, um den Gegner endgültig zu vernichten. Ludwig XI. hat noch immer keinen Thronerben – der künftige Karl VIII. wird erst im Juni 1470 geboren –, und so ist es nur natürlich, daß die burgundische Politik in ihre Kalkulationen immer wieder den präsumtiven Nachfolger, den schwachen Bruder des französischen Königs, Charles de France, miteinbezieht. Charles de France soll als Apanage die Champagne und Brie bekommen – Landschaften, die unmittelbar an Burgund angrenzen. Ludwig bemüht sich, seinen Bruder davon zu überzeugen, das Herzogtum Guienne sei besser für ihn. Guienne liegt weit genug von Burgund entfernt, um ein Zusammenspiel zu erschweren.

Im September 1469 hat der König sein Ziel erreicht. Sein Bruder nimmt das Herzogtum Guienne an. Auf der Brücke über den Sèvres-Fluß gibt es eine rührende Versöhnungsszene mit Kniefall, Verzeihung und Tränen[72]. Die beiden Brüder sind vereint. Der König kann sich sicher fühlen. So sicher, daß er langsam einen Wirtschaftskrieg gegen die Burgunder inszeniert. Im Jahr 1470 verbietet er seinen Untertanen, die Messe in Antwerpen zu besuchen. Statt dessen zieht er selbst in Caen in der Normandie eine Messe auf. Anfang November läßt sich der König von den Ständen bestätigen, die Zusicherungen im Vertrag von Péronne seien null und nichtig, weil erzwungen. Am 18. November befiehlt er dem Herzog von Nevers, Truppen auszuheben. Am 3. Dezember folgt die Kriegserklärung an Burgund. Die Truppen überschreiten die Grenze. Der Graf von St. Pol, der frühere Waffengefährte des Grafen von Charolais, jetzt Connétable von Frankreich, erreicht Anfang Januar, daß St. Quentin die Tore öffnet. Ende Januar 1471 fällt Amiens, dann

Péronne und Montdidier. Andere französische Truppen fallen im burgundischen Kernland ein.

Karl der Kühne hat den Angriff erwartet, aber die burgundische Heeresreform ist noch nicht so weit; es gibt kaum Ordonnanzkompanien, und bis der Feudaladel aufgeboten ist, vergeht viel Zeit. Inzwischen ist Ludwig mit seinen Truppen bereits weit in die Picardie eingedrungen.

Aber die Idee des französischen Königs, eine englische Armee könnte die Burgunder im Rücken fassen und vernichten, scheitert. Er hat auf die Karte Lancaster gesetzt und muß nun hören, daß die Yorkisten die Oberhand behalten – diesmal endgültig. Ludwig beeilt sich, mit den Burgundern einen Waffenstillstand zu schließen, über den man sich Anfang April 1471 einigt.

Der Krieg ist vorbei. Nun hat die Diplomatie zu tun. Am 1. November 1471 verbindet sich Karl der Kühne im Vertrag von St. Omer eng mit den Königen von Neapel und Aragon. Das Bündnis wird von England und der Bretagne unterstützt. Man kann damit rechnen, daß auch ein Teil der französischen Großen sich im Ernstfall gegen Ludwig XI. stellen würde. Karl weiß sehr wohl, was er meint, wenn er zu Commynes sagt: »Ich liebe Frankreich so sehr, daß ich ihm statt eines Königs deren sechs wünsche.«

Heiratsverhandlungen werden wieder aufgenommen. Ludwig XI. will seinen einjährigen Thronfolger mit der Erbtochter von Burgund (die immerhin bereits zwölf Jahre alt ist) verloben, und sein in Guienne unzufriedener Bruder überlegt ähnliche Pläne.

Die politische Situation ist nicht gut für den französischen König. Er weiß, daß die Zeit gegen ihn arbeitet. Noch zögert England, noch steht er in Verhandlungen mit der Bretagne, aber er weiß, daß er bei Ende des Waffenstillstands losschlagen muß.

Da kommt ein Ereignis dazwischen, das die Szene wesentlich verändert. Erst fünfundzwanzig Jahre alt stirbt am 24. Mai der Bruder Ludwigs XI., Charles de France, vermutlich an Tuberkulose. Aber der Vorteil für Ludwig ist so evident und sein Ruf in Europa so schlecht, daß alsbald das Gerücht aufkommt, der König habe seinen Bruder vergiften lassen. Der Herzog der Bretagne erklärt, er habe zwei Männer ergreifen lassen, die gestanden hätten, auf Anstiftung des französischen Königs hätten sie ihren Herrn vergiftet, und setzt die bretonische Armee in Marsch.

Der Herzog von Burgund gibt am 4. Juni ebenfalls Marschbefehl. Auf den violett-schwarzen Bannern ist das Wort »Rache« aufgemalt. Karl erläßt zwei Manifeste, in denen er erklärt, Charles de France sei auf Befehl des Königs »durch Gifte, Zauberei und teuflische Machenschaften« vom Leben zum Tode gebracht worden.

Diesmal entschließt sich der französische König, den schwächeren der beiden Alliierten zuerst anzugreifen. Die Armee rückt auf Nantes zu, während die Burgunder bereits in Frankreich eindringen. Ludwig hofft, mit dem bretonischen Herzog rascher zu Verhandlungen zu kommen. Inzwischen erstürmen die Burgunder Nesle, Roye und Montdidier. Am Morgen des 23. Juni erscheint die burgundische Vorhut unter den Mauern von Beauvais, das kaum Artillerie hat und nur von den Bürgern verteidigt wird. Der Überraschungsangriff der Burgunder schlägt aber fehl. Es gelingt den Franzosen, Verstärkung in die Stadt zu werfen. Tag und Nacht zerschießt die burgundische Artillerie Stadtmauer und Befestigungen. Fast einen Monat liegt Karl der Kühne vor Beauvais, dann, am Morgen des 22. Juli, hebt er die Belagerung auf. Die Franzosen haben einen moralischen Sieg errungen.

Während ihre Nachschublinien dauernd von französischen Streitkräften bedroht werden, ziehen die Burgunder mit Sengen und Brennen durch die Normandie. Inzwischen sind andere burgundische Streitkräfte, verstärkt durch von Hagenbach ausgehobene elsässische Söldner, in der Champagne eingefallen. Ein sinnloser Krieg, ausgetragen auf dem Rücken der Zivilbevölkerung.

Es ist Zeit für den König, Waffenstillstandsverhandlungen aufzunehmen. Vorher aber hat er noch einen interessanten

Gewinn zu verzeichnen. In der Nacht vom 7. auf den 8. August 1472 reitet einer der engsten Berater Karls des Kühnen, Philipp de Commynes, heimlich aus dem burgundischen Lager weg und geht zum König über. Als seine Flucht am nächsten Morgen bekannt wird, läßt der erboste Herzog sofort Commynes' Güter konfiszieren. Ludwig entschädigt ihn reichlich, setzt ihm eine Pension von sechstausend Livres aus und verschafft ihm die Herrschaft Argenton, nach der er sich künftig nennt. Der Übertritt muß Commynes, der noch ein verhältnismäßig junger Mann von fünfundzwanzig Jahren ist, schon längere Zeit beschäftigt haben; möglicherweise hat er schon in Péronne gewisse Verbindungen mit dem König aufgenommen. Er ist bei allem Respekt vor seinen meist präzisen und jeder Eitelkeit und Selbstbespiegelung fernstehenden Memoiren den Geruch des Überläufers nicht mehr losgeworden.

Am 3. November einigen sich Burgund und Frankreich auf einen Waffenstillstand, der diesmal bis April 1473 dauern soll. Beide können mit der Lösung zufrieden sein. Der König erhält Gelegenheit, das erledigte Herzogtum Guienne einzuziehen. Er ist mit dem Tod seines Bruders schwere Sorgen los. Der Graf von Armagnac, ewiger Rebell, wird in seiner Burg belagert und muß sich ergeben. Ludwig weiß aber, daß es für ihn in der europäischen Politik nicht zum besten steht. Nicht einmal seine alten Verbündeten, die Mailänder, sind noch zuverlässig. Galeazzo Maria Sforza ist nicht mehr der unbedingte Freund Frankreichs, wie sein Vater es war. Ludwig XI. ist jetzt einundfünfzig Jahre alt, seine Gesundheit macht ihm zu schaffen. Ein Jahr später erleidet er einen leichten Schlaganfall. Vor allem ist er so abergläubisch wie eh und je.

Andererseits hat Karl der Kühne erkennen müssen, daß es ihm nicht möglich ist, auch bei Unterstützung durch den bretonischen Herzog, die Franzosen militärisch in die Knie zu zwingen. Er entschließt sich, seine politischen Aktivitäten zu verstärken, das Netz von Bündnissen zu erweitern, seine Armee zu reformieren.

Der Waffenstillstand, später mehrfach bis 1475 verlängert, deutet auch eine Wende in der burgundischen Politik an, die bisher trotz mehrfacher Verhandlungen mit Habsburg den Osten so sehr vernachlässigt hat. 1472 zeichnet sich der Beginn einer ausgeprägen Ostpolitik des Burgunderherzogs ab: Geldern, Lothringen, Elsaß, die Verlobung seiner Tochter mit dem Habsburger Thronfolger. Aber er weiß: Eines Tages wird er sich wieder nach Westen wenden müssen. Der Entscheidungskampf wird nicht ausbleiben.

Griff nach der Königskrone

Anders als im französischen Lorraine entsteht für uns im deutschsprachigen Raum noch heute leicht aus dem Wort Lothringen die Assoziation mit Lothar. Indessen – wer führt heute noch von dem geographisch-politischen Begriff des modernen Lothringen den Gedanken zurück auf jenes frühmittelalterliche Lotharingien, das einen weit größeren Umfang hatte?

Im Spätmittelalter aber war die Erinnerung an das Reich Lothars noch lebendig, das in der Teilung zwischen den Enkeln Karls des Großen im Jahr 843 im Vertrag zu Verdun entstand und das von den Küsten der Nordsee über Burgund bis nach Italien zum Golf von Gaëta reichte.

Ist es verwunderlich, wenn die Herzöge von Burgund in dem steten Bestreben, ihre so verschiedenartigen Landesteile unter einer gemeinsamen Staatsidee zusammenzufassen und zusammenzuschweißen, die Idee an das Lotharingische Mittelreich wieder zu beleben versuchen? Jedermann weiß in Europa, daß unter den vielen Herzögen keiner an Pracht und Macht denen von Burgund das Wasser reichen kann, ja eigentlich sind sich alle darüber einig, daß auf das Haupt Philipps des Guten eine Königskrone gehöre. Die Königskrone – das wäre nicht nur eine Standeserhöhung, sondern im Effekt eine wesentliche Lockerung, wenn nicht überhaupt das Ende aller Lehensuntertänigkeit. Wer aber vermag die Königskrone zu schaffen, wenn nicht der oberste weltliche Herr der Christenheit, der Kaiser des Heiligen Römischen Reichs Deutscher Nation?

Schon im Jahre 1447 finden Verhandlungen zwischen Herzog Philipp und dem deutschen Kaiser Friedrich II. statt. Der Kaiser stimmt grundsätzlich der Erhebung des Herzogtums Brabant zu einem Königreich zu, aber das läuft den Plänen Philipps zuwider, der ja gerade alle seine Länder unter derselben Krone vereinigen will: »In der Art, wie der König Lothar sein Königtum hielt, das er durch Teilung mit seinen Brüdern bekam« – die erste klare Erwähnung des karolingischen Lotharingien.

1459 und 1463 werden neue Verhandlungen aufgenommen. 1469 bietet Georg Podiebrad, der König von Böhmen, gegen vierhunderttausend Gulden vier Wahlstimmen für die Wahl Karls des Kühnen zum Römischen König. Zugleich versucht Herzog Sigmund von Österreich, der Vetter des Kaisers, der den Burgunderherzog dringend für seine Pläne gegen die Eidgenossen braucht, Karl für ein Tauschgeschäft zu gewinnen: Der Kaiser wird die Königswahl des Burgunderherzogs begünstigen, wenn dieser den Kaisersohn Maximilian als Schwiegersohn akzeptiert.

Wieder zerschlägt sich die Sache, und wieder nimmt die kaiserliche Seite den Faden auf. Kaiser Friedrich III., der gerade in Augsburg den Vorsitz des Reichstags führt, delegiert Rudolf von Sulz als seinen Bevollmächtigten, und der Herzog von Burgund seinerseits bestimmt den Landvogt Peter von Hagenbach als Unterhändler. Wir haben noch die schriftlichen Instruktionen, die Peter von Hagenbach seinerzeit erhielt. Karl der Kühne stellt für die Heirat seiner Tochter Maria mit Maximilian die Bedingung, daß der Kaiser ihn als seinen designierten Nachfolger bezeichne, indem er ihn zum König der Römer wählen lasse oder doch mindestens mit Zustimmung der Kurfürsten zu seinem Generalvikar (Stellvertreter) mache. Karl der Kühne seinerseits verspricht, Maximilian, sobald er Kaiser sei, zu seinem Nachfolger zu machen.

Das Projekt erscheint durchaus nicht utopisch. Der Kaiser bietet der Welt das Bild eines achtundfünfzigjährigen verbrauchten Mannes. Schon fünfzehn Jahre zuvor nennen ihn französische Gesandte in einem Brief »verschlafen, schlaff, dumpf, plump, tiefsinnig, melancholisch, geizig, knausrig, ängstlich, heuchlerisch[73]«. Er lasse sich »von jedermann den Bart rupfen, ohne sich zu wehren«. Keine schmeichlerische Beschreibung, aber sicher mit einiger Abschwächung zutreffend für einen Menschen, der von den Kurfürsten mit vierundzwanzig Jahren wegen seiner Weichheit und Machtlosigkeit auf den Thron erhoben worden war und der Zeit seines Lebens ohne genügende Geld- und Machtmittel wenig Chancen hatte, sein hohes Amt einigermaßen zufriedenstellend auszuüben. Der Burgunderherzog dagegen ist noch nicht vierzig Jahre alt. Er steht auf dem Höhepunkt seiner Macht, ist verbündet mit einer Reihe von wichtigen Potentaten, gefürchtet in ganz Europa. Maximilian zählt vierzehn Jahre.

Am Abend des 22. August 1473 reitet Karl der Kühne in Aachen ein. Am Morgen nach seiner Ankunft begibt er sich in die Kathedrale und betritt die berühmte Kapelle, die der Große Karl hat bauen lassen. Man zeigt ihm den Stuhl von Kaiser Heinrich II., dem Heiligen, den Schrein von Gold und Silber, der die Gebeine des großen Kaisers enthält, den Marmorsessel, wo man, nach der Legende, Karl den Großen dreieinhalb Jahrhunderte nach seinem Tode sitzend aufgefunden hat, die Krone auf dem Kopf, das Zepter in einer Hand, den Reichsapfel in der anderen, ein Fragment des wahren Kreuzes Christi auf der Brust und das Evangelienbuch offen auf den Knien. Wie viele Kaiser haben hier ihre Krönung erlebt! Wird Karl, Herzog von Burgund, Markgraf des Heiligen Römischen Reiches, der sich der Abstammung von Karl dem Großen rühmt und heute mächtiger ist als jeder der Kurfürsten, der nächste Kaiser sein? Wird mit ihm das lotharingische Reich wiedererstehen?

An dem gleichen 22. August, an dem Karl von Burgund in Aachen einreitet, ist der Kaiser – begleitet von Peter von

Hagenbach, von Maximilian und einer Anzahl deutscher Fürsten – dabei, Straßburg zu verlassen, um nach Freiburg im Breisgau und Basel zu reisen. Er hat Karl wissen lassen, daß er bereit sei, ihm zu begegnen, aber nicht in Aachen. Ist die Kaiserstadt doch zu symbolträchtig? Man einigt sich schließlich auf Trier.

Ende August begibt sich Karl nach Luxemburg. Der junge Herzog von Lothringen, Nikolaus von Kalabrien, der 1472 mit Marie von Burgund verlobt gewesen war, ist Ende Juli plötzlich in Nancy gestorben. Der Lothringer Adel hat die Herzogskrone Jolantha von Vaudémont angeboten, einer Tante von Nikolaus. Jolantha ist die Tochter des »Guten Königs René«. René von Anjou, Titularkönig von Neapel, Sizilien und Jerusalem, Herzog von Anjou, Lothringen und Bar, Graf der Provence und von Piémont, hat außer seinen Titeln nicht viel irdische Güter behalten, nachdem er lange in burgundischer Gefangenschaft leben mußte und die Anjous aus Neapel vertrieben wurden. Er lebt, jetzt vierundsechzig Jahre alt, in Aix-en-Provence.

Jolantha hat zugunsten ihres Sohnes verzichtet, der am 4. August unter dem Namen René II. Herzog von Lothringen wird. Lothringen ist von ungeheurer Bedeutung für Burgund. Es ist die fehlende Landbrücke zwischen den Unteren und Oberen Landen. Karl der Kühne kann hoffen, daß er sich mit dem Lande auf friedlichem Weg einigt. Die früheren Herzöge Nikolaus und Johann sind seine Freunde und Waffenbrüder gewesen: Johann in der Schlacht von Montlhéry und Nikolaus vor Beauvais, beidesmal gegen Frankreich. Der neue Herzog ist ein gebildeter junger Mann von gerade zweiundzwanzig Jahren. Man erzählt von ihm, er habe den Berg Zion bestiegen, einen Fuß im Schuh, den anderen nackt, wie es sein verstorbener Vater angeordnet habe.

Karl von Burgund und René von Lothringen treffen im September zusammen. Natürlich denkt der Lothringer nicht daran, sich den Wünschen des Burgunders zu widersetzen. Man verspricht sich gegenseitige Hilfe und Freundschaft.

Weder René noch Karl werden irgendein Bündnis mit dem König von Frankreich schließen, das dem anderen Partner Schaden bringen könnte. Wenn Ludwig XI. Lothringen angreift, wird Karl zu Hilfe kommen. Für die Truppen jeder Seite wird freier Durchmarsch durch das Land des anderen Verhandlungspartners vereinbart. Eine Anzahl von befestigten Plätzen in Lothrinen in den Tälern der Mosel und der Maas, darunter Epinal, Charmes und Neufchâteau werden burgundische Besatzungen aufnehmen.

Nicht so leicht wie mit Lothringen hat es Karl der Kühne mit Metz, das dem Herzog von Lothringen nicht gehört. Es ist Sitz eines Bischofs und freie Reichsstadt. Der Bischof und der Lothringerherzog geraten immer wieder aneinander. Karl muß um Genehmigung ersuchen, in die Stadt einziehen zu dürfen. Die Metzer mögen den Burgunder nicht recht. Fürchten sie, ihre Unabhängigkeit zu verlieren? Unter dem Vorwand, der Kaiser selbst habe sich angesagt, lassen sie nur eine begrenzte burgundische Eskorte in ihre Stadt ein.

Der Kaiser hat inzwischen Basel besucht und ist dort auch mit einer Gesandtschaft aus Bern zusammengetroffen. An ihrer Spitze steht Nikolaus von Diesbach, Haupt der französischen Partei in Bern und demzufolge Gegner der Burgunder. Dann reist Friedrich III. nach Trier ab. Für den Weg durch das Elsaß stellt Peter von Hagenbach eine achtzig Mann starke Eskorte.

Europa starrt gebannt nach Trier, wo sich womöglich eine entscheidende Änderung der politischen Szenerie vollziehen wird. Am 30. September bereitet sich der – vor dem Burgunderherzog eingetroffene – Kaiser darauf vor, seinen berühmten Gast zu empfangen. Die Chronisten haben uns alle Einzelheiten des glanzvollen Schauspiels überliefert. Es ist offensichtlich, daß beiderseits die Schaustellung von Pracht und Glanz während der Trierer Konferenz dazu bestimmt war, das politische Prestige zu stärken. Die kaiserliche Kavalkade wird eröffnet durch Grafen und Ritter, es folgen Armbrustschützen, Trompeter, Zimbelspieler, Herolde. Dann die Fürsten.

KAISER FRIEDRICH III.

Kupferstich eines unbekannten Künstlers, 17. Jahrhundert. Der machtlose Friedrich wurde mit vierundzwanzig Jahren Anfang 1440 zum König gewählt, entschied sich aber erst nach elf Wochen Zögern zur Annahme der Wahl. 1452 heiratete er Eleonore von Portugal und wurde in Rom zum Kaiser gekrönt. Er fand sich in nicht enden wollende Auseinandersetzungen mit seinem eigenen Bruder Albrecht, mit den Türken, mit Georg Podiebrad, Matthias Corvinus und anderen Gegnern verwickelt. Die Herzöge von Burgund verhandelten mehrfach mit ihm über die Verleihung der Königswürde, vor allem Karl der Kühne 1473 in Trier. Dabei ging es Friedrich hauptsächlich um die Heirat seines Sohnes Maximilian mit der burgundischen Erbtochter Maria. Sieben Jahre vor seinem Tod, im Jahre 1486, sichert er die Sukzession im Reich dadurch, daß er die Kurfürsten dazu brachte, Maximilian zum König zu wählen.
Man hat Friedrich (der es auf die längste Regierungszeit aller deutscher Kaiser brachte) »des Heiligen Römischen Reiches Erzschlafmütze« genannt, ihm Attribute wie »schlaff, melancholisch, geizig« angehängt – all das sicher nicht ohne Grund. Aber das ist doch nicht die ganze Wahrheit, denn Mittellosigkeit und Machtlosigkeit ließen dem Kaiser oft genug keine Wahl bei seinen politischen Entscheidungen.

Der Vierte Friderich glückselig hat geführet
Das Zepter seines Reichs, Zwar niemal nicht gesieget
Doch gleichwol niemals auch mit niemand nicht gekrieget.
Hat drey und fünffzig Jahr in stiller ruh regieret,

Der vierzehnjährige Erzherzog Maximilian, ein blonder Märchenprinz, reitet neben Otman Kalixt, dem gefangenen und zum Christentum übergetretenen Bruder des Sultans Mohammed II. Dann kommen die Kurfürsten und Erzbischöfe von Mainz und Trier, der Reichsmarschall von Pappenheim mit gezogenem Schwert und schließlich der Kaiser, nach »türkischer Mode« gekleidet, in perlenbesetztem Goldstoff, einen Schimmelhengst reitend. Den Zug beschließen die Bischöfe und eine Gruppe von Rittern. Insgesamt wird des Kaisers Majestät von zweitausendfünfhundert Edelleuten begleitet.

Fünfzehntausend Mann dagegen bringt Karl von Burgund mit sich. Davon sind rund sechstausend Fußsoldaten, dreitausend schwere Panzerreiter, fünftausend leichte Reiter. An der Spitze des Zuges ziehen hundert ausgesuchte Pagen, alle mit blonden Haaren, in cremefarbener und azurblauer Uniform, dann eine Truppe von Trompetern mit versilberten Instrumenten. Es folgen die prunkvoll ausgestatteten Bogenschützen der herzoglichen Garde, die Wappenherolde der vierzehn burgundischen Staaten, ein Zug von Priestern und die Ritter vom Goldenen Vlies. Der Herzog selbst trägt einen vergoldeten Küraß und darüber einen Mantel aus gezogenem Gold mit Edelsteinen besetzt, dessen Wert man auf hunderttausend Gulden schätzt. Einige hundert Wagen bringen die Artillerie, das Gepäck, das Geschirr. Die Pferde haben vergoldete Schabracken. Das Zaumzeug ist mit silbernen Schellen besetzt, die auf den Schall der Trompeten abgestimmt sind.

Als der Kaiser herannaht, steigt Karl vom Pferd und macht Anstalten, niederzuknien. Der Kaiser hebt ihn auf und umarmt ihn. Beide Fürsten sitzen auf und reiten nebeneinander zur Stadt, peinlichst darauf bedacht, nur ja nicht um einen Zoll vor dem andern zu reiten. Man ist voll überströmender Rücksichtnahme. Der Kaiser will Karl bis zur Abtei St. Maximin begleiten, wo dieser Wohnung zu nehmen gedenkt. Karl seinerseits besteht darauf, bis zum Palast des Erzbischofs mitzukommen, wo der Kaiser wohnt. Mehr als eine halbe Stunde dauert das Hin und Her. Keiner möchte sich an Höflichkeit vom andern übertreffen lassen.

Burgund versteht sich auf das, was wir Schau nennen. Im Refektorium von St. Maximin wird eine Ausstellung wunderbarer Schmuckstücke ausgebreitet: vergoldete Statuen der zwölf Apostel, vier Engel in Gold, zehn mit Edelsteinen besetzte Kreuze, Heiligenschreine und Tabernakel, Heiligenbilder, eine goldene Lilie, die Bruchstücke und einen Nagel vom Wahren Kreuz Christi enthält, und andere Kostbarkeiten. Die Wände sind von wundervollen Gobelins bedeckt, auf denen man die Argonautensage sieht, den Trojanischen Krieg, die Taten Alexanders des Großen.

Drei Tage später holt der Burgunderherzog den Kaiser, dem er tags zuvor einen Höflichkeitsbesuch gemacht hat, in vorher sorgfältig abgestimmtem Zeremoniell zur Eröffnung der Verhandlungen nach St. Maximin ab. Der Kaiser erscheint diesmal in Karmesin und Goldstoff, Maximilian in Karmesin und Damastgrün. Mit ihnen sind die Erzbischöfe von Mainz und Trier, die Herzöge Georg der Reiche von Bayern-Landshut und Albrecht der Weise von Bayern-Straubing. Zunächst hält für den Kaiser der Erzbischof von Mainz als Erzkanzler des Reichs eine wohlgesetzte Rede. Der burgundische Herzog wird ermahnt, der notleidenden Christenheit gegen die Ungläubigen beizustehen. Für Karl den Kühnen antwortet der Kanzler Hugonet in weitschweifender lateinischer Rede, wie schwierig die Lage Burgunds durch die Treulosigkeit und Hinterlist des französischen Königs sei, obwohl dieser doch als Dauphin am burgundischen Hof so viel Wohltaten genossen habe. Wenn die französische Frage erst einmal gelöst sei, dann werde sich Burgund gern an einem Zuge gegen die Ungläubigen beteiligen. Anschließend reicht man Wein und Gebäck. Karl der Kühne begleitet den hohen Gast zu dessen Quartier zurück.

Die eigentlichen Verhandlungen ziehen sich über die nächsten Tage und Wochen hin. Hinter den Kulissen gibt es ein zähes Ringen. Hat der Burgunder die Widerstände, die es zu überwinden gilt, falsch eingeschätzt?

Er muß nicht nur mit dem Kaiser rechnen, sondern auch mit den Kurfürsten. Im Kurfürstenkollegium kann Karl auf drei Stimmen zählen: die von Matthias Corvinus, König von Ungarn seit 1458 und von Böhmen seit 1469 (der selbst nicht anwesend ist), und die der beiden Wittelsbacher Fürsten, nämlich des Erzbischofs von Köln, Ruprecht von Bayern, und seines Bruders, des Pfalzgrafen Friedrich des Siegreichen. Gegen den Burgunder stehen der Erzbischof von Mainz, Adolf von Nassau, Erzkanzler des Reiches, und der Erzbischof von Trier, Johann von Baden. Von den weltlichen Kurfürsten sind gegen Karl den Kühnen der kriegerische Albrecht Achilles von Brandenburg und vermutlich auch der nicht anwesende Wilhelm von Sachsen. Aus der Zahl der übrigen Reichsfürsten kann der Burgunder auf die bayerischen Herzöge zählen.

Die Kernfrage ist: Wollen die deutschen Fürsten wirklich einen starken Mann an der Spitze des Reiches haben, was möglicherweise eine Schmälerung ihrer Macht bedeuten würde? Das Heiratsprojekt Maria – Maximilian geht sie nichts an. Das ist Sache der Habsburger.

Durch den Oktober und November ziehen sich die Verhandlungen hin, abgelöst von Empfängen, bei denen einer den anderen an Prunk zu übertreffen sucht. So lädt Karl den Kaiser, die Kurfürsten und den ganzen Hofstaat am 7. Oktober nach St. Maximin. Der burgundische Hofstaat erscheint ganz neu in Goldbrokat mit Perlen und Edelsteinen gekleidet, der Herzog selbst trägt ein goldenes rotdurchwirktes, edelsteinüberladenes Kleid, den Fürstenhut, den Fürstenmantel und um den Hals den Orden vom Goldenen Vlies. Beim Kirchgang ist der Dom mit allen Herrlichkeiten der burgundischen Hofkunst geziert. Die oben erwähnte mannshohe Lilie aus reichem Gold, mit Diamanten, Saphiren, Smaragden und Rubinen voll besetzt, ist ein Stück von ungeheurem Wert, das der Kaiser »wohlgefällig betrachtete und sogar mit den Händen umfaßte[74]«. Ein Bericht will wissen, daß der Kaiser dem Burgunder Reliquien »abgebettelt« habe.

Nach dem Kirchgang führt der Herzog den Kaiser und den jungen Maximilian an der Hand in den mit den Tapisserien ausgestatteten Saal. In der Saalmitte steht die berühmte burgundische Kredenz, mit ihren neun Stufen den königlichen Rang des burgundischen Hauses symbolisierend. Sie ist rundum besetzt mit goldenem und silbernem Hausrat, worunter drei goldgefaßte Einhörner auffallen, die »wohl ein Fürstentum wert wären«.

Der Burgunderherzog bringt persönlich dem Kaiser eine goldene Schüssel zum Reinigen der Hände. An achtzehn Tafeln speisen die Gäste und Gastgeber. Vier Stunden lang werden insgesamt zweiundvierzig Speisen gereicht, während die burgundische Kapelle singt und spielt.

Am nächsten Tag gibt es Turniere, die durch Salutschüsse der burgundischen Artillerie eröffnet werden. Die Geschütze erregen das Staunen der Deutschen.

Haben wir von Augenzeugen genaue Berichte über die Äußerlichkeiten des Trierer Kongresses, so fehlt es leider an präzisen Aufzeichnungen über den Gang der Geheimverhandlungen. Abwechselnd im Palais des Erzbischofs und in St. Maximin gehen die Sitzungen Tag für Tag vor sich, meist im engsten Kreis. Forderungen, Ablehnungen, Gegenvorschläge, teilweises Nachgeben, neue Überlegungen folgen einander. Der Kaiser weicht aus, bespricht sich mit den anwesenden Kurfürsten. Karl fordert eine Entscheidung, droht mit dem Abbruch der Verhandlungen, läßt packen, packt wieder aus. Über einen Punkt wird wenigstens Einigung erzielt: Am 5. November sieht man auf einem Gerüst, das auf einem Trierer Platz errichtet ist, den Kaiser thronen, gekleidet in einen Mantel aus Goldstoff, der ihm bis auf die Füße fällt und mit den Insignien der kaiserlichen Würde ausgestattet ist. Zu seiner Rechten sitzen die Kurfürsten von Mainz und Trier, zu seiner Linken der Bischof von Metz, Georg von Baden, und andere Würdenträger. Als der Herzog von Burgund anreitet und eine feierliche Runde um den Platz macht, bemerkt man unter den ihm folgenden Standarten zum erstenmal auch das Wappen von Geldern. Karl der

Kühne steigt die Stufen empor, kniet vor dem Kaiser und empfängt die Investitur mit dem Herzogtum Geldern und Zütphen.

Aber jeder weiß, daß man für die Belehnung nicht in Trier zusammengekommen ist. Es muß weiterverhandelt werden. Karl gibt jetzt etwas nach. Wenn er nicht Römischer König sein kann, will er König von Burgund sein. Er verspricht Geld, er verspricht zehntausend Mann für den Kampf gegen die Ungläubigen. Endlich sieht es so aus, als führten die Verhandlungen zum Ziel. In einem Brief vom 13. November an den Herzog von Sachsen schreibt Albrecht Achilles von Brandenburg: »Der Kaiser, unser Herr, hat den Herzog von Burgund zum König erhoben.« In Bern laufen Nachrichten ein: »Kaiserliche Majestät habe den Herzog von Burgund zum König gekrönt und Besançon sei zur Hauptstadt des Königreichs bestimmt.« Tatsächlich, das Datum der Krönung wird festgesetzt, es wird der 25. November sein. Die Krönung wird in der Kathedrale stattfinden, wo man den Heiligen Rock aufbewahrt. Die Straßen werden geschmückt, alle organisatorischen Einzelheiten ausgearbeitet. Der Bischof von Metz wird die Messe lesen und die Salbungen vollziehen. Gérard Loyet, der berühmte Goldschmied des Herzogs, hat ihm bereits ein wunderbares Zepter angefertigt. Am 14. November feiert Karl der Kühne seinen vierzigsten Geburtstag und lädt Maximilian ein. Der junge Mann, dessen Aussehen die Trierer Bürger bezaubert hat, gefällt dem künftigen Schwiegervater. Er zeigt ihm seinen sprechenden Papagei und schenkt ihm eine eigens für ihn geschriebene, vom Herzog selbst entworfene und verfaßte burgundische Felddienstordnung, die man heute noch in den Archiven von Wien sehen kann. Die Einigung zwischen Habsburg und Burgund scheint perfekt. Karl der Kühne kann annehmen, daß das Ziel nunmehr greifbar nahe ist. Man beginnt schon, die Wandteppiche in der Krönungskirche aufzuhängen.

Hört er nicht das Geflüster im Hintergrund? Haben ihm seine Agenten nichts von den Geheimbesprechungen berichtet, in denen seine Gegner den Kaiser unter Druck setzen? Spürt er nicht, daß die Zurschaustellung burgundischer Pracht und Macht die Deutschen eher argwöhnisch gemacht hat?

Einen Tag vor der vorgesehenen Krönung erfolgt die dramatische Wendung in ganz undramatischer Weise. Am 24. November läßt der Kaiser den burgundischen Kanzler rufen und teilt ihm mit, die Verhandlungen müßten bedauerlicherweise unterbrochen werden. Sie sollten am 1. Februar wieder aufgenommen werden, man denke an Basel oder Besançon als Verhandlungsort. Die Burgunder protestieren lebhaft. Es ergibt sich eine lange Diskussion. Die burgundische Delegation besteht darauf, am nächsten Morgen müsse die Krönung wie vorgesehen stattfinden. Der Kaiser ist nicht umzustimmen. Dem burgundischen Kanzler bleibt nichts übrig, als gegen Mitternacht die Verhandlung mit der Erklärung zu beenden, er müsse zunächst seinem Herrn berichten.

Der Kaiser aber wartet den nächsten Zug des Herzogs erst gar nicht ab. Mit einer an ihm sonst gar nicht gewohnten Schnelligkeit wirft er sich aufs Pferd und galoppiert – nur von seinem Sohn und einem kleinen Gefolge begleitet – aus der Stadt, um irgendwo in der Nacht ein kleines, vorsorglich bereitgestelltes Moselschiff zu besteigen. Daß er seine Quartier- und Zechschulden unbezahlt läßt, stört ihn nicht.

Der Herzog von Burgund ist der Geprellte vor den Augen von ganz Europa, und daran ändern auch die höflichen Entschuldigungsworte des kaiserlichen Kammerherrn, des Grafen Montfort, am nächsten Morgen nichts. Karl soll vor Wut das Mobiliar seines Zimmers zertrümmert haben. Verständlich wäre es, aber wahrscheinlich ist es nicht. Er läßt packen, reist ab, entläßt den größeren Teil seines Heeres.

Vom übernächsten Tag an bis zum 11. Dezember sehen wir ihn in Thionville (Diedenhofen). Von hier aus erläßt er eine Reihe von Verordnungen, die die Tendenz seines politischen Wirkens deutlich machen: aus heterogenen Stücken auch juristisch und verwaltungstechnisch Schritt für Schritt einen burgundischen Staat zu formen. Schon vorher, von Trier aus, hat er organisatorische Maßnahmen für die burgundische Armee getroffen. Nun wird durch die Ordonnances am 8. Dezember 1473 als Oberstes Gericht für die gesamten burgundischen Niederlande in der Stadt Mecheln das Parlement geschaffen. Dieser Gerichtshof ist vergleichbar dem Parlament von Paris, das schon 1250 geschaffen wurde, und dem Reichskammergericht, das der Schwiegersohn Karls des Kühnen, Maximilian, 1495 in Worms ins Leben ruft. Um der neuen Institution das notwendige Ansehen zu schaffen, beruft der Herzog die besten Juristen des Landes an das Gericht. Das Parlement von Mecheln hat in verschiedenen Formen – rechnet man den Grand Conseil als seinen Vorgänger – über dreieinhalb Jahrhunderte bestanden, bevor es in den Wirren der napoleonischen Zeit untergeht.

Mecheln wird an diesem 8. Dezember 1473 nicht nur zur »Residenz des Rechts«. Der Herzog bildet in weiteren Verordnungen drei Kammern, die sich mit den Finanzen der burgundischen Niederlande beschäftigen – die Chambre des Comptes als Oberrechnungskammer, die Chambre du Trésor, insbesondere für die Domänen zuständig, und die Chambre des Aides, die sich mit den Steuereinnahmen befaßt. Später, im Januar 1474, folgt dann von Dijon aus eine weitere Verordnung, welche für die Oberen Lande, das Herzogtum Burgund und die Freigrafschaft das Verfahren der Gerichtshöfe von Beaune/St. Laurent und Dôle regelt. Hier zeigt sich in Karl dem Kühnen, den man so oft in der Geschichtsschreibung als unbeherrschten Kriegsmann abstempelt, ein hervorragender Staatsmann und Organisator. Wir können in unseren Tagen seine Leistung besonders würdigen, da wir sehen, wie schwierig es ist, auf den Gebieten von Gesetzgebung, Verwaltung und Rechtsprechung in Europa über historisch gewachsene Verschiedenheiten zu einer Vereinheitlichung zu gelangen.

Am 14. Dezember ist der Herzog im Schloß von Pierrefort Gast eines Mannes, den er seit acht Jahren kennt. Nicolas von Montfort, Graf von Campobasso, war in Neapel einer der

Parteigänger der Anjous, denen er nach Lothringen folgte, nachdem das Haus Aragon in Neapel die Oberhand gewonnen hat. Campobasso ist der Mann, der den Herzog drei Jahre später in der letzten Schlacht verraten wird.

In Nancy wird Karl der Kühne von dem jungen Lothringer Herzog empfangen. Die überwiegend burgundisch gesinnte Ritterschaft des Landes hat inzwischen im November den Vertrag zwischen Burgund und Lothringen bestätigt. In einer Mischung von Faszination durch den Großen Herzog des Abendlandes und Erkenntnis der Nutzlosigkeit jeden Widerstandes hat René II. sein Land praktisch zum burgundischen Protektorat machen lassen. Karl der Kühne pflegt aber auch die Verbindung zu dem Großvater des jungen Herzogs, dem »Guten König René«. Zwei gegensätzliche Charaktere, der eine unablässig tätig, der andere von Ritterspielen und Hirtenleben träumend, Romane schreibend, malend, dichtend – und trotzdem findet sich Verständnis zwischen beiden. Träumt der Herzog nun von einem Königreich im Süden? René ist Titularkönig von Sizilien und Jerusalem, er hat die alten Ansprüche der Anjous auf das Königreich Neapel nicht aufgegeben. Plötzlich steht der Kreuzzugsgedanke, steht das Fasanenfest von Lille wieder lebendig da. Und es ist kein Traum, keine politische Utopie: Warum soll der alte König nicht den mächtigen Herzog von Burgund zu seinem Erben einsetzen?

Der Zug der Burgunder geht weiter, dem Elsaß zu. Am 21. Dezember erscheinen die burgundischen Standarten auf dem Vogesenkamm bei Markirch. Karl will die ihm zugefallenen vorderösterreichischen Lande besichtigen. In den Kirchen von Mülhausen aber liegen die Bürger auf den Knien und beten: »Herr, erbarme Dich unser!«

Das Weihnachtsfest 1473 feiert der Herzog in Breisach. Hier empfängt er den Markgrafen von Baden, die Bischöfe von Basel und Speyer, viele europäische Gesandte. Nur Sigmund von Tirol läßt sich nicht blicken, er bleibt in Innsbruck. Hat er die Hoffnung aufgegeben, den Vetter von Burgund gegen die Schweizer zu führen?

BURGUND
ZUR ZEIT SEINER GRÖSSTEN AUSDEHNUNG
UNTER KARL DEM KÜHNEN

1 *Grafschaft Holland*
2 *Herzogtum Geldern*
3 *Grafschaft Seeland*
4 *Herzogtum Brabant*
5 *Grafschaft Flandern*
6 *Boulogne, Picardie, Ponthieu, Eu, Vermandois*
7 *Grafschaft Hennegau*
8 *Herzogtum Limburg*
9 *Herzogtum Luxemburg*
10 *Herzogtum Lothringen*
11 *Herzogtum Burgund und Nevers, Charolais, Mâcon*
12 *Freigrafschaft Burgund*
13 *Oberrheinische Pfandlande*

Unter burgundischem Einfluß:
Erzbistum Utrecht
Bistum Lüttich
Bistum Tournai

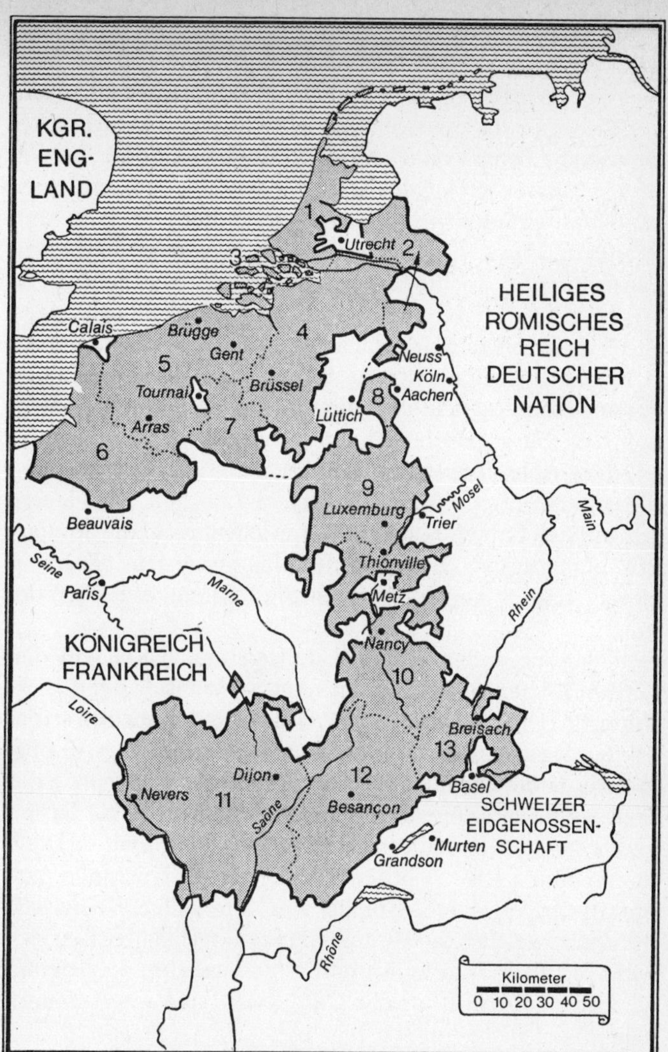
KGR.
ENG-
LAND
1
Utrecht
2
3
HEILIGES
RÖMISCHES
REICH
DEUTSCHER
NATION
Calais
Brügge
Gent
4
5
Neuss
Köln
Tournai
Brüssel
8
Aachen
Lüttich
Arras
7
6
9
Mosel
Main
Luxemburg
Trier
Beauvais
Seine
Thionville
Paris
Marne
Metz
Rhein
Nancy
KÖNIGREICH
FRANKREICH
10
Loire
Breisach
13
Dijon
12
Nevers
11
Basel
Besançon
Saône
SCHWEIZER
EIDGENOSSEN-
SCHAFT
Murten
Grandson
Rhône
Kilometer
0 10 20 30 40 50

Noch einmal ergibt sich, zum letzten Mal vor Beginn der Katastrophe, im Elsaß eine Entspannung in der Hauptstreitfrage wegen der total verschuldeten Reichsstadt Mülhausen. Der Herzog hat keineswegs die Absicht, den Ehrgeiz seines Landvogts Peter von Hagenbach zu befriedigen. Er will wegen Mülhausen keinen Krieg mit den Eidgenossen anfangen. Man einigt sich mit den Abgesandten von Bern und Solothurn: Am 3. Februar 1474 sollen die von Mülhausen zu Basel auf dem Richthaus erscheinen, um die Fehden zu regeln[75]. Im übrigen nimmt der Herzog Hagenbach gegen alle Beschwerden in Schutz, wie es seine Angewohnheit ist, sich vor seine Mitarbeiter zu stellen, und bestätigt auch den »bösen Pfennig«. Die verhaßte Steuer – die übrigens nicht von den Burgundern stammt – muß also weiter bezahlt werden. Aber Peter von Hagenbach kann sein großes Ziel, die Unterwerfung Mülhausens, nicht erreichen. Der Herzog will mit den Eidgenossen in Frieden leben, nicht die Streitaxt des Innsbrucker Verschwenders Sigmund sein. Kann er ahnen, daß er gerade dadurch die Todfeinde zueinander führt?

Im Januar finden wir Karl den Kühnen wieder in den burgundischen Stammlanden. Am 23. zieht er feierlich in Dijon ein. Die sterblichen Überreste seines Vaters und seiner Mutter werden am 11. Februar im burgundischen Erbbegräbnis, in der Kartause von Champmol, in Anwesenheit des Erzbischofs von Köln und zahlreicher geistlicher Würdenträger beigesetzt. Bedeutsam aber ist der Aufenthalt in Dijon durch eine große politische Rede vor den Ständen von Burgund. Der Herzog spricht von dem »alten Königreich Burgund, welches die Herren von Frankreich lange Zeit sich widerrechtlich angeeignet hatten und es zum Herzogtum gemacht haben, was alle Untertanen nur zu bedauern haben[76]«.

Es ist also klar: Die Idee vom burgundischen Königreich, gestützt auf die geschichtliche Entwicklung, ist durch das Scheitern der Trierer Verhandlungen keineswegs aus der Welt.

Während aber in den ersten Monaten des Jahres 1474 der Herzog wieder nach Luxemburg zieht, um neue politische Pläne im Rheinland zu verfolgen, braut sich hinter seinem Rücken bereits das Verderben zusammen. Unablässig arbeiten Ludwig XI., seine Emissäre und sein Geld. Langsam, aber sicher vollzieht sich die für unmöglich gehaltene politische Annäherung Österreichs an die Eidgenossenschaft.

Die Eidgenossen erklären den Krieg

Die Eidgenossenschaft besteht in diesen Jahren aus acht Kantonen: den drei Urkantonen Uri, Schwyz und Unterwalden, den drei Stadtkantonen Bern, Luzern und Zürich und schließlich noch Zug und Glarus. Freundschaftliche Beziehungen bestehen zu einer ganzen Reihe wichtiger Städte wie Freiburg im Üchtland (das unter savoyischer Oberhoheit steht), Solothurn, Basel, Mülhausen im Elsaß, Straßburg, Schaffhausen, St. Gallen, ja sogar nach Rottweil. Viel zu weit würde es führen, wollte man das vielfältige Netz der Beziehungen der acht »alten Orte« untereinander und einzelner Orte mit den Nachbarn im Detail aufzeigen. Die Eidgenossenschaft ist alles andere als homogen. Die Kantone oder »Orte« sind keineswegs immer einer Meinung. Gerade ein Menschenalter ist es her, daß im »alten Zürichkrieg« mit äußerster Härte und Grausamkeit gegen Zürich gekämpft wurde.

Was die Eidgenossen vor allem zusammenhält, ist ihre Gegnerschaft gegen Habsburg und ihr Selbstbewußtsein, aufgebaut in mehr als anderthalb Jahrhunderten erfolgreicher Kämpfe. Namen wie Morgarten, Laupen, Sempach haben eine Art Nationalbewußtsein der Eidgenossenschaft geschaffen. Es hat auch nicht den Anschein, als seien Kaiser Friedrich III. oder sein Vetter Sigmund von Tirol fähig, den Schweizern die Länder und Städte, die sie Habsburg entrissen haben, streitig zu machen – der Waldshuter Krieg hat das zur Genüge gezeigt.

Tatsächlich beruht die Macht der Eidgenossenschaft wesentlich auf ihrer, wenn man so will, militaristischen Verfassung. Das kleine Land kann in Kürze siebzigtausend Mann aufstellen, durchweg bärenstarke, tapfere, ausdauernde Infanteristen. Ihre Hauptwaffe ist ein nahezu sechs Meter langer Spieß. Die Reiterei ist bei den Eidgenossen unbedeutend, aber die Phalanx der Fußsoldaten erweist sich als den besten Heeren der Zeit überlegen, zumal wenn der schauderhafte Klang der großen Hörner Angst und Schrekken beim Feind verbreitet. Von dem ritterlichen Brauch, den Gegner möglichst in Gefangenschaft zu bringen und dann am Lösegeld zu verdienen, halten die Schweizer nichts; sie sind durch ihre Felddienstordnung verpflichtet, jeden Feind niederzumachen.

Die Erfolge gegen Habsburg haben den anfangs mehr defensiven Charakter der Eidgenossenschaft bereits verwischt. Besonders Bern zeigt expansiven Charakter, es hat praktisch die Federführung der Eidgenossenschaft in vielen außenpolitischen Fragen übernommen. Lange Zeit ist es vorwiegende oder auch einhellige Meinung bei den Orten, man müsse nach außen in abgewogenen Freundschaftsverträgen jede einseitige Bindung vermeiden, ob es sich nun um Mailand, Savoyen, Frankreich oder Burgund handelt. Die wirtschaftlichen Interessen der Schweiz gebieten vor allem ruhige ausgeglichene Beziehungen mit Burgund: Von dort bezieht man Salz, Wein, Eisen und Getreide, dort finden die Eidgenossen Absatz für ihre Erzeugnisse.

Im alten Zürichkrieg ist Herzog Philipp allem Werben Habsburgs zum Trotz strikt neutral geblieben; kein Burgunder hat sich an den schrecklichen Plünderungen der Schinder – der »Ecorcheurs« – in den vierziger Jahren beteiligt. Das überaus gute Verhältnis zu Burgund zeigt sich in dem ehrenvollen Empfang, den die Berner dem Herzog 1454 bei seiner Durchreise auf dem Weg zum Reichstag nach Regensburg bereiten.

Am 22. Mai 1467 wird zwischen Burgund einerseits und den Städten Zürich, Bern, Freiburg und Solothurn andererseits eine Art Freundschafts- und Nichtangriffspakt abgeschlossen. Dabei wird unter anderem vereinbart, daß kein Vertragspartner einem Feind des anderen Durchzug gestatten solle. Die burgundisch-schweizerischen Beziehungen bleiben praktisch auch bis zum Vertrag von St. Omer so gut wie ungetrübt, und Karl der Kühne beeilt sich, den Schweizern zu versichern, er habe mit Herzog Sigmund ein reines Defensivbündnis geschlossen. Aber der Argwohn der Schweizer gegen einen Verbündeten ihres Erbfeindes Habsburg ist erwacht – und er ist verständlich. Es kann ihnen nicht verborgen bleiben, daß Sigmund nur den einen Wunsch hat: den mächtigen Burgunderherzog als eine Art Super-Condottiere gegen die Schweizer zu benutzen. Trotzdem wäre es wahrscheinlich nicht zum Bruch zwischen Burgund und den Eidgenossen gekommen, wenn nicht zwei Faktoren gewesen wären: der eine ist Peter von Hagenbach; der andere, entscheidende, die Politik Ludwigs XI.

Der Mann, den der Herzog als seinen Landvogt für die vorderösterreichischen Pfandschaften auswählt, stammt, wie erwähnt, aus kleinem sundgauischen Adel[77]. Er gehört seiner Herkunft nach zu jener Klasse von Raufbolden, die Weg und Steg im Sundgau und Elsaß unsicher machen, denen die Schweizer in tiefster Seele verhaßt sind und denen einfach ein großer Fürstenhof als Mittel- und Anziehungspunkt fehlt.

Hagenbach hat sich in Jahrzehnten zum burgundischen Höfling gemausert. Er hat sich am Hof und als Artillerist bewährt und erhält den hohen Rang eines »Maistre d'Hostel«. Er ist gegen fünfzig Jahre alt, als er Ende 1469 von dem Markgrafen von Hochberg das Amt des Grand Bailli in den Pfandschaften übernimmt. Die Huldigung ist geleistet, die erste Bestandsaufnahme durch burgundische Kommissare durchgeführt. Hagenbachs Aufgabe ist es zunächst einmal, in die zerrütteten Verhältnisse Ordnung hineinzubringen. Das gelingt ihm. Bis zuletzt haben auch seine Gegner dies anerkannt – besteht doch ein sichtlicher Gegensatz zwischen der Ordnung im burgundischen Gebiet und beispielsweise dem Bischof von Straßburg, welcher fromme Gottesmann sich nicht scheut, einerseits Geleitbriefe auszustellen und andererseits gerade dieses Geleit wieder zu brechen.

Der Landvogt weiß, daß es psychologisch vor allem darauf ankommt, an einem Beispiel die Macht Burgunds zu statuieren. Das findet er in den mächtigen Ganerben[78] von Ortenberg, die den schuldigen Gehorsam verweigern. Der Herzog, den Hagenbach zuvor unterrichtet, ermahnt ihn brieflich, die Vorbereitungen besonders sorgfältig zu treffen. Er fürchtet nichts mehr, als daß ein Fehlschlag dem burgundischen Ansehen schaden könne. Hagenbach zieht dreieinhalbtausend Mann zusammen. Die Burg kapituliert schon wenige Tage später. Das Land am Oberrhein ist beeindruckt von der Machtdemonstration.

Der Grand Bailli ist ein merkwürdiger Mensch. Er ist dem Herzog geradezu hündisch ergeben, er hat sich am Hof und im Feld große Verdienste erworben und steht sicher über dem Durchschnitt seiner Standesgenossen. Aber obwohl er wiederholt zu diplomatischen Missionen von größter Wichtigkeit verwendet wird, ist er alles andere als ein Diplomat. Bei jeder passenden oder unpassenden Gelegenheit zeigt er sich als Schweizerhasser. Sprüche wie die, er wolle dem Berner Bären das Fell abziehen und sich einen Mantel daraus machen, müssen ihm Feinde machen. Freunde gewinnt er nur wenige, da die Raufbolde vom sundgauischen und elsässischen Adel ja in den ruhigen Zeiten der Burgunderherrschaft nicht auf ihre Kosten kommen und da Bürger und Bauern nach der Schlamperei der Habsburger Zeit nun wieder ordentlich ihre Abgaben leisten, ja dazu noch zusätzliche Steuern bezahlen müssen.

Der Mann, der gern eine Kopie des höfischen Glanzes von Burgund in seiner Regionalresidenz entwickelt hätte, ist gegenüber Untergebenen wie gegenüber Basel, Mülhausen und den Eidgenossen nicht nur von hochfahrendem Stolz, sondern auch manchmal von mehr als rüden Manieren.

»Den Dreck auf Deine Nasen« ist einer seiner Lieblingsausdrücke. Seinem Herzog gegenüber glaubt er am besten zu fahren, wenn er seine Politik auf Drohungen und Einschüchterungsversuchen aufbaut. Es ist paradox, daß uns Briefe gerade von diesem groben Mann eine zarte Liebesgeschichte mit einer Madame de Masonval überliefern, einer Dame von möglicherweise brabantischer Herkunft, die um seinetwegen das Vaterhaus verläßt und in Remiremont in einem Kloster Zuflucht sucht. Ihretwegen hat Hagenbach einmal ernsthafte Schwierigkeiten, die sogar zu einem Haftbefehl führen, der allerdings dann nicht vollstreckt wird. Der Ausgang der Liebesaffäre liegt im dunkeln. Peter von Hagenbach heiratet später Barbara von Tengen, die Tochter eines hegauischen Grafen.

Die zeitgenössischen Geschichtsschreiber und politischen Pamphlete seiner Gegner haben aus Hagenbach einen rabenschwarzen Tyrannen gemacht. Das ist er sicher nicht. Aber er ist für den Posten, den er bekleidet, nicht geeignet. Freilich spielen dabei auch Faktoren mit, für die er nichts kann. Seine Vorgänger als Landvögte im Elsaß sind durchweg Angehörige der reichsten Schicht im Land gewesen, sie brauchten nicht so sehr aufs Geld zu achten. An ausreichenden Mitteln hat es Hagenbach stets gefehlt. Die strenge burgundische Rechnungskammer verlangt, daß die Gehälter und Ausgaben aus den Einnahmen des Landes gezahlt werden, und es erscheint den Burgundern schlimm genug, daß sie außer der Pfandsumme an Herzog Sigmund noch Zehntausende von Gulden zur Auslösung von Pfandschaften aufwenden müssen. Mangel an flüssigen Mitteln, um seine Söldner zu entlohnen, trägt später wesentlich mit zum Untergang Hagenbachs bei.

Daß er die Schweizer nicht mag, ist verständlich. Unverzeihlich dagegen ist, daß er seinen Herzog im unklaren läßt über die politischen und militärischen Verhältnisse in der Eidgenossenschaft. Er spielt die militärische Stärke herunter, während der französische König nie die Lehren vergißt, die er als Dauphin aus der blutigen Begegnung im Armagnacenkrieg 1444 bei St. Jacob an der Birs gezogen hat. Ludwig XI. weiß, was die Schweizer militärisch wert sind.

Die Hoffnung Herzog Sigmunds von Tirol, er könne den Burgunderherzog gegen die Schweizer einsetzen, lebt noch einmal auf, als Ende 1472 die kaiserliche Politik wieder die Annäherung an Burgund betreibt und kurz vor dem Weihnachtsfest 1472 Papst Sixtus IV. schreibt, Burgund solle Sigmund gegen dessen Feinde – wer sollte das wohl sein außer den Eidgenossen? – beistehen.

Anfang 1473 wachsen die Spannungen. Die Schweizer erlassen ein Verbot für ihre Landsleute, Waffendienst in Burgund zu leisten. Am 14. März beraten die Eidgenossen in Basel mit dem Markgrafen von Baden, den Städten Basel, Straßburg, Kolmar, Schlettstadt und Mülhausen und den Bischöfen von Straßburg und Basel eine »früntliche Vereinigung«. Die Lage verschärft sich durch den Überfall zweier Raubritter, Bilgeri von Heudorf und Diebold von Geroldseck, am 3. April auf eidgenössische Kaufleute. Peter von Hagenbach distanziert sich ausdrücklich von den Raubrittern, die nicht burgundische Untertanen sind. Um Mißverständnisse auszuräumen, erscheint am 5. Mai eine Gesandtschaft Karls des Kühnen vor der eidgenössischen Tagsatzung in Luzern und bietet die Vermittlung zwischen den Eidgenossen und Sigmund an. Die Antwort ist wenig freundlich. Der Burgunder solle für Entschädigung sorgen; gleichzeitig geht von den Eidgenossen ein Brief an Herzog Sigmund, er solle für den Schaden aufkommen, den der Heudorfer angerichtet habe.

Obwohl in Bern die burgundische Partei unter Adrian von Bubenberg durchaus noch nicht geschlagen ist, wächst die Unruhe unter den Schweizern wegen des starken Durchzugs lombardischer, venezianischer und neapolitanischer Söldner, die ihr Glück bei der burgundischen Armee zu machen hoffen. Im Juli erscheint der Abt von Casanova als Gesandter des Burgunderherzogs und versucht, die Gemüter zu beschwichtigen: Der Herzog wolle keinen Krieg, er wolle vielmehr das Bündnis von 1467 auf alle Orte ausdehnen. Es wird sogar angeboten, die Schweizer sollen sich mit Burgund, Neapel und Venedig gegen die Türken zusammentun; wenn Geld für Rüstungen gebraucht werde, Burgund wolle es vorstrecken.

Wenig später bringt Jost von Silenen, eines der Häupter der französischen Partei, Gegenangebote des französischen Königs. Etwa zur gleichen Zeit finden in Basel Verhandlungen Kaiser Friedrichs III. mit den Eidgenossen statt, organisiert durch Adrian von Bubenberg. Wie erwartet, verlangt der Kaiser zunächst die Rückgabe aller ehemals habsburgischen Gebiete; wie erwartet, weisen die Eidgenossen diese Forderung zurück. Die Verhandlungen kommen zu keinem Abschluß; aber man spürt, daß beide Seiten jetzt an einem Ausgleich interessiert sind. Die Konferenz in Trier zwischen dem Kaiser und dem Burgunderherzog bringt zwar mit den Gerüchten, die sich über Europa verbreiten, neue Unruhe für die Eidgenossen; aber das Resultat ist doch günstig für sie: gegen einen König aufzutreten ist schwieriger als einen Herzog zu bekämpfen.

Jetzt entschließen sich die Eidgenossen auch zur Lösung des lange schwelenden Falles Mülhausen. Die kleine Reichsstadt ist durch die Armagnacenkriege und spätere Kriegszüge verarmt und schwer verschuldet. Hagenbach hat vom Kaiser die Erlaubnis erlangt, das Schultheißenamt von Mülhausen durch Einlösung der Pfandsumme an sich zu bringen, was die politische Macht bedeuten würde. Die auf eintausendachthundert Gulden veranschlagte Schuld der Stadt wird nun von Straßburg, Basel, Kolmar, Zürich, Bern und Solothurn übernommen. Am 7. Januar 1474 schließt Karl der Kühne mit den Gesandten Scharnachthal und Wabern ein Abkommen. Danach hat Mülhausen seine Schulden bis zum 3. Februar zu bezahlen und darf dann seinerseits die Forderungen der Stadt in den Ländern des Herzogs eintreiben. Das Schultheißenamt von Mülhausen wird nun an die Schweizer und Elsässer Städte verpfändet.

Im Februar führt Karl der Kühne selbst Verhandlungen mit Abgesandten Sigmunds. Noch einmal lehnt er das Ansinnen ab, für den Tiroler Herzog Krieg gegen die Eidgenossen zu führen. Er wolle ihn nach dem Vertrag von 1469 gegen etwaige Angriffe der Schweizer beschützen, mehr sei nicht vereinbart. Der Burgunder verbindet seine Ablehnung mit heftiger Kritik an den ihm zu Ohren gekommenen Verhandlungen Sigmunds mit Ludwig XI., von dem Sigmund Geld zur Rückzahlung der Pfandsumme für die Oberrheinischen Pfandlande erbeten hat. Nun wird dem Tiroler Herzog klar, daß er den Burgunder nicht für seine Zwecke gegen die Schweizer einspannen kann. Und das ist auch der Zeitpunkt, in dem er sich definitiv von seinem burgundischen Protektor abwendet und versucht, mit den Eidgenossen einen Vergleich abzuschließen. Bereits am 4. Februar erklären sich die Kantone Zürich, Bern, Luzern, Obwalden, Zug und Glarus zum Abschluß einer Einigung (»Richtung«) mit Österreich bereit, während Nidwalden, Uri und Schwyz sich noch sträuben. Die Städte Basel, Kolmar, Schlettstadt und Straßburg versprechen Sigmund die von ihnen auf achtzigtausend Gulden veranschlagte Auslösungssumme. Die Bedingungen der Eidgenossen sind klar: Habsburg hat den eidgenössischen Besitzstand anzuerkennen; die vier Waldstädte und der Schwarzwald haben den Frieden alle zehn Jahre neu zu beschwören; der Vertrag soll nicht nur für Sigmund, sondern für alle seine Erben gelten.

Am 30. März 1474 wird endgültig die »Ewige Richtung« aufgesetzt, welche die Auseinandersetzungen zwischen Habsburg und der Eidgenossenschaft beenden soll. Am folgenden Tag wird ein Defensivbündnis abgeschlossen, das die Eidgenossen, die Städte Straßburg, Kolmar, Schlettstadt und Basel sowie die Bischöfe von Straßburg und Kolmar umfaßt. Am 4. April gründen die elsässischen Städte, Basel und der Tiroler Herzog die sogenannte »Niedere Vereinigung« (im Gegensatz zum »Oberdeutschen Bund« der Eidgenossen). Jetzt rollt die Kugel immer schneller. Schon zwei Tage später kündigt Sigmund dem Burgunderherzog die Pfandschaft auf.

Peter von Hagenbach spürt, daß sich die politischen Verhältnisse geändert haben. Es gelingt ihm noch, die Verfassung in Breisach, wo er sich nun mit seinen Söldnern einnistet, zu ändern und einen Bürgermeister von seinen Gnaden einzusetzen. Da erreicht ihn die Nachricht, daß der Waffenherold des Habsburgers, Caspar Österreich, Karl dem Kühnen die Hinterlegung der Lösungssumme in Basel und die Rücknahme der Pfandlande angekündigt habe. Schon versagen ihm die Waldstädte Rheinfelden, Säckingen, Laufenberg und Waldshut die Gefolgschaft. Ein Versuch, Ensisheim in der Nacht zum 10. April im Sturm zu nehmen, scheitert. Hagenbachs Söldner, lange ohne Geld, werden unruhig, Deutsche stehen gegen Pikarden. Noch am Abend des Ostersonntags trifft eine Botschaft vom Herzog ein: Karl werde persönlich zur Entsetzung Hagenbachs kommen, wenn er in Breisach vom Feinde eingeschlossen werde. Die Pikarden fordern ihren Sold. Die Unruhe in der Bürgerschaft wächst. Der Tumult währt die ganze Nacht hindurch bis Mittag am Ostermontag. Plötzlich hört man Rufe »Hinaus mit den Welschen« und »Rettet das Römische Reich«. Die Bürger besetzen die Tore. Noch einmal versucht Friedrich Kappler, der Hauptmann des Landvogts, der das Vertrauen sowohl der Deutschen als auch der Welschen hat, zu vermitteln. Hagenbach muß sich verpflichten, die Pikarden aus der Stadt zu weisen. Das ist sein letzter Fehler. Noch glaubt der Landvogt, es sei nicht alles verloren. Er sagt zu, die Stadt ihres Eides ledig zu sprechen, ihre alte Freiheit wieder aufzurichten, ja, er will sogar seinen Posten als Landvogt aufgeben. Zu spät. Eine Gruppe von Radikalen dringt in Hagenbachs Haus ein und schleppt den Landvogt auf die Straße hinaus. Mit knapper Not können die Adligen bewirken, daß er in den Gewahrsam des Rates kommt. Man hält ihn in seinem eigenen Hause gefangen, die Füße in Eisen geschlossen. Noch glaubt er, die Dinge wenden zu können, bietet vierzehntausend Gulden: vergebens. Am 15. April wird er in den Turm gebracht und an eine Säule gefesselt.

Nachdem die Stadt wieder hat, was ihr von Burgund ursprünglich zugesagt war, wäre die Sache an sich ausgestanden. Die Bürger beeilen sich, Burgund einen Eid zu schwören, »seine Gerechtigkeit zu bewahren ohn beschad des Reichsrechts«. Es wird eine Rechtfertigungsschrift an den Herzog aufgesetzt. Der Burgunder begreift die Situation sehr wohl. Er antwortet, es tue ihm leid, daß es so gekommen sei, er habe Hagenbach nur befohlen, die Stadt in gutem Gewahrsam zu halten. Nun wolle er beide Seiten hören, man solle ihm den Gefangenen überstellen. Die Breisacher lehnen sogar die Hilfsangebote der Niederen Vereinigung ab. Aber die von allen Seiten geäußerte Bitte, »den Landvogt nit von Händen ze lassen«, wird befolgt. Theoretisch ist das Land noch burgundisch; man kann wohl schlecht den Landvogt dem burgundischen Gericht entziehen. Die Niedere Vereinigung behauptet, die Pfandlande seien ausgelöst und sie seien mit Sigmund verbündet. Die Breisacher Räte sind in einer juristischen Klemme. Sie antworten zunächst, Österreich nicht eher huldigen zu können, bis Burgund sie ihres Eides entbunden habe. Von allen Seiten setzen sich nun die Eidgenossen, die Österreicher, die Elsässer in Richtung Breisach in Bewegung.

Hagenbach sitzt im Turm. Die politische Entwicklung der letzten Tage hat er wohl nur in Bruchstücken mitbekommen. Als er aber über die Brücke unter dem Tor das Klappern von Pferdehufen hört und von seinem Kerkermeister auf Fragen vernimmt, es seien Fremde mit hoher Gestalt und von wildem Aussehen auf Wallachen mit gestutzten Ohren, ruft er: »Min Leben ist us! Es sind die Schwyzer!« Er weiß: Sein Schicksal ist besiegelt. Am 17. April überreicht der österreichische Bote in Luxemburg Herzog Karl die Schriftstücke der Pfandlösung. Am 22. April antwortet der Burgunder: Sigmund könne es nicht ernst gemeint haben, sei er doch alle Verpflichtungen gegenüber Burgund aus freien Stücken eingegangen. Nicht ohne Burgunds Zustimmung könne er sie jetzt lösen. Die Hinterlegung der Summe in Basel wird als vertragswidrig abgelehnt, und der Vorwurf Sigmunds, das Land sei schlecht regiert worden, damit abgetan, daß Österreich sich bisher nie darüber beschwert habe[79]. Auf das Angebot des Burgunders, die Pfandlösung entsprechend dem Vertrag in Besançon vorzunehmen, falls vorher ordnungsgemäß die burgundische Herrschaft wieder aufgerichtet werde, läßt sich Sigmund nicht ein. Er fährt von Basel den Rhein hinunter nach Breisach, und das Volk singt: »Christ ist erstanden, der Landvogt ist gefangen, des sollen wir alle froh sein, Sigmund soll unser Trost sein, Kyrieleis.« Welch ein Wandel der politischen Situation! Der verhaßte Habsburger wird jetzt umjubelt. Zu seinem Landvogt setzt er Hermann von Eptingen ein.

Hagenbach wird in den Wasserturm von Breisach überführt und vom Baseler Henker, Johann Schatz, gefoltert. Die nun inszenierte Gerichtsverhandlung ist juristisch eine zweifelhafte Sache. Unter dem Schultheiß von Ensisheim, Thomas Schütz, tritt ein Landfriedensgericht zusammen, besetzt mit achtundzwanzig Richtern: zwei Baslern, zwei Straßburgern, je vier aus Kolmar und Schlettstadt, acht aus Breisach, Vertretern von Neuenbürg, Bern und Solothurn. Von Breisach abgesehen, ist also kein einziger Vertreter der Pfandlande unter den Richtern. Hans Irmi aus Basel ist der offizielle Verteidiger des Landvogts, der von Anfang an die Zuständigkeit des Gerichts abstreitet. Der Kläger bringt vor, was Hermann von Eptingen für richtig hält: Mord und Konfiskation, von Hagenbach an Bürgern zu Thann und Breisach verübt, die Erhebung des sogenannten Bösen Pfennigs, jener besonders verhaßten Steuer, die Entrechtung Breisachs.

Hagenbach kann sich darauf berufen, daß er bei allen seinen Handlungen auf Anordnung des burgundischen Herzogs gehandelt habe. Was Breisach anlange, so habe er zwar nach herzoglichem Befehl gehandelt, gebe aber zu, daß er in manchen Dingen zu weit gegangen sei. Dafür bekenne er sich schuldig. Alle Auflagen habe er der Stadt bei seiner Gefangennahme erlassen. Er beantrage, eine »Kundschaft« beim burgundischen Herzog einholen zu lassen.

Gerade das wollen aber die Kläger nicht. Der Landvogt soll in aller Eile, bevor der Burgunderherzog mit Heeresmacht heranzieht, abgeurteilt werden. Am 9. Mai, abends um 7

Uhr, wird das Todesurteil ausgesprochen. Acht Scharfrichter erbieten sich, das Urteil zu vollstrecken. Man wählt den Henker von Kolmar aus. Im Fackelschein wird Hagenbach vor die Stadt geführt. Er ist jetzt gefaßt. »Ich habe keine Furcht vor dem Tod«, sagt er mit fester Stimme, »obwohl ich ihn nicht in dieser Form erwartet habe, sondern im Kampfgetümmel. Was mich dauert, ist all das Blut, das meinethalben fließen wird. Monseigneur wird für diesen Tag Rache nehmen. Ich bedauere nicht mein Leben, ich bitte nur Gott mir zu vergeben, ein solches Urteil und noch mehr verdient zu haben. Ihr alle, deren Landvogt ich vier Jahre lang war, vergebt mir, was ich aus Mangel an Einsicht oder auch aus Bosheit Euch angetan habe. Ich war ein Mensch, betet für mich.«

Stumm steht die Menge des Volkes. Der Scharfrichter hebt das Richtschwert.

Der Leichnam des Grand Bailli wird in dem Ort Hagenbach beigesetzt.

Die burgundische Ordnung in den Oberrheinischen Landen wird durch die habsburgische Unordnung abgelöst. Stephan von Hagenbach, der Bruder des Hingerichteten, durchzieht mit einer burgundischen Söldnertruppe plündernd und brandschatzend das Elsaß. Eine politische Reaktion seitens des burgundischen Herzogs aber gegenüber den Eidgenossen bleibt aus.

Am 11. Juni 1474 fällt Ludwig XI. in Senlis seinen Schiedsspruch über die beim vorläufigen Abschluß der »Ewigen Richtung« aufgetretenen Meinungsverschiedenheiten zwischen Herzog Sigmund und den Eidgenossen. Zu Sigmunds Enttäuschung stellt er sich vollkommen auf die Seite der Schweizer. Andererseits verlängert Ludwig bereits zwei Tage später den burgundisch-französischen Waffenstillstand bis zum 1. Mai 1475.

Der Kleinkrieg am Oberrhein geht weiter. Aber als der österreichische Landvogt Hermann von Eptingen den Eidgenossen die Vorteile eines Feldzugs gegen den Herzog von Burgund schmackhaft zu machen versucht, meinen die

Schweizer, daß sie als »Hauptsächer« den Krieg nicht in die Hand nehmen wollten. Der Herzog von Burgund habe nicht sie, sondern den Herzog von Österreich angegriffen. Sobald aber die Ewige Richtung unterschrieben und beschworen wäre, könnten sie sich zur Kriegshilfe verstehen, achttausend Gulden Vorschuß vorausgesetzt. Auf der Tagsatzung in Luzern erscheinen wieder die Boten des französischen Königs, diesmal mit handfesten Angeboten: Im Falle eines Krieges wolle er den acht Orten sowie Freiburg und Solothurn je zweitausend Franken, also jährlich zusammen zwanzigtausend Franken als Pension geben, »damit wir den Krieg desto eher aushalten mögen«. Wenn aber die Eidgenossen diesen Krieg allein führen wollten oder wenn er selbst nicht könne, so werde er für die Kriegsdauer achtzigtausend Franken in vierteljährlichen Zahlungen geben.

Noch einmal versucht die auf burgundischer Seite stehende Herzogin Jolantha von Savoyen zwischen Karl dem Kühnen und den Eidgenossen zu vermitteln. Aber die Entwicklung ist vor allem in Bern zu weit gediehen. Die französische Partei hat die Oberhand. Adrian von Bubenberg ist unterlegen und wird auf seine Güter verbannt. Am 2. Oktober wird in Feldkirch die von dem französischen Gesandten mitgebrachte und von Ludwig XI. besiegelte »Ewige Richtung« beschlossen. Auch dem Tiroler Herzog sagen die Franzosen ein Jahrgeld von zehntausend Franken zu. Dafür verpflichtet sich Herzog Sigmund, von jeder Art von Bindung gegenüber Karl dem Kühnen abzulassen und seine Macht dem französischen König gegen Burgund zur Verfügung zu stellen. Der von Bern ausgearbeitete Entwurf der Allianz mit Frankreich wird in Feldkirch von den Eidgenossen im wesentlichen gutgeheißen. Was die eidgenössischen Orte nicht wissen: Bern hat ein Geheimabkommen mit Frankreich geschlossen. Danach muß der französische König nur im dringendsten Notfalle, wenn die Eidgenossen sich ihrer Feinde selber nicht mehr zu erwehren vermögen, ihnen zu Hilfe eilen. Außerdem verpflichtet sich Bern, dem König, so oft er ihre Hilfe begehre, sechstausend Mann zur Verfügung zu stellen. Am 21. Oktober wird bei einer Tagsatzung in Luzern die endgültige Zustimmung zum Abschluß der engen Verbindung mit Frankreich im Sinne der Abmachungen von Feldkirch gegeben[80].

Der entscheidende Punkt dieser Versammlung aber ist die vom 25. Oktober 1474 datierte Kriegserklärung, der Absagebrief[81]:

»Dem Durchlauchtigsten Hochgeborenen Fürsten und Herrn, Herrn Karlen, Herzog ze Burgund oder seinen Statthaltern und Anwalten, wie sie genampt, oder wo sie gesessen sind, entbieten wir, Bürgermeister, Schulten, Ammannen, Räte und ganz Gemeind des großen Pundts Ober-teutschen Landen, nemlich Zürich, Bern, Luzern, Ure, Schwytz, Unterwalden, Zug und Glarus, und darzu beid Städt Freyburg und Solothurn, daß wir aufs Hoch- und treffentlich Gebot und Vermahnen des Allerdurchlauchtigsten, Unüberwindlichsten, Hochmächtigsten Herrn, Herrn Friedrichen Römischen Kaysers, unser aller Gnädigen Herrn, dem wir als Zuglieder des Heiligen Reichs mit Unterthänigkeit müssen begegnen, auch des Durchlauchtigsten Hochgeboren Fürsten und Herren, Herrn Sigmund, Erzherzog zu Österreich und ander Fürsten Herren und Städte, zu Uns mit Eynung gewandt, an denen dan unziemlich Gewalt und Drang, mit viel groben und unchristlichen Mißhandlungen fürgenommen sind, und täglich beschechent, Üch und allen den Üwern, wie die genennt sind, Unser offen Findtschaft hiemit sagen und verkünden, für uns, alle die Unsern, und die, so uns zu versprechen stehen; und was nun solcher Fyndtschaft halb gegen Üch, den Üwern und Gesandten und Helfern machen wird, es seye mit Raub, Todschlägen, Mord, Brand, Angriffen und Beschädigungen, Tag oder Nacht durch uns, die Unsern, unsern Gewandten oder Helfern niemand usgesondert, damit wollen wir uns aller Ehr wohl bewahrt haben. Desz zu Urkund, so haben, als wir itzt zu Luzern auf Tagung gewesen sind, diesen offenen Brief mit Unser von Bern Insiegel besiegeln lassen, und ist auch also versieglet darunter wir uns alle verbinden. Geben und beschehen am Zinstag vor Simoni und Judä Anno LXXIV.«

Die Würfel sind gefallen. Die zielstrebige Politik der »universellen Spinne« und ihrer Parteigänger in Bern, vor allem der Familie Diesbach, hat ihr Ziel erreicht. Die anderen Orte sind nolens volens mitgerissen worden. Die Schweizer schlagen ein neues Kapitel ihrer Geschichte auf. Es wird blutig werden.

Die Schweizer verlieren keine Zeit. Bern drängt. Es ist Beute zu machen. Zwei Tage nach der Kriegserklärung nehmen die Eidgenossen das savoyische Erlach ein. Wieder zwei Tage später ziehen die Berner unter Scharnachthal[82] und Wabern[83] ins Feld, um der Niederen Vereinigung Hilfe zu bringen. In Basel sammeln sich die Truppen der Eidgenossen und Österreicher, in Mömpelgard vereinigen sie sich mit den Elsässern. Beim Einfall in die Freigrafschaft[84] legt sich die achtzehntausend Mann umfassende Armee unter dem Kommando von Wilhelm Herter vor die kleine Stadt Héricourt, die den Herren von Neuchâtel gehört. Die Seigneurs de Neuchâtel sind Parteigänger Karls des Kühnen. Obwohl Herzog Sigmund Artillerie gesandt hat und obwohl die Straßburger mit vieler Mühe zwei große Feldschlangen herbeischleppen, macht die Belagerung nur geringe Fortschritte. Es ist kalt, die Schweizer haben nicht viele Lebensmittel bei sich und verlangen mit großem Geschrei, man solle angreifen. Am 13. November stößt kurz vor Tagesanbruch ein Schildknappe von Straßburg, der mit einigen anderen auf Lebensmittelsuche gegangen ist, auf feindliche Truppen. Er rennt sofort zum Lager zurück: die Burgunder kommen! Schon sieht man den Feuerschein einer brennenden Ortschaft. Es ist der Marschall von Burgund, Claude de Neuchâtel, der mit fünftausend Mann anrückt. Der Graf von Romont vereinigt sich mit ihm. Er bringt achttausend Infanteristen und zwölftausend Reiter mit. Die Züricher, die die Vorposten an der Straße dem Feind zu haben, ziehen sich langsam zurück.

Die Befehlshaber der Verbündeten halten raschen Kriegsrat. Die Elsässer läßt man im Lager, um gegenüber möglichen Ausfällen der Garnison von Héricourt zu sichern. Der Rest der Armee wird in zwei Korps geteilt, deren eines unter dem Befehl von Felix Keller aus Zürich steht. Die Österreicher, die

Ludwig XI. König von Frankreich.

Friedrich III. Deutscher Kaiser.

die Kavallerie stellen, halten sich in Reserve hinter den Schweizern.

Auf burgundischer Seite placiert der Graf von Romont seine Armee, den Teich von Rainans zur Rechten und ein Waldstück zur Linken. Er scheint gegen Angriffe von der Flanke her gesichert. Schweigend, mit gefällten Lanzen, rücken die Eidgenossen vorwärts. Hinter ihnen folgt die Kavallerie. Die ganze Aufmerksamkeit des Grafen von Romont und seiner Hauptleute ist auf die Schlachtenreihe gerichtet, die mit langsamem Schritt auf sie zumarschiert, als man plötzlich auf dem linken Flügel den Kriegsruf hört: »Bern und Sankt Vinzenz.« Von links her kommen die Truppen von Bern, Luzern, Solothurn und Biel, die unter Leitung von Scharnachthal einen Weg durch den Wald genommen haben. Der Schock ist furchtbar. Die Lombarden, die Flamen, die Pikarden und die Burgunder sind trotz ihrer Kriegserfahrung nicht imstande, diesen Flankenangriff, mit ohrenbetäubendem Geschrei verbunden, aufzuhalten. Die Infanterie wird durchbrochen. Die burgundische Kavallerie versucht, sie zu stützen und die Schweizer aufzuhalten. Aber die langen Piken lassen die Pferde nicht herankommen. Nach wenigen Minuten ist der Kampf schon zu Ende. Unordnung, Hoffnungslosigkeit und Flucht bei den Burgundern, nur wenige Gruppen leisten noch Widerstand.

Die österreichischen und schwäbischen Ritter machen sich an die Verfolgung der Flüchtenden. Die Niederlage ist vollkommen und blutig. Die Kavallerie der Verbündeten findet keinen Widerstand mehr. Sie kommt bis nach Passavant, wo Gepäckwagen und Munitionswagen geplündert werden. Das Lager der Burgunder geht in Flammen auf. Scharnachthal rettet noch Artilleriewagen und eine große Feldschlange, die im Triumph nach Bern geführt wird. Benedikt Konrad von Solothurn[85] bringt das Banner des Seigneurs de L'Isle nach Hause, das er mit eigener Hand erobert hat. Auf zweitausend Mann beziffert sich der Verlust der Burgunder; die Schweizer geben an, sie hätten nur siebzig Mann verloren. Von achthundert Einwohnern von Faucogney, die als die Tapfersten in der Freigrafschaft gelten, bleiben nur sechs übrig. Die gefangenen Lombarden sind dem Tod verfallen, weil man ihnen die Schreckenstaten zur Last legt, die in der Grafschaft Pfirt begangen worden sind.

Die Festung Héricourt, nun ohne Hoffnung auf Entsatz, ist gezwungen, sich zu ergeben. Stephan von Hagenbach, der Kommandant, erhält die Genehmigung, mit der Garnison abzuziehen. Der Winter bricht herein, die Lebensmittel gehen zu Ende, Krankheiten beginnen sich in der Armee der Verbündeten auszubreiten. Man zieht nach Hause.

Der Kleinkrieg an der Grenze geht unvermindert weiter. Luxueil, Morteau und Franquemont werden eingenommen. Am 2. Februar 1475 bestätigt Ludwig XI. sein Bündnis mit den Schweizern, wohl unter dem Eindruck des Sieges bei Héricourt. Am selben Tage ziehen die Freiburger und Berner vor die Feste Illens, die sie nach kurzer Belagerung plündern. Anfang April 1475 fallen dreizehnhundert Berner, Luzerner und Solothurner in die Freigrafschaft ein und erstürmen Pontarlier. Sie werden zwar von einer burgundischen Übermacht eingekreist, weisen aber einen Sturm ab und erhalten dann dreitausend Mann Zuzug unter Nikolaus von Diesbach. Nachdem in Neuenburg noch eine weitere Verstärkung von zweitausend Mann unter Petermann von Wabern zu ihm gestoßen ist, führt Diesbach das Heer gegen jegliche Verabredung mit einer plötzlichen Wendung in das nördliche Waadtland. Der strategische Zweck des Einfalls ist die Gewinnung der Jurapässe, um Savoyen von Burgund abzuschneiden; der politische Hintergedanke Diesbachs aber ist, Savoyen (dem das Waadtland gehört) zum Krieg zu reizen.

Grandson und Echallens ergeben sich. Orbe wird im Sturm genommen, die Besatzung ausnahmslos niedergemetzelt. In Jougne müssen die Verteidiger über die Klinge springen, die gefangenen Adligen werden enthauptet. Der Jougnepaß fällt in die Hände der Eidgenossen. Nach Hinterlassung von Besatzungen in den einzelnen Städten zieht das Heer wieder nach Hause. Weitere Streifzüge gelten L'Isle-Doubs und Blamont, das am 14. August zerstört wird. All diese Züge bringen den Schweizern Beute und versetzen die Freigrafschaften in Unruhe, aber die Berner erleiden auch einen schweren Verlust. Nikolaus von Diesbach, der überragende Politiker und engagierte Anführer der französischen Partei in Bern, dem es gelungen ist, der ganzen eidgenössischen Politik die Wendung gegen Burgund zu geben, wird vor L'Isle vom Hufschlag eines Pferdes getroffen und stirbt im August 1475 in Pruntrut, wohin man ihn gebracht hat, an der Pest, gerade fünfundvierzig Jahre alt.

Noch immer ist von der burgundischen Hauptmacht nichts zu sehen und zu spüren: Karl der Kühne ist durch Frankreich gebunden. Da entschließen sich die Berner zum großem Schlag gegen Savoyen. Sie machen geltend, daß die Herzogin Jolantha ihr Land dem Durchzug italienischer Söldner, die Karl hauptsächlich in der Lombardei, aber auch anderswo in Italien werben ließ, geöffnet habe. Am 16. August überfallen sie Aigle westlich des Genfer Sees, nehmen Stadt und Herrschaft in Besitz und setzen einen Landvogt ein. Am 14. Oktober erfolgt der Angriff auf die Waadt. Murten, Cudrefin, Avenches, Payerne ergeben sich widerstandslos. Estavayer wehrt sich. Die männliche Bevölkerung wird niedergemacht, Frauen und Kinder versinken bei der Flucht über den See mit den überfüllten Barken. Nur wenige Einwohner überleben das Massaker. Allein die Freiburger führen hundert Wagenladungen Plünderungsgut mit sich. Dann werden Moudon, Oron, Romont und Rue erobert. Yverdon fällt. Die Festung Les Clées wird verteidigt, muß sich ergeben. Einer der Gefangenen rettet sein Leben dadurch, daß er sich bereit erklärt, an Stelle des abwesenden Henkers der Schweizer seine Mitgefangenen zu köpfen.

Entsetzen ergreift die Städte am Genfer See. Lausanne zahlt zweitausend Gulden, Genf sechsundzwanzigtausend Ecus, um von der Plünderung freizubleiben. Innerhalb von zwei Wochen haben die Berner und Freiburger sechzehn Städte und dreiundvierzig Burgen erobert. Die Waadt ist vernichtet – das Musterbeispiel eines mit erbarmungsloser Grausamkeit geführten Präventivkrieges. Die Berner, die bezeichnenderweise ihren Henker mit sich führen, verurteilen diesen zum Tode, weil er, von der Jugend eines Gefangenen gerührt, diesem das Leben geschenkt hat.

Bern kann nach diesem Raubzug hoffen, das Staatsgebiet auf Kosten von Savoyen zu vergrößern. Einstweilen ziehen die Eidgenossen nach Hause. In den eroberten Städten bleiben Besatzungen.

Im Feldlager vor Neuß

Auf den ersten Blick mutet es merkwürdig an, daß sich Karl der Kühne in den Streit um einen deutschen Erzbischofsitz einmischt. Die Angelegenheit wird verständlich, wenn man den Hintergrund kennt.

Ruprecht von Bayern ist 1463 Erzbischof von Köln geworden. Er findet die Finanzen der Diözese in beklagenswertem Zustand vor. Zünfte und Patrizier von Köln versuchen, die Autorität des Erzbischofs zu untergraben. Das Volk murrt ob der Lasten. Schließlich gerät er noch in offenen Streit mit seinem eigenen Domkapitel, das schließlich 1473 den Domherrn Hermann von Hessen zum Stiftsverweser bestellt. Der Kurfürst-Erzbischof muß sich nach Bonn zurückziehen.

Beide Kontrahenten haben mächtige Parteien hinter sich: Hermann von Hessen das Haus Baden und seinen Bruder, den Landgrafen von Hessen; Ruprecht das Haus Bayern, vor allem seinen Bruder, den Kurfürsten Friedrich von der Pfalz, den »Bösen Fritz«. Schließlich kommt Ruprecht auf den Gedanken, den Herzog von Burgund um Unterstützung anzugehen. Es gibt alte Verbindungen Burgund–Bayern. Die Großmutter Karls des Kühnen war eine bayerische Prinzessin. Die politischen Überlegungen des burgundischen Herzogs aber zeigen sich in der Bedingung, die er an sein Hilfsversprechen knüpft: »..., daß dem Herzog Amt und Titel eines Schirmvogts des Erzbischofs übertragen würden«.

Ein burgundisches Protektorat am Rhein also! Zum Zeichen dessen läßt er burgundische Fahnen auf den Kirchen und Hauptmonumenten der Stadt hissen. In der Nacht reißt das Volk sie wieder herunter. Die Domherren werden unruhig. Einige neigen sich auf die Seite Burgunds, andere bleiben bei der Partei des Stiftsverwesers Hermann. Der Erzbischof von Trier versucht zu vermitteln. Er will auf keinen Fall, daß die Burgunder Köln als Protektorat betrachten.

Karl seinerseits will die Feindseligkeiten nicht eröffnen. Er ist beunruhigt von der eben bekanntgewordenen »Ewigen Richtung« in Konstanz. In Flandern und im Hennegau gibt es Unruhen. Im Elsaß wären dringend Truppen nötig. In Geldern rumort es nach wie vor. Karl der Kühne glaubt, daß Einschüchterungsmaßnahmen genügen, um Ruprecht auf den Erzbischofstuhl zurückzuführen. Aber genau das ist eine Fehleinschätzung, und nun muß er sich entscheiden. Nachdem er sich durch Erneuerung des Waffenstillstandes mit Ludwig XI. Rückenfreiheit geschaffen hat, entschließt sich Karl der Kühne zum militärischen Eingreifen. Sieht er nicht, daß er gerade damit praktisch ganz Deutschland gegen sich aufbringt? Man fürchtet, der Stoß auf Köln könne das Vorspiel einer größeren Aktion gegen das Reich und die Unabhängigkeit der deutschen Fürsten sein.

Der Streit von Köln muß so zu einer europäischen Angelegenheit werden. Die Befürchtungen gehen so weit, daß der Markgraf von Brandenburg, Albrecht Achilles, sich einbildet, der Burgunderherzog könne sich mit Ludwig XI. aussöhnen und die beiden würden dann gemeinsam gegen das Reich marschieren.

Am 21. Juli 1474 setzt sich Karl in Maastricht an die Spitze seiner Armee, die er durch Bildung zahlreicher Ordonnanzkompanien und den Aufbau einer schlagkräftigen Artillerie modernisiert hat. Er beschließt, die Stadt Neuß am Rhein als erstes zu erobern. Hat er sie erst einmal, so wird sich Köln wohl ergeben.

Das kleine Neuß verläßt sich auf die Reliquien des heiligen Quirin, auf gute Befestigungen und darauf, daß schon ein

Dutzend Belagerungen im Laufe der Geschichte zurückgeschlagen worden sind. Hermann von Hessen hat Zeit gehabt, die Verteidigung der Stadt zu organisieren. Er hat die Befestigungsanlagen verstärken und Vorräte an Munition, Holz und Lebensmitteln in die Stadt bringen lassen. Der Geschichtsschreiber Molinet beschreibt die Einwohner als »in Feuer gehärtet« und entschlossen, sich bis zum Tode zu schlagen.

Karl der Kühne hat versucht, für den Feldzug den wohl angesehensten Condottiere der Zeit, den großen Bartolomeo Colleoni, zu gewinnen, aber die Serenissima von Venedig lehnt ab. Außerdem hat Colleoni, schon über siebzig Jahre alt und überdies vermögend, gar keine Lust, im hohen Norden seinen Ruf bei einer ungewissen Sache aufs Spiel zu setzen.

Die burgundische Armee schließt die Stadt ein. Die Italiener unter Galeotto und dem Grafen von Campobasso übernehmen den Nordabschnitt zwischen dem Rheintor und dem Niedertor. Die Flamen liegen vor dem Hamtor und die Engländer im Südosten der Stadt. Die Elitetruppen postieren sich im Süden zwischen dem Obertor und dem Zolltor. Seinen Hof und die Garden quartiert Karl im Oberkloster ein, einer Augustinerabtei.

Die ersten Versuche, mit Überraschungsangriffen die Stadt zu nehmen, scheitern. Man wird sich auf eine regelrechte Belagerung einrichten müssen. Ein kastillischer Adliger unterbreitet dem Herzog den Plan einer großen Maschine, genannt »der Kranich«. Der Herzog läßt sie bauen, zwanzig Fuß lang und zwanzig Fuß breit. Sie kann bis zu dreihundert Mann aufnehmen und verfügt über eine sechzig Fuß hohe Leiter, die man wie eine Enterbrücke auslegen kann, um die Mauer zu erstürmen. Gleichzeitig fabrizieren die Pioniere von Galeotto eine andere Maschine in der Art eines hölzernen Kastells, die auf vierundzwanzig Rädern läuft und »die Katze« genannt wird. Aber als »die Katze« angreifen soll, brechen die Räder. Der »Kranich« versinkt im Sand[86].

DIE BELAGERUNG DER STADT NEUSS DURCH KARL DEN KÜHNEN 1474

Buchminiatur aus den »Chroniques« von Jean Froissart. Da dieser französische Geschichtsschreiber etwa von 1337 bis 1404 lebte, muß die Illustration in eine spätere Ausgabe »Chroniques« aufgenommen worden sein.
Der Kölner Erzbischof Ruprecht, ein Wittelsbacher, stand seit 1471 im Streit mit seinem Domkapitel, das 1473 Landgraf Hermann von Hessen zum Stiftsverweser wählte. Karl der Kühne verhielt sich zunächst abwartend und neutral. Als ihm aber Ruprecht im März 1474 die Schutzherrschaft des Erzstifts übertrug, war ein Konflikt europäischen Ausmaßes unvermeidbar.
Karl der Kühne entschloß sich, zunächst die kurkölnische Stadt Neuß zu erobern, von der man glaubte, sie werde sich gegen die Burgunder nicht lang halten können. Es kam anders. Volle 46 Wochen hielten die Neußer der Belagerung stand und wehrten 56 Stürme ab, bis schließlich ein großes Reichsheer mit dem Kaiser an der Spitze zum Entsatz heranzog. Nach einem unentschieden gebliebenen Gefecht wurde durch Vermittlung des päpstlichen Legaten zwischen Kaiser und Herzog ein Friedensvertrag geschlossen, bei dem beide Seiten das Gesicht wahren konnten. Die Neußer konnten aufatmen: ihre Stadt war gerettet, die Belagerer zogen ab.

Ende September hat ein zweiter Sturm der Burgunder keinen besseren Erfolg als der erste. Die Belagerten machen Ausfälle um Ausfälle. Jetzt muß der Herzog erkennen, daß sein Plan, Neuß in wenigen Wochen zu nehmen, mißlingt.

Das politische Intrigenspiel Ludwigs XI., so geduldig und sorgfältig eingefädelt, hat nun ein weiteres Ziel erreicht: Franzosen, Österreicher und Schweizer einigen sich. Am 28. Oktober trifft der Absagebrief von Bern im Feldlager von Neuß ein.

Das Bild, das die burgundische Armee im November 1474 bietet, ist das einer Truppe, die sich scheinbar für unbegrenzte Zeit im Erzbistum Köln installiert hat. Das Lager bietet den Anblick einer großen befestigten Stadt, mit Wällen und Gräben und Zugbrücken, durchschnitten von Marktstraßen und kleinen Gassen. La Marche, Gardeoffizier des Herzogs, und Molinet, der Geschichtsschreiber, geben ein farbiges Bild davon, wie diese Stadt aussieht. Es gibt zwei Märkte, der eine im Norden, im Quartier der italienischen Truppen, der andere im Süden in Richtung Köln. Alles ist im Überfluß zu finden: Tuchwaren, Kurzwaren, Mechanikerläden, Schlachter, Wirte, Kneipen, geordnet nach Straßen und Zünften, wie es sich für eine anständige Stadt gehört. Ein Apotheker läßt auf einmal fünf Wagen voll Waren herbeiführen und stattet seinen Laden so stattlich aus, als wäre er in Gent oder Brügge. Da sind Tuchhändler, Fischhändler, Gewürzhändler, Barbiere, Zimmerleute, Messerschmiede, Marketender, Handlanger, Laternenmacher und Fuhrleute. Es gibt Hunderte von Zelten und schönen Häusern, Wassermühlen, Windmühlen. Es gibt Schmiede, Wirtshäuser, Schenken, Badehäuser, Gasthäuser und Brauereien, es gibt Plätze für Ballspiele, und es gibt auch einen soliden Galgen, um die Missetäter zu bestrafen.

Natürlich fehlen auch die Lagermädchen nicht, und der Chronist meint, es seien wesentlich mehr als die dreißig, die der Herzog pro Kompanie erlaubt hat. Es gibt auch Priester. Taufen und Hochzeiten werden abgehalten. Musiker singen jeden Morgen hübsche Lieder[87].

Und der Herzog selbst? Er hat sich in einem zerlegbaren Holzhaus einquartiert. Jeden Morgen hört er die Messe. Den Tag über ist er unablässig tätig. Er ist sein eigener Generalstabschef, er dirigiert alle Aktionen. Manchmal muß er die Streitigkeiten zwischen Italienern und Engländern schlichten, gelegentlich mit der flachen Klinge. Verhandlungen, Beratungen, Audienzen ohne Ende. In zwei reichverzierten Pavillons empfängt der Herzog den Erzbischof von Köln, die Gesandten der Pfalz, von Jülich, von Lippe, von Paderborn, von Ungarn, von Neapel. Dem Botschafter von Venedig macht das Lager solchen Eindruck, daß er es in Öl malen läßt. Im November erscheint vor Neuß Christian I., König von Dänemark, begleitet von einem stattlichen Gefolge, darunter die drei Herzöge von Sachsen-Lauenburg, Mecklenburg und Braunschweig. Er will Frieden stiften, alle Christenwelt miteinander versöhnen, damit sie dann endlich gegen die bösen Türken ziehen könne.

Karl der Kühne empfängt ihn mit dem Prunk des burgundischen Hofzeremoniells – den Wert des perlenbestickten Waffenrocks allein schätzen die Zeitgenossen auf hunderttausend Gulden[88] – auf einem Schiff im Rhein. Aber alle Gespräche voll artiger Redewendungen, voll blumiger Beteuerungen bringen den Burgunder nicht einen Zoll von seinem Nahziel ab: Neuß muß fallen.

Fällt Neuß? Es sieht nicht so aus. Am 11. November erobern die Belagerten einen burgundischen Graben vor dem Obertor. In der zweiten Novemberhälfte, als den Neußern das Pulver auszugehen beginnt, durchbricht nächtens eine Versorgungskolonne die burgundischen Linien und bringt den Belagerten Säcke voll Salpeter.

Mit dem Nachschub der Burgunder steht es nicht allzu gut. Immer weiter weg müssen die Fouragekolonnen, immer härter wird der Widerstand der Landbevölkerung. Und die in Gent versammelten Stände lehnen zusätzliche Forderungen des Herzogs rundweg ab. Es muß bei den im Vorjahr bewilligten fünfhunderttausend Talern Sondersteuer bleiben.

Aber drinnen in Neuß ist man fast am Ende. Zu Weihnachten gibt es die letzten Fleischrationen. Keine Milch, kein Holz, keine Medikamente. Die Breschen in der Stadtmauer werden immer größer. Wann kommt endlich der Entsatz?

Der Kaiser hat Augsburg, wo die ersten Hilferufe Kölns beim Reichstag anlangten, schon Ende September verlassen. Reichsstädte und Fürsten haben versprochen, Kontingente aufzustellen. Köln zu retten, scheint ihnen jetzt wichtiger, als Konstantinopel wiederzuerobern. Die Stadt Köln wird tausend Gulden pro Woche während des ganzen Feldzuges aufbringen und hunderttausend Gulden am Schluß. Jetzt tritt auch die »universelle Spinne« wieder in Aktion. Ludwig XI. übersendet dem Kaiser einen Vertragsentwurf, mit dem er seine Hilfe anbietet. Jetzt kann er sich aus der tödlichen Umklammerung durch die burgundische Bündnispolitik befreien.

Am 31. Dezember wird in Andernach der Bündnisvertrag durch vier Würdenträger des Heiligen Römischen Reiches, nämlich die Erzbischöfe von Mainz und Trier, den Herzog von Sachsen und den Markgrafen von Brandenburg einerseits und die Vertreter des französischen Königs andererseits unterzeichnet. Am 7. Januar 1475 erklärt der Kaiser dem Herzog von Burgund den Krieg.

Abgesehen von den militärischen Hilfeleistungen plant der Andernacher Vertrag nicht mehr und nicht weniger als die Zerstückelung der burgundischen Staaten. Die Picardie, das Artois, Burgund sollen an Frankreich fallen, während Belgien, die Niederlande, Luxemburg und die Freigrafschaft zum Deutschen Reich zurückkehren sollen. Auf dem Papier verpflichtet sich der französische König, Anfang 1475 dreißigtausend Mann gegen Luxemburg in Marsch zu setzen. Es wird vereinbart, daß die Entsetzung von Neuß den Krieg nicht beenden und daß keine der beiden vertragschließenden Parteien einen Separatfrieden schließen wird.

Diese Koalition und im Hintergrund die Schweizer, die mit ihren dauernden Raubzügen burgundische Truppen binden, müßten eigentlich den Untergang des Burgunderherzogs bedeuten. Aber Ludwig denkt gar nicht daran, den Vertrag zu erfüllen. Er hofft, daß andere für ihn die Kastanien aus dem möglicherweise doch recht gefährlichen Feuer holen: Niedere Vereinigung, Lothringen, Eidgenossenschaft, deutsche Fürsten, der Kaiser. Deswegen versucht er zur gleichen Zeit, da er mit dem Kaiser paktiert, den Waffenstillstand mit den Burgundern zu verlängern.

Der Vertrag von Andernach trägt schon das kaiserliche Siegel, aber der französische König hat ihn noch nicht unterschrieben. Er schickt eine neue Gesandtschaft, die Ende März einen modifizierten Vertrag aushandelt: Nicht dreißigtausend, sondern nur zwanzigtausend Mann werden die Franzosen stellen. Spätestens am 23. April sollen diese in Luxemburg einfallen. Der Kaiser hat im Augenblick vierzigtausend Mann zu seiner Verfügung[89]: Die Kontingente von achtundsechzig Reichsstädten, viertausend Rittern, fünfundsechzig Grafen, fünfzehn Herzöge und Markgrafen stehen beim Reichsheer. Oberbefehlshaber ist der Markgraf Albrecht Achilles von Brandenburg, ein alter Kriegsmann und Bayernfresser. Es ist die größte Versammlung deutscher Truppen, die man seit einem Jahrhundert gesehen hat. Aber den heterogenen Kriegshaufen in eine schlagkräftige Armee zu verwandeln, ist schon angesichts der dauernden Rangstreitigkeiten eine fast unlösbare Aufgabe.

Am 15. Januar erreicht die rechtsrheinische Kolonne des Reichsheeres Linz am Rhein, eine Stadt, die von den Parteigängern des Erzbischofs Ruprecht und von zweihundert Burgundern gehalten wird. Olivier de la Marche erzählt, wie er mit tausend Mann einen Nachschubmarsch nach Linz gemacht hat, durch Regen, Sturm, Schnee und Graupeln: »Das schlimmste Wetter, das man sich vorstellen konnte.« Der Marsch hat Erfolg; aber am 7. März fällt die Stadt trotzdem. Am 20. März zieht der Kaiser unter dem Beifall des begeisterten Volkes in Köln ein.

Währenddessen kämpft man vor Neuß nach wie vor um einzelne Mauerstücke. Im Februar haben die Belagerten wieder den Graben und die Schanze am Rheintor verloren.

Die Hauptbastion am Obertor muß von den Neußern geräumt werden. Versuche, mit Voraustruppen des Reichsheeres den Neußern Hilfe zu bringen, scheitern. Nur die Schnelligkeit seines Pferdes bewahrt Albrecht von Brandenburg bei einem Gefecht mit den Burgundern vor der Gefangenschaft. Am Rheintor von Neuß erweitert das Geschützfeuer die Bresche, die nicht mehr vermauert wird. Die Belagerten sind am Ende. Freilich geht es auch den Belagerern nicht besonders gut. Das Frühjahr bringt Überschwemmungen, Schlamm und neue Nachrichten von Schweizer Einfällen im burgundischen Jura. Karl der Kühne bleibt unerschütterlich. Das mit unendlicher Langsamkeit näherrückende Reichsheer kümmert ihn nicht. Mit Trompetenschall läßt er im Lager das neue Bündnis feiern, das Jolantha von Savoyen mit Galeazzo Maria Sforza, dem Herzog von Mailand, geschlossen hat.

Im burgundischen Hoflager erscheint nun ein neuer Mailändischer Gesandter, Giovanni Pietro Panigarola, dessen hervorragend beobachteten Berichten an den Mailänder Herzog während der nächsten anderthalb Jahre wir so viel Aufschlüsse verdanken.

Die Zeit läuft weiter. Karl der Kühne weiß wohl, daß er vertraglich verpflichtet ist, mit zehntausend Mann eine Invasion seines Schwagers Eduard von England zu unterstützen, die dieser »vor dem 1. Juli in der Normandie oder anderen Teilen Frankreichs« unternehmen wird. Am 29. April, kurz vor Ablauf des französisch-burgundischen Waffenstillstands, trifft der Bruder der englischen Königin, Graf Anthony Rivers, vor Neuß ein und bittet den Herzog im Namen von Eduard IV., die Belagerung aufzuheben.

Der Herzog ist obstinat: »Es geht um meine Ehre und meine Reputation.« Der Waffenstillstand läuft ab, Ludwig XI. marschiert in die Picardie ein, nimmt Montdidier und Roye. Am 9. Mai zeigt sich, daß der junge Herzog René II. von Lothringen wieder einmal die Seite gewechselt hat. Er erklärt Karl dem Kühnen den Krieg. Der lothringische Herold, der den Absagebrief überbringt, zittert vor der Wut des Burgunderherzogs, aber der ruft ihn zurück, läßt ihm einige Goldstücke und einen schönen Mantel geben und trägt ihm auf: »Das ist für die guten Neuigkeiten, die du mir überbracht hast. Sag deinem Herzog, daß ich bald in Lothringen erscheinen werde.«

Und Neuß hält sich noch immer. Der Kaiser hält sein Heerlager bei Mülheim. Die Vorposten beider Armeen treffen bei Zons aufeinander. Die Schlacht, die der Kaiser vermeiden will, erscheint unvermeidlich. Noch einmal wird ein Vermittlungsversuch gemacht. Im burgundischen Lager erscheint Alexander Nanni, Bischof von Forli, apostolischer Nuntius. Karl empfängt ihn in Gegenwart mehrerer auswärtiger Botschafter. Der Nuntius hält eine Ansprache in Latein. Der Herzog von Burgund antwortet in fließendem Italienisch: Er sei immer ein treuer Diener der Kirche gewesen; in diesem Moment kämpfe er nicht gegen das Reich oder den Kaiser, sondern in seiner Eigenschaft als deutscher Fürst und als Christ, um einen Kurfürsten zu verteidigen, der auch ein kirchlicher Würdenträger sei, als solcher vom Papst eingesetzt. Die Aggressoren seien in diesem Krieg der Kaiser und seine Parteigänger. Was soll der Nuntius darauf antworten? Er kehrt zum kaiserlichen Lager zurück.

Am 22. Mai schlägt der Kaiser sein Lager in der Nähe der Erft auf, gerade außer Reichweite der burgundischen Kanonen. Der linke Flügel des Lagers, das als Wagenburg ausgebildet ist, erstreckt sich auf einer sandigen Höhe, rechts lehnt sich das Lager an den Rhein, wahrscheinlich in Höhe des späteren Grimlinghausen[90]. Am kommenden Tag entscheidet sich Karl anzugreifen. Einen Teil seiner Truppen läßt er rings um Neuß und verteilt den Rest – das sind etwa zehntausend Mann, rund ein Viertel der kaiserlichen Truppen! – in zwei Korps. Das eine, mit den englischen Bogenschützen im Zentrum und der Kavallerie auf beiden Flügeln, befehligt der Graf von Chimay. Das zweite Korps unter Guy de Brimeu, Sire de Humbercourt, umfaßt die Elite der Ordonnanzkompanien, Galeotto vorne und Campobasso dahinter. Als bis zum Nachmittag das Reichsheer keine

Anstalten macht, die angebotene Schlacht zu akzeptieren, stürmen die Burgunder eine Anhöhe, ziehen sofort Artillerie nach und beginnen, das feindliche Lager zu beschießen. Dabei schlagen unziemlicherweise zwei Kugeln durch des Kaisers Prunkzelt, zwei andere durch seinen Reisewagen, die Majestät in Lebensgefahr bringend. Nun läßt der Brandenburger angreifen. Ein heftiges Gefecht beginnt, in dem sich auch verschiedene Seelenhirten hervortun, vor allem der Bischof von Münster, dem ohnehin der Harnisch lieber ist als die Soutane.

Der Kampf bringt den Burgundern einige Vorteile, aber keine Entscheidung, und die hereinbrechende Nacht trennt die Kämpfenden.

Am anderen Morgen erscheint wieder der Nuntius bei Karl dem Kühnen. Es geht jetzt für beide Seiten darum, das Gesicht zu wahren. Achtundvierzig Stunden lang ziehen Monsignore Nanni und der Herr von Humbercourt zwischen dem burgundischen und dem kaiserlichen Lager hin und her. Dann gibt es einen Waffenstillstand, und nun ereignet sich etwas sehr Seltsames, ja beinahe Komisches: Sobald der Waffenstillstand verkündet ist, stürzen Hunderte von Deutschen in das burgundische Lager, um, wo möglich, den sagenhaften Großen Herzog des Abendlandes einmal von Angesicht zu Angesicht zu sehen.

Man kommt bei den Verhandlungen überein, daß Neuß in die Hände des Legaten gegeben werden soll. Der Streit um den Kölner Erzbischofstuhl soll innerhalb eines Jahres schiedsrichterlich vom Papst entschieden werden. Bis dahin wird Ruprecht einen Teil seiner Ländereien und seiner Einkünfte behalten. Burgunder und Reichsarmee sollen gleichzeitig von Neuß abrücken. Die kaiserliche Armee soll unmittelbar demobilisiert werden, der Burgunder soll seine Truppen alsbald wegführen. Am 17. Juni wird ein Waffenstillstand auf neun Monate abgeschlossen. Kein Wort ist darin zu lesen von den Franzosen, von den Schweizern, von Herzog Sigmund, kein Wort von den Elsässern oder von dem jungen Herzog René von Lothringen. Daß er mit dem Separatfrieden gegen den Vertrag von Andernach verstößt, kümmert den Kaiser wenig: Hat Ludwig XI. etwa einen einzigen Soldaten in Richtung Neuß in Marsch gesetzt? Vor allem aber will Friedrich dem Mann nicht allzu weh tun, in dem er nach wie vor den Vater seiner künftigen Schwiegertochter sieht.

Am 13. Juni frühmorgens öffnet Neuß seine Tore dem Legaten, den die Delegierten des Burgunderherzogs und des Kaisers begleiten. In St. Quirin wird ein Tedeum gesungen.

Die Belagerung von Neuß ist zu Ende. Karl der Kühne hat elf Monate kostbare Zeit verloren, viele Soldaten und Hunderttausende Gulden. Gesteht er sich ein, daß er praktisch eine Niederlage erlitten hat? Das Prestige jedenfalls wird gewahrt. Am 18. Juni gibt er den Fürsten des Reichsheeres und den ausländischen Gesandten ein großartiges Bankett. Neun Tage später rückt er ab.

Die abgekaufte Invasion

Der englische König hält den Vertrag mit seinem Schwager ein. Seine Truppen setzen Ende Juni von Sandwich nördlich von Dover nach Calais über. Es ist die »schönste Armee, die man je gesehen hat«. Alles, was Rang und Namen hat in England, findet sich in der Invasionsarmee: die Herzöge von Clarence (den man später in einem Faß mit Malvasierwein ertränken wird), von Gloucester (der spätere Richard III.), von Suffolk und Norfolk, die Grafen Rivers, von Northumberland, Salisbury, Arundel und Wiltshire, dreizehn Barone und einhundertfünfzig weitere Angehörige des Adels, eintausendfünfhundert »Lanzen« (Gruppen zu je fünf bis neun Mann) und fünfzehntausend berittene Bogenschützen. An der Spitze dieser Armee steht ein König, der nicht nur als einer der bestaussehenden Fürsten Europas bekannt ist, sondern auch als erfolgreicher Feldherr, der in den mörderischen Bürgerkriegen die Weiße Rose von York schließlich zum Sieg geführt hat. Nun ist er einunddreißig Jahre alt und wird, da er das gute Leben liebt, langsam beleibt.

Wo aber ist der Burgunderherzog? Seine Armee marschiert in diesen Tagen von Neuß nach Süden, nach Luxemburg, um dann in Lothringen einzufallen. Der Herzog selbst hat auf den 11. Juli die Stände Flanderns und Brabants nach Brügge befohlen. Dort hält er ihnen eine Standpauke: wessen Fehler ist es, daß Neuß nicht genommen wurde? Die Flamen sind schuld. Ihre Feigheit. Ihre Undankbarkeit. Während sie schlafen, wacht er für sie. Während sie im Warmen sitzen, ist er in der Kälte. Während sie in ihrer Wohnung sind, steht er in Regen und Sturm. Während er fastet, trinken und essen sie und haben gute Zeit. Auch das, was sie ihm zahlen, geben sie ja nur sich selbst und für ihre Sicherheit, nicht ihm. Hätten sie ihm die Mannschaft nach Neuß geschickt, die er anforderte, hätte er die Stadt leicht und schnell nehmen können. Wenn die Lehnsleute nicht in so geringer Zahl seinen Appellen gefolgt wären, hätte er sich nicht in so große Gefahr begeben müssen, auch wenn es ihm zu seiner Ehre schließlich geglückt sei, den Sieg über den größten und mächtigsten Fürsten der Christenheit, den Kaiser, davonzutragen. Alle anderen Länder haben ihm loyal gedient, nur die von Flandern und die von Brabant haben sich nicht gerührt, erst dann, als die Franzosen das Artois und die Picardie verwüstet haben. Das ist Gehorsamsverweigerung, ein Verbrechen, eine Majestätsbeleidigung, die an sich das Vierteilen verdient. Man möge ihn gut anhören: alle waffenfähigen Flamen haben sich innerhalb von vierzehn Tagen in der Stadt Ath – dreißig Kilometer westlich von Tournai – einzufinden, bei harten Strafen an Leib und Gut.

Die Stände erwidern dem Herzog mit einer ausführlichen Verteidigung. Ehrerbietig, wie es sich für Untertanen gehört, aber fest in der Sache: Die zweitausendfünfhundert Leute, die die Flamen nach Neuß geschickt haben und die zweitausend Soldaten, die sie zum Schutz ihrer Küste besolden, seien bereits eine unerträgliche Belastung. Der Appell an die Lehnsleute sei viel zu spät eingetroffen, als sich der Herzog bereits mit den Deutschen arrangiert habe. Hilfe für die Picardie? Die Hilfstruppen wären niemals mehr rechtzeitig angekommen. Bei aller unauslöschlichen Liebe, die die Flamen gegenüber ihrem souveränen Herrn trügen, müßten sie doch einiges einwenden. Sie seien nicht verpflichtet, für die Verluste und Schäden, die andere Länder haben, aufzukommen. Weder der Gute Herzog Philipp noch einer der anderen Vorgänger des Herzogs haben ihnen solche Lasten auferlegt.

Was den Befehl betreffe, innerhalb von vierzehn Tagen eine Generalmobilmachung durchzuführen, so sei das nicht nur nicht praktikabel, sondern verstoße auch gegen die Interessen sowohl des Herzogs als auch die von Flandern. Die Mehrzahl der Einwohner des Landes sei in Wirklichkeit Kaufleute und Handelsleute, Handwerker, Fischer, Arbeiter, die weder mit dem Krieg etwas zu tun hätten noch dazu ausgebildet seien. Die allgemeine Mobilmachung werde das Ende des Handels, den Ruin des Landes und damit auch das Aufhören aller Zahlungen in die burgundischen Kassen bedeuten. Der Herzog muß sich die Mischung von Bürgerstolz und ökonomischer Lektion anhören. Er erhält keine zusätzliche Unterstützung aus Flandern. Am 12. Juli reitet er aus Brügge.

Zwei Tage später trifft er endlich bei seinem Schwager Eduard ein, begleitet von nicht mehr als fünfzig Reitern. Er ist nicht sehr erfreut darüber, daß die Engländer in Calais gelandet sind. Sein Plan war ein anderer: Die Engländer sollten in der Normandie landen. Dort wäre leicht die Verbindung zu dem bretonischen Herzog herzustellen gewesen. Von dort aus hätte man eine strategische Zangenbewegung zwischen Burgundern, Engländern und Bretonen vornehmen können. Vor allem aber: die Engländer hätten sich aus französischen Ländereien verpflegen müssen und nicht aus dem burgundischen Land, durch das sie nun von Calais aus nach Süden marschieren und das der Herzog naturgemäß gern geschont hätte.

Der Burgunderherzog legt seinem Schwager einen kompletten Feldzugsplan vor. Danach soll die englische Armee über die Picardie nach der Champagne vorstoßen. Die burgundische Armee wird zunächst Lothringen besetzen und soll von dort den Rücken freihalten. Dann wird der Burgunder die Champagne vom Süden und Osten her angreifen. Gemeinsames Ziel ist Reims, die alte französische Krönungsstadt. Eduard nennt sich König von England und Frankreich. Aber die in den Augen des Volkes entscheidende Salbung in Reims fehlt ihm immer noch.

Feldzugsplan hin, Unterhaltung her: Der Ärger im englischen Lager gegen den Verbündeten wächst. Was für Ausflüchte sind das mit dem kleinen lothringischen Herzog? Das ist doch wohl keine ernstzunehmende Bedrohung für den Großen Herzog des Abendlandes? Und diese Schweizer Bergbauern mit ihren Raubzügen – was geht das die Engländer an? Und überhaupt, weshalb empfangen die französischen Großen, die doch angeblich alle gegen Ludwig XI. stehen, die Engländer nicht mit offenen Armen? Weshalb rührt sich der bretonische Herzog nicht?

Eduard kann und will sich nicht auf einen langen Feldzug einlassen. Die Jahreszeit ist schon vorangeschritten, und der Himmel mag wissen, wann und in welcher Verfassung das versprochene burgundische Heer herangeführt wird. Eduard ist überhaupt nicht besonders begeistert von dem französischen Feldzug, und das ist wahrscheinlich auch der Hauptgrund für die überraschende Entwicklung der nun folgenden Tage.

In vollem Umfang wird man die Vorgänge der ersten Augusttage wahrscheinlich nie mehr aufklären können. Vermutlich hat es Ludwig, als ihm der englische Herold die offizielle Kriegserklärung überbringt, fertiggebracht, den Herold nicht nur reich zu beschenken – von hundert Mark Silber ist die Rede und von dreißig Ellen karminrotem Samt –, sondern auch ihm eine verlockende Botschaft mitzugeben. Es muß ihm geglückt sein, dem Herold unter vier Augen eine Antwort mitzuteilen, die Eduard überzeugt, ein Friedensschluß sei möglich und Frankreich werde sich diesen Frieden etwas kosten lassen. Vor allem muß es ihm geglückt sein, durch Geschenke das Wohlwollen einiger wichtiger Köpfe im englischen Kriegsrat zu erkaufen. Einer der Grundsätze der »universellen Spinne« ist es, daß jeder Mensch käuflich sei, der eine mit Geld, der andere mit Posten und Pfründen.

Noch schwankt Eduard. Der Herzog von Gloucester und einige andere sind erbitterte Gegner jeden Arrangements mit den Franzosen. Da fällt die Entscheidung durch einige Kanonenschüsse am 11. August.

KAMPFSZENE AUS DEN SCHWEIZER FELDZÜGEN KARLS DES KÜHNEN MIT GEHARNISCHTEN RITTERN UND GEWAPPNETEM FUSSVOLK

Buchminiatur aus den »Chroniques« des französischen Geschichtsschreibers Jean Froissart.
Im fünfzehnten Jahrhundert spielten sich tiefgreifende Veränderungen im Kriegswesen ab, vor allem durch die Entwicklung der Feuerwaffen, die Entstehung einer wirksamen Artillerie, den Niedergang des Ritterwesens. Wenn in unserem Bild die Kavallerie die Oberhand zu gewinnen scheint, so darf das nicht darüber hinwegtäuschen, daß sich gerade in den Burgunderkriegen die Phalanx der eidgenössischen Fußsoldaten mit ihren langen Spießen als nahezu unüberwindlich erwies. Von dem einerseits ritterlichen, andererseits kommerzialen Brauch, den Gegner gefangenzunehmen, um ein möglichst hohes Lösegeld aus ihm herauszupressen, hielten die Schweizer wenig. Ihre Felddienstordnung sah gewissermaßen amtlich vor, im Gefecht seien keine Gefangenen zu machen.

Es betritt jetzt ein Mann die Bühne, den man eine tragische Figur nennen kann oder einen politischen Intriganten großen Ausmaßes. Louis de Luxembourg, Graf von St. Pol, der Waffengefährte Karls des Kühnen in den Tagen von Monthléry später Connétable von Frankreich, inzwischen siebenundfünfzig Jahre alt geworden, zählt zum französischen Hochadel. Er ist Schwager des französischen Königs und Onkel der englischen Königin. Sein Bruder und sein Sohn dienen in der burgundischen Armee, vierhundert seiner Gewaffneten in der französischen. Er selbst ist mit einem Teil seiner Besitzungen Vasall des französischen Königs, mit dem größeren Teil aber Lehensmann des Burgunderherzogs. Dieser Mann glaubt, das gefährliche Spiel des Balancierens zwischen den großen Mächten zu beherrschen. Es beginnt nun sein letztes Schaukelspiel. Anfang August sendet er durch Boten ein gesiegeltes Schreiben nach Péronne, wo sich der Burgunderherzog noch beim englischen König aufhält. In diesem Brief verspricht er, »immer und allen seinen Freunden und Verbündeten, seien es die Engländer oder andere, zu dienen und sie zu unterstützen«. Ohne jede Ausnahme! Wenige Tage später, am 11. August, läßt er von den Mauern von St. Quentin auf die heranrückenden Engländer schießen.

Nun entwickeln sich die Dinge in wenigen Tagen rasch, ja stürmisch. Eduard entläßt einen französischen Gefangenen von Adel. Dieser trägt eine Botschaft von John Howard und Thomas Stanley an den französischen König mit sich. Der französische König wiederum läßt einen Kammerdiener als Herold verkleiden und vertraut ihm eine Botschaft an Eduard an. Vier Engländer erhalten Geleitbriefe und beginnen am 13. August die Verhandlungen zwischen den Linien mit den Vertretern der französischen Krone. Zunächst fordern die Engländer die Krone Frankreichs für Eduard und die Herausgabe der Provinzen Guienne und Normandie. Das wird natürlich abgelehnt. In Kürze werden dann die Bedingungen des Vertragsentwurfs ausgehandelt: siebenjähriger Waffenstillstand, Ersatz der englischen Kriegskosten in Höhe von fünfundsiebzigtausend Talern innerhalb zweier Wochen. Eduard erhält fünfzigtausend Taler jährliche Pension auf die Lebenszeit beider Könige. Gegenseitige Zusicherung ungestörten Handelsverkehrs wird vereinbart. Der Dauphin – derzeit fünf Jahre alt – wird mit der ältesten, neun Jahre alten Tochter von Eduard verlobt. Beide Könige sollen den Vertrag am 28. August bei einer Zusammenkunft in Picquigny bestätigen.

Der Burgunderherzog hat am 12. August seinen Schwager verlassen. Am 17. erfährt er in Valenciennes, daß Verhandlungen im Gange sind, setzt sich am 18. aufs Pferd und reitet mit seiner Begleitung die siebzig Kilometer von Valenciennes nach Péronne. Am 19. August hat er einen heftigen Auftritt mit Eduard, der ohne weiteres zugibt, er habe einen Waffenstillstand abgeschlossen, in den auch der Burgunderherzog eingeschlossen sei. Karl beschimpft seinen Schwager auf englisch, beschwört ihn, alles ohne Erfolg. Eduard hat sich entschieden; auch die Entsendung von Rittern des Ordens vom Goldenen Vlies, dessen Mitglied ja Eduard ist, nützt nichts mehr.

Tatsächlich hat die Öffentlichkeit nicht nur Englands, sondern ganz Europas dem englischen König die Feigheit und Geldgier, mit der er sich mit einer Rente zugunsten seiner Privatschatulle die Invasion abkaufen ließ, recht übelgenommen. In Wirklichkeit ist aber wohl die Mehrheit des englischen Kriegsrats, bestochen oder nicht, für den Abschluß des Vertrages.

Der letzte Akt spielt sich am 29. August 1475 bei Picquigny ab. Die englische Armee ist am rechten Ufer der Somme, die französische am linken Ufer aufgestellt. Über den Fluß wird eine Brücke geschlagen, in der Mitte ist eine Art Gitter aufgestellt – Vorsichtsmaßregel gegen »Unglücksfälle« wie seinerzeit auf der Brücke von Montereau. Die beiden Könige betreten gleichzeitig die Brücke, sie umarmen sich – merkwürdiges Schauspiel – durch das Holzgitter hindurch, so gut es geht, und schwören einander, den Vertrag zu halten und treulich zu erfüllen.

Tatsächlich fließt das französische Gold in den nächsten Jahren nach England. Howard erhält für seine Dienste vierundzwanzigtausend Taler. Der Herzog von Gloucester, der so gegen den Abschluß gewettert hat, ist sich nicht zu schade, Geld und Pferde als Geschenk anzunehmen. In französischen Abrechnungen aus den Jahren 1476, 1477 und 1478 finden sich jährliche Zahlungen von sechshundert Talern an den Doktor Morton, tausend Talern an den Kanzler Rotherham, je zwölfhundert Talern an Lord Howard und Sir Thomas Montgomery. Lord Hastings, der bereits tausend Taler vom Herzog von Burgund erhält, bekommt noch einmal zweitausend vom französischen König. Geld stinkt nicht!

Karl, der wütend von seinem Schwager weggeritten ist, weiß wohl, daß er keine Chance hat, allein gegen die französische Armee anzutreten. Solange Lothringen nicht gesichert ist, solange die Schweizer nicht geschlagen sind, muß er sich den Rücken gegen Westen decken. Von Soleuvre, einem Schloß in Luxemburg, wenige Kilometer nordwestlich von Esch und südwestlich der Stadt Luxemburg gelegen, handelt sein Kanzler Hugonet einen Vertrag mit Frankreich aus, der am 9. September abgeschlossen und am 13. unterzeichnet wird. Er sieht zunächst den Status quo ante auf der Basis der Verhältnisse vom Mai 1474 vor, also zum Zeitpunkt des Ablaufens des letzten Waffenstillstands. Der neue Waffenstillstand wird auf neun Jahre abgeschlossen. Es wird bestimmt, daß Karl den Besitz der oberrheinischen Pfandlande wieder erhalten soll und daß er das Recht hat, mit seinen Streitkräften durch Lothringen zu marschieren. Der Connétable von St. Pol wird vom Waffenstillstand ausgeschlossen. Jetzt lassen ihn beide Seiten fallen. Wer ihn als erster ergreift, ist verpflichtet, ihn hinrichten zu lassen oder ihn innerhalb von acht Tagen an die andere vertragschließende Partei auszuliefern. Seine Lehen fallen an Burgund zurück. St. Quentin wird durch den König besetzt und mit Ham und Bohain dem Burgunderherzog ausgeliefert werden. Im übrigen sind in dem Vertrag die Alliierten beider

Seiten eingeschlossen, auch der Herzog von Lothringen und die Schweizer, aber mit der doppelten Bedingung, daß diese Alliierten dem Vertrag bis zum 1. Januar 1476 beitreten und daß sie sich von jetzt ab jeder feindlichen Handlung enthalten. Wenn sie sich aber der Ausführung irgendeiner Klausel des Vertrages widersetzen, sollen beide Seiten frei sein, die Waffe gegen sie zu erheben. Die niederländischen Stände sind über den Friedensvertrag von Soleuvre so erfreut, daß sie dem Herzog auf drei Jahre Subsidien von je hunderttausend Talern bewilligen[91].

Am 25. September übernimmt der Herzog das Kommando über seine Truppen in Pont-à-Mousson. Während er von Norden her in Lothringen einmarschiert, marschiert der Große Bastard von Burgund, der eben mit italienischen Söldnern aus Italien zurückkehrt, von Süden ein. Der unglückliche Herzog René, der sich auf kleine Kontingente von Vasallen, auf einige gascognische Söldner und auf die Hilfe von der Niederen Vereinigung verlassen muß, fleht den französischen König um Hilfe an.

Karl umgeht Nancy, belagert Epinal und gesteht der Stadt eine ehrenhafte Kapitulation zu. Das ganze Land fällt ihm fast kampflos zu. Am 25. Oktober stehen die Burgunder vor Nancy. René ist es endlich gelungen, achthundert französische Lanzen zu erhalten. Aber es führt zu nichts: Der Kommandant der Truppe sagt, er habe keine Order, die Burgunder anzugreifen. Der Lothringer muß sein Land verlassen.

Nancy ist um diese Zeit keine große Stadt. Die Mauern umfassen ein Rechteck von vielleicht sechshundert auf vierhundert Meter. Karl richtet sich in der ehemaligen Commanderie der Johanniterritter von Jerusalem ein. Zwar spielt sich etwas Artilleriegeplänkel ab, aber Nancy kann sich nicht halten.

Inzwischen vollzieht sich das Schicksal eines anderen Mannes. St. Pol ist in seinem Schloß in Ham eingeschlossen. Er denkt daran, sich zu verteidigen oder nach Deutschland zu fliehen. Dann entschließt er sich, mit einem Geleitbrief, den er von Karl erbeten und erhalten hat, sich in einen der burgundischen Staaten zu begeben. Mit fünfzehn Reitern Gefolge zieht er nach dem Hennegau. Karl gibt Befehl, der Landvogt vom Hennegau solle St. Pol in Mons festhalten. Es ist eine schwierige Situation. St. Pol hat ohne Zweifel den Herzog von Burgund bekämpft, er hat ihn getäuscht, er hat ihn verraten. Auf der anderen Seite hat der Herzog ihm einen Geleitbrief gegeben. Kann er den Geleitbrief oder muß er den Vertrag von Soleuvre brechen? Es wird schließlich eine Lösung gefunden, welche die Zeitgenossen dem burgundischen Herzog, der immer so auf seine Ritterehre bedacht ist, sehr übelnehmen. Karl verzichtet auf seine Ansprüche auf die Güter von St. Pol. Er gibt St. Quentin und andere Städte preis und handelt sich dafür freie Hand in Lothringen ein. Der Connétable wird am 18. November in Péronne an die Franzosen ausgeliefert. Schon am 27. November beginnt der Hochverratsprozeß gegen ihn in Paris, bei dem seine Machenschaften, sein Doppelspiel aufgedeckt werden. Am 19. Dezember wird er auf dem Grèveplatz zum Schafott geführt, wobei sein Rang streng beachtet wird: Das Schafott ist reich mit gestickten Lilien geschmückt, das Betkissen und das Augentuch sind von karmesinrotem Samt, und »der Henker ist ein Mann, der noch nie eine Hinrichtung vollzogen hat, ein zweifelhaftes Vorrecht für den Verurteilten[92]«.

René von Lothringen ist nur relativ besser dran. Er ist wieder einmal im Exil und überlegt sich, ob er wirklich die richtige Seite gewählt hat. Sein Großvater, der »Gute König René«, denkt nicht daran, den Enkel in den außerlothringischen Besitzungen als Erben einzusetzen. Er neigt dazu, den Burgunderherzog in seinem Testament mit der Provence zu bedenken. Neue Aspekte für die Großmachtträume des Großen Herzogs des Abendlandes – Aspekte, die sich nicht erfüllen werden. Der alte König René wird den Burgunder überleben. Die Provence wird Frankreich zufallen.

Am 30. November, dem Tag des heiligen Andreas, des burgundischen Schutzheiligen, früh acht Uhr, zieht der Herzog durch das Tor La Craffe in Nancy ein. Noch einmal vollzieht sich ein Schauspiel, das ganz auf Wirkung abgestellt ist. Hinter fünfzig Trompetern reitet der Große Herzog des Abendlandes. Er trägt einen langen goldbestickten Mantel, um den Hals die Ordenskette vom Goldenen Vlies, auf dem Haupt ein Barett mit einem goldenen Kreuz und vier großen Edelsteinen besetzt. Hinter ihm der Grand Bâtard, sein unentbehrlicher Halbbruder, dann der Herzog von Cleve, Markgraf Philipp von Rötteln, die Grafen von Nassau und von Chimay, von Merle, von Campobasso, Jean de Luxembourg und der Herr von Bièvre, Jean de Rubempré, der Gouverneur von Lothringen werden wird und dem es bestimmt ist, vierzehn Monate später mit Karl zusammen vor den Mauern Nancys zu sterben.

In der Stiftskirche St. Georges wird eine Dankmesse abgehalten. Drei Wochen später sind die Stände des Landes im Herzogspalast zu Nancy versammelt. Es ist anzunehmen, daß sie sich in der Mehrheit mit dem neuen Herrn abgefunden haben, während sich Teile des Volkes und des Bürgertums eine geradezu rührende (und wahrscheinlich nicht so ganz verdiente) Anhänglichkeit an den jungen vertriebenen Herzog René bewahren.

Karl der Kühne hält eine großangelegte Ansprache. Er ruft den Ständen ins Gedächtnis zurück, was sie ohnehin wissen: Lothringen ist die für Burgund unentbehrliche Landbrücke. Es braucht einen mächtigen Landesherrn, der imstande ist, das kleine Herzogtum gegen alle Feinde zu schützen – was René ja offenbar nicht konnte. Und dann kommt das Wichtigste: Nancy soll in Zukunft die Hauptstadt des burgundischen Reiches werden. Von hier aus will Karl seine vielen Länder regieren – wenn er einmal Frieden hat. Die kleine Stadt sieht einer glänzenden Zukunft entgegen.

Aber der Friede, den der Herzog so dringend braucht, um der Unruhen und Widerstände im Inneren erst einmal Herr zu werden, um seine großen Pläne auf dem Gebiet der Verwaltung, des Rechts, des Handels durchzuführen, ist keineswegs gesichert. Es ist wahr: Am gleichen Tag, an dem sich in Nancy die Stände versammeln, diktiert Ludwig XI. im

Schloß Plessisles-Tours einen Brief. Darin verspricht er, daß er seinem Vetter von Burgund die lothringischen Besitzungen nicht streitig machen wird, da der Burgunder seinerseits auf drei für die Krone Frankreichs wichtige Herrschaften an der Somme verzichtet. Aber wie hoch ist dieses Versprechen der »Spinne« zu werten? Wie sicher ist der Waffenstillstand von Soleuvre?

Gegen Osten kann sich Karl als abgeschirmt ansehen. Verhandlungen mit dem kaiserlichen Protonotar Hessler haben dazu geführt, daß der Waffenstillstand mit dem Kaiser in einen förmlichen Frieden umgewandelt wird. Aber ungeklärt stehen die Dinge in den oberrheinischen Pfandlanden, die Sigmund von Tirol wieder in Besitz genommen hat. Nicht zu reden von den Schweizern, die mit Burgund offiziell im Krieg stehen, die dem Waffenstillstand mit Frankreich nicht beigetreten sind, die Burgunds Verbündete, die Herzogin von Savoyen, mit Krieg überzogen haben.

Jolantha, die Regentin Savoyens, hat es nicht leicht mit ihren Nachbarn und mit ihren verschiedenen Schwägern. Da ist Philippe-Monseigneur, Herr von Bresse, der lange Zeit in französische Gefangenschaft geriet und trotzdem heute eher zur französischen Partei neigt, ebenso wie Janus von Savoyen, der Graf von Genf. Auf der Burgunderseite stehen der vorsichtig lavierende Jean Louis von Savoyen, Bischof von Genf, und der treue Waffengefährte des Burgunderherzogs, Jacques de Romont, der Herr des Waadtlandes, den Karl zum Generalgouverneur der Niederlande gemacht hat. Gerade der letztere hat sich, als er im Jahr zuvor nach Neuß abzog, vorher an die Berner gewandt und mit diesen ein Schutzabkommen abgeschlossen, wonach sie – obwohl sie wußten, daß er zur burgundischen Armee zog – sich verpflichteten, seine Besitztümer zu respektieren.

Savoyen, das sich vom Neuenburger See und von Murten bis hinunter weit in die Alpen und auf die andere Alpenseite bis nach Turin erstreckt, ist für den Herzog von Burgund von besonderer Wichtigkeit. Diesen Bundesgenossen im Stich zu lassen, kann er sich nicht leisten.

Vor Grandson das Gut

Bereits im April 1475 haben sich die Eidgenossen Stadt und Schloß Grandson am Südende des Neuenburger Sees unterworfen. Hugo von Chalons-Orange, Erbe der ausgedehnten Herrschaft Grandson, steht um diese Zeit mit Herzog Karl, seinem Lehensherrn, im Feldlager vor Neuß. Sein Vogt, Pierre de Jougne, hätte vielleicht die Möglichkeit, das starke Schloß zu halten, aber die Mehrzahl der Bewohner des Städtchens hat sich in die Burg geflüchtet, die Lebensmittel reichen nur kurze Zeit, Entsatz kann nicht erhofft werden. Die Belagerer aus Bern, Basel und Luzern haben schwere Artillerie zugezogen. Am 1. Mai kapituliert der Vogt und darf mit Waffen abziehen. Dreihundert Berner unter Heinrich Matter, später unter Brandolph von Stein, besetzen das Schloß. Das ist aber nur ein Zwischenspiel.

Im Herbst 1475 entschließt sich Bern, im Waadtland einzufallen. Bern ist nicht die einzige Macht, die darauf brennt, mit Savoyen eine Art polnische Teilung zu exerzieren. In Mailand lauert Galeazzo-Maria Sforza darauf, Piemont in die Hand zu bekommen. Ludwig XI. würde den westlichen Teil des Landes diesseits des Mont Cenis liebend gern übernehmen. Beide Fürsten haben savoyische Prinzessinnen, zwei Schwestern, geheiratet. Am savoyischen Hof gibt es eine französische und eine mailändische Partei. Die Oberhand haben derzeit die Anhänger Burgunds. Herzogin Jolantha ist mit Karl verbündet.

Am 14. Oktober schlagen die Berner und Freiburger los. Innerhalb von drei Wochen haben sie das ganze Waadtland überrannt. In Estavayer werden die Garnison und der größte Teil der Bevölkerung abgeschlachtet. In Orbe und Les-Clées wiederholen sich die Massaker. Das Land wird verwüstet. Genf kann sich durch ein Lösegeld von sechsundzwanzigtausend Goldgulden retten. Die Damen müssen all ihr Geschmeide abliefern, die Kirchenglocken werden eingeschmolzen, aber das ist immer noch besser als das Schicksal der kleinen Städte und Burgen im Lande. Jolantha wendet sich hilfeflehend an den Mailänder Herzog, aber der zeigt ihr die kalte Schulter: Kein Söldner, kein Gulden für seine Schwägerin. Die Schweizer können nicht erwarten, daß die Bewohner des Waadtlandes nach diesem Raubzug und den Massakern treue Berner oder Freiburger Bürger werden. Erwarten sie, daß der Herzog angesichts der französischen Drohung in seinem Rücken verhandeln werde?

Einer versucht es noch einmal: Rudolf von Hochberg, Graf von Neufchâtel, der als Verbündeter von Bern und Lehensmann des Burgunderherzogs zwischen die Fronten geraten ist. Er reist umher und bringt es fertig, daß sich burgundische und bernische Gesandte noch einmal auf einem Schloß in Neuenburg treffen. Ein einmonatiger Waffenstillstand ist alles, was ausgehandelt werden kann.

Die Burgunder benutzen die Zeit zu intensiven Vorbereitungen. Der Herzog arbeitet wie ein Besessener, er ißt kaum mehr. Ein Winterfeldzug über den Jura? Er wird es schaffen. Er wird durch die Tat beweisen, daß er seinen antiken Vorbildern nachstrebt. Wenn Hannibal über die Alpen ging, weshalb soll er seine Truppen nicht über den Jura führen?

Am 11. Januar verläßt er Nancy, trifft am 22. in Besançon ein. »Mit Gottes und des heiligen Georg Hilfe will ich die Untertanen Burgunds und die des Hauses Savoyen von den Schweizern, Wallisern und anderen Deutschen befreien«, schreibt er. Am 6. Februar rückt er ab, wenige Tage später steht er auf dem noch verschneiten tausend Meter hohen Paß von Jougne und läßt die Armee Revue passieren.

Das ist keine Feldarmee im üblichen Sinn. Daß die Staatskanzlei dabei ist, erscheint bei einem so fanatischen Verwaltungsmann verständlich. Aber das Mitführen von Hunderten von Prunkzelten, von Reliquien, von Manuskripten, von Silberzeug, Edelsteinen, Staatsgewändern zeigt doch, worauf es dem Großen Herzog des Abendlandes ankommt: Dieser Feldzug soll ein Schaustück sein, vor allem für die Gesandten der fremden Mächte, die ihn begleiten – darüber hinaus für ganz Europa, das seinen Zug verfolgt.

Und es scheint wirklich ein Blitzkrieg zu werden. Am 11. Februar flattern burgundische Standarten über Orbe, fünfzehn Kilometer vom Paß und ebenso weit von Grandson. Am selben Tag hat Pietro de Lignana, der mit italienischen Söldnern den Genfer See entlang marschiert, im Osten des Waadtlandes Romont besetzt. Die Freiburger bekommen in ihrer Stadt bereits Brandgeruch in die Nase.

Die Bestürzung in Bern ist groß. An alle Eidgenossen ergehen dringende Sendschreiben: »Aus vollem Herzen bitten wir Euch, flehen wir Euch an, ohne Zögern mit all Euren Kräften uns zu Hilfe zu kommen, denn wir sind an der Grenze, wir sind der Schutzwall, der Euer Leben, Euer Gut, Eure Ehre, Eure Frauen und Kinder, Eure Dörfer, Euer Land und Euer ganzes Volk schützt. Wir werden Euch ewig dankbar sein für die Hilfe, die Ihr uns jetzt gebt.«

Langsam, sehr langsam, bewegen sich die Kontingente der Eidgenossen auf den Sammelplatz Neufchâtel zu.

Die Einwohner des Waadtlandes und der Herrschaft Grandson begrüßen die Burgunder als Befreier, insbesondere natürlich die übriggebliebenen Bewohner der Orte, in denen die Massaker stattgefunden haben. Der Herzog redet vor ihnen. Karl der Kühne verkündet, daß die »Allmans«, die in burgundische Hände fallen, keine Gnade zu erwarten haben.

Am 19. Februar kommen die Mauern von Grandson in Sicht. Der Herzog hält auf einem Hügel, der noch heute den Namen »Duc de Bourgogne« trägt[93]. Es regnet, es schneit, es ist naßkalt.

SCHLACHT VON GRANDSON 2. MÄRZ 1476

1 *Erstes Treffen Karls des Kühnen*
2 *Zweites Treffen Karls des Kühnen*
3 *Drittes Treffen Karls des Kühnen*

Mutmaßlicher Stand etwa 11 Uhr Vormittag. Über die präzisen Anmarschwege und Standorte besteht keine völlige Übereinstimmung unter den Historikern, doch macht die Karte die Verhältnisse zu Beginn der Schlacht deutlich. Die heutige Autostraße Neuenburg–Lausanne führt im Abschnitt Vaumarcus–Concise am See entlang.

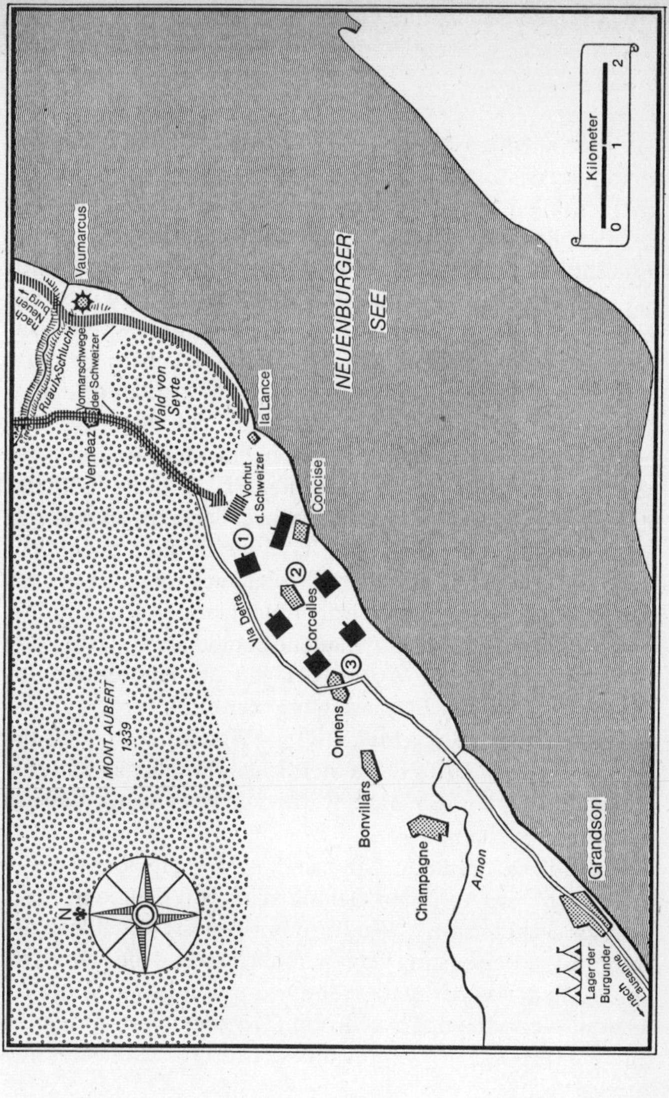
NEUENBURGER SEE
Vaumarcus
nach Neuenburg
Ruaulx-Schlucht
Vormarschwege der Schweizer
Wald von Seyte
la Lance
Vernéaz
Vorhut d. Schweizer
Concise
1
2
3
Corcelles
Via Detra
Onnens
MONT AUBERT
1339
Bonvillars
Champagne
Arnon
Grandson
Lager der Burgunder
nach Lausanne
N
Kilometer
0
1
2

Am selben Tag beruft die eidgenössische Tagsatzung in Luzern Aufgebote der Kantone auf den 23. Februar nach Neuenburg ein.

Die bernische Besatzung im Schloß von Grandson ist in einer schwierigen Lage. Ihr Kommandant, Brandolph von Stein, hat wenige Tage vorher die Unvorsichtigkeit begangen, sich allein in die Stadt zu begeben, ist in einen Hinterhalt der Bevölkerung geraten und gefangen an die Burgunder gesandt worden. Trotzdem wird ein Überraschungsangriff der burgundischen Vorhut am Nachmittag des 19. Februar vorerst abgeschlagen. Am 21. wird der Angriff wiederholt, die Burgunder dringen ins Städtchen ein. Die Berner ziehen sich aufs Schloß zurück. Die burgundische Artillerie beginnt die Beschießung mit Bombarden und Feldschlangen. Auf dem Turm Othon wird dem Berner Stückmeister der Kopf abgerissen. Das Pulvermagazin fliegt in die Luft. Trotz der strengen Einschließung gelingt es zwei Bernern, zu entkommen; sie berichten, das Schloß könne sich ohne Hilfe nicht mehr lange halten. Tatsächlich erfolgt auch über den See ein Hilfsversuch mit Booten, die aber nicht landen können. Das große, für unbezwingbar gehaltene Schloß brennt, das Ende ist nahe. Nach einer Woche Belagerung, am Aschermittwoch, muß sich die Besatzung ergeben.

Ihr Schicksal ist furchtbar. Einige Verteidiger lassen die Burgunder vom Turm Pierre herunter »das Fliegen lernen«. Ungefähr vierhundert Mann werden im See ertränkt oder an Bäumen aufgehängt.

Über diese unnötige Grausamkeit des Herzogs ist viel diskutiert worden. Einen Gefangenen, von dem kein Lösegeld zu erwarten ist, zu Tode zu bringen, ist in der Zeit der Burgunderkriege nichts Ungewöhnliches, und die Schweizer sind nach den von ihnen verübten Grausamkeiten sicher die letzten, die sich empören dürfen. Trotzdem verwenden die Eidgenossen später »Grandson, Grandson« als Rache- und Kriegsgeschrei.

Die anwesenden Botschafter werden an dem vierstündigen Hinrichtungsschauspiel nur mit Abscheu teilgenommen haben. Rechnet der Burgunderherzog damit, den Feldzug dadurch beschleunigen zu können, daß er Schrecken verbreitet? Am Morgen des 1. März reitet Karl der Kühne mit einigen hundert Begleitern den See entlang nach Norden, wo die Juraberge rasch näher ans Ufer rücken, das Gelände schwieriger wird. Zehn Kilometer nördlich von Grandson liegt die kleine Burg Vaumarcus. Sie gehört Johann von Neufchâtel, einem Vetter des Grafen Rudolf von Hochberg, der den Krieg zwischen Schweizern und Burgundern in letzter Stunde verhindern wollte. Die kleine Besatzung darf abziehen, Johann von Neufchâtel reitet mit dem Herzog. Eine burgundische Besatzung von vierhundert Mann unter George de Rosimboz bleibt in Vaumarcus. Zu diesem Zeitpunkt ist der Herzog – wir wissen es aus einem Brief an die aus Turin zurückgekehrte Savoyer Herzogin – darüber informiert, daß sich »fünfzehntausend oder sechzehntausend Schweizer« in Neufchâtel versammeln.

Wirklich ist Neuenburg inzwischen zum Waffenort geworden. Rund zwanzigtausend Eidgenossen und Verbündete aus Basel und Straßburg kommen zusammen. Siebentausend davon sind Berner unter Scharnachthal und Hans von Hallwyl. Sie wissen, daß der gefürchtete Burgunderherzog mit seinem Heer vor Grandson liegt, daß er Vaumarcus hat besetzen lassen. Mehr wissen sie nicht.

Es ist merkwürdig: Ebenso wie später vor Murten denken beide Seiten nicht an eine umfassende Aufklärung, die man in modernen Zeiten in solchen Fällen für unerläßlich halten würde. Beide wissen voneinander, aber der Zusammenprall in der Schlacht ist für beide Seiten überraschend.

Am frühen Morgen des 2. März setzt Karl der Kühne die burgundische Armee in Marsch. Die Vorhut und eine Heereskolonne unter dem Grand Bâtard zieht das Seeufer entlang in Richtung Vaumarcus. Eine zweite Kolonne startet etwas landeinwärts in Richtung der Dörfer Concise und Corcelles. In diese Richtung zieht der Herzog auch die Artillerie. Hinterdrein folgt die Reserveabteilung. Der riesige Troß bleibt im Lager von Grandson. Es ist schwer zu sagen, was jetzt hinter der Stirn des Herzogs vorgeht. Er ist ja selbst in Vaumarcus gewesen und weiß, daß am See entlang nach Norden – im Gegensatz zu der etwas offenen Gegend um Grandson – eine Art Engpaß folgt, wo sich die Jurahänge bis an das Ufer vordrängen und wo sich die Kavallerie nicht entwickeln kann.

Der Herzog will den Gegner schlagen. Dieser Gegner versammelt sich – so hat er gehört – in Neuenburg. Hofft er, die Engstelle ohne Widerstand zu überwinden? Drüben auf der anderen Seite wissen auch die Führer der eidgenössischen Aufgebote und ihre Verbündeten aus Basel und dem Elsaß nur, daß sich der Burgunderherzog mit einem großen Heer – man redet von sechzigtausend Mann – bei Grandson lagere. Wie die Burgunder rücken die Schweizer am frühen Morgen des 2. März in zwei Kolonnen von ihrem Lager ab. Die eine Kolonne marschiert am Ufer entlang Richtung Vaumarcus. Die zweite nimmt eine Straße weiter oben an den Jurahängen.

Die Kolonne am See stößt auf Vaumarcus, versucht einen Sturm, wird zurückgeschlagen. Soll eine Belagerung begonnen werden?

Die zweite Kolonne der Schweizer stößt etwa anderthalb Kilometer landeinwärts und hügelaufwärts auf eine schwache burgundische Vorhut, wirft sie zurück und stößt durch die dichten Wälder nach. Bei der Waldecke »Prise Gaulaz« kommen die Eidgenossen wieder ins Freie, sehen vor sich die Hügel von Corcelles, Concise, Onnens – und die burgundische Armee im Marsch.

Es scheint, daß der Herzog weder von dem Vorrücken der Schweizer durch die Wälder noch von dem Zusammenstoß der Vorhut des Grand Bâtard mit den am See vorrückenden Eidgenossen rechtzeitig unterrichtet worden ist. Nun, in diesem Augenblick kann er sich selbst überzeugen.

Panigarola, der mailändische Botschafter, berichtet Tage später in einem Brief an seinen Herzog, er habe eine riesige Phalanx von achttausend Menschen vor sich gesehen, einen pikenstarrenden Riesenigel, in dessen Mitte dreißig grüne

Banner und eine weiße Standarte flatterten. Rechts und links wird die Phalanx von Bogenschützen und Armbrustschützen begleitet, dahinter kommen die Hellebardenträger. Unter den Eidgenossen reitet der zweiundfünfzigjährige Schultheiß von Luzern, Heinrich Hasfurter, kenntlich an seinem langen Bart. Es ist fast zwölf Uhr mittags.

Der Herzog muß handeln, und er handelt. Er läßt die Bogenschützen vorrücken und die Feldschlangen in Stellung gehen, um den feindlichen Riesenigel zu beschießen. Vor allem aber schickt er die schwere burgundische Reiterei die Hänge hinauf, um die eidgenössische Phalanx von der Seite her anzugreifen und auseinanderzusprengen. Um Corcelles geht Artillerie in Stellung, die auf die Via Detra schießen soll, von wo der Riesenigel der Schweizer sich ganz langsam talwärts bewegt. Bogenschützen und Büchsenschützen werden nach vorn geschickt, um den Feind unter Feuer zu nehmen. Einer der geübtesten burgundischen Offiziere, der achtundzwanzigjährige Louis von Chalos-Chateauguyon, erhält Order, mit seiner Kavallerie die Schweizer im Rücken oder wenigstens in der rechten Flanke zu fassen.

Der Herzog selbst setzt sich an die Spitze der Reiter des rechten Flügels und stürmt gegen die Schweizer an. Die Front der gefällten Spieße hält. Dem Herzog wird das Pferd verwundet, er selbst bleibt unverletzt.

Nun stürmen die Ritter von der Abteilung Chateauguyon durch unwegsames und für Reiter schwieriges Gelände den Hang herunter. Auch hier hält der Riesenigel stand. Es gelingt Chateauguyon, im Anprall tief in die Schweizer hineinzureiten, zweimal greift er nach dem Banner von Schwyz, aber ein bernischer Reiter, Hans von der Grub, rennt ihm die Lanze durch den Leib, als der Burgunder von seinem tödlich verletzten Pferd stürzt. Mit ihm fallen einige hohe Offiziere, so Jean de Lalaing, Jean de Luxembourg, Sohn des hingerichteten Connétables von St. Pol, und der italienische Condottiere Pietro de Lignana.

Der Herzog begreift, daß das bergige Gelände ungünstig für ihn ist, daß er den Riesenigel in die Ebene herunterlocken muß, um ihn wirksam angreifen und vernichten zu können. Er gibt Befehl an die Bogenschützen, die Artillerie und das Fußvolk des Zentrums, sich auf neue Stellungen zurückzuziehen und dadurch gewissermaßen den Schweizern den Weg freizumachen. Die Reiterei soll sich auf beiden Seiten neu formieren, um den Gegner dann in Flanke und Rücken zu fassen.

Inzwischen ist es Nachmittag geworden, das zweite und das dritte burgundische Treffen sind aufgerückt. In dieser Stunde entscheidet sich die Schlacht durch ein groteskes und grandioses Mißverständnis. Die gesteuerte Rückwärtsbewegung von Teilen des ersten burgundischen Treffens wird von den aufgerückten Truppen als Flucht angesehen, zudem brechen in diesem Augenblick weitere eidgenössische Haufen, den ihrigen zu Hilfe eilend, aus den Wäldern hervor. Die furchtbaren Hörner von Uri und Luzern brüllen. Das burgundische Heer, zu zwei Dritteln bisher überhaupt noch nicht im Einsatz, wendet sich zur Flucht. Rette sich, wer kann! Die Panik steckt eine Ordonnanzkompanie nach der anderen an. Vergeblich galoppiert der Herzog zwischen die flüchtenden Scharen, um sie aufzuhalten. Vergeblich haut er mit der flachen Klinge auf den und jenen ein – das stolzeste Heer Europas flutet in wildem Durcheinander mit Mann und Roß und Wagen nach Grandson zurück.

Der Herzog galoppiert wieder zur Vorhut zurück, sammelt einige hundert Reiter um sich und versucht, den Rückzug mit Gegenangriffen zu decken. In der Ebene an dem baumbestandenen Flüßchen Arnon, wo heute die Straße von Neuenburg nach Grandson zieht, versucht er den letzten organisierten Widerstand aufzubauen. Vergeblich – die Schweizer sind nicht aufzuhalten. Ein Teil des burgundischen Lagers ist als Wagenburg aufgebaut und wäre zweifellos leicht zu halten gewesen. Die Schweizer sind nach einem Marsch von zwanzig Kilometern in voller Rüstung vollkommen erschöpft, so sehr, daß einige der ihren, darunter der Fähnrich von St. Gallen, bei der Verfolgung tot zusammenbrechen. Aber die Panik unter den burgundischen Truppen ist so groß, daß die Fliehenden überhaupt nicht daran denken, im Lager haltzumachen, sondern in Richtung Jura und Genfer See zurückfluten.

Mit Mühe kann Panigarola, der mailändische Botschafter, zusammen mit einigen Offizieren den Herzog überzeugen, daß er hier nicht bleiben kann. Karl der Kühne schäumt: Er sei verraten und verkauft! Noch kann er das Debakel kaum begreifen, aber er sieht: Es bleibt ihm keine andere Wahl. Mit kleinem Gefolge reitet er nach Jougne, unbehelligt von den Eidgenossen, die ihren Sieg aus Mangel an Berittenen nicht ausnützen können.

Der erste Anblick für die Eidgenossen beim Einrücken in Grandson ist schauerlich: An den Bäumen hängen noch die Leichen der Erhängten vom vergangenen Mittwoch. Man holt sie herunter, bestattet sie beim Barfüßerkloster und knüpft zur Rache einige Burgunder auf, die sich zunächst ins Schloß geflüchtet haben und sich nun auf Gnade und Ungnade ergeben müssen – eine armselige, aber begreifliche Rache.

Faszinierend und ungeheuerlich ist die Beute nicht nur auf den Rückzugsstraßen, sondern vor allem im burgundischen Lager[94]. Man hat ihren Wert nach heutigem Geld auf mehrere hundert Millionen Mark geschätzt – aber was sagen uns diese Zahlen? Schon mit den Waffen und dem Gerät konnte man eine ganze Armee ausrüsten. Zweihundert Geschütze – so Panigarola –, darunter einige »Orgelstuben« mit mehreren Läufen, Vorläufer der gefürchteten »Stalinorgel« des Zweiten Weltkrieges, Hunderte von Hakenbüchsen, Tausende von Streitäxten, Lanzen, Armbrüsten, Bogen, Harnischen, Pferden, Zelten, Streitäxten; Lebensmittel für einige Monate.

Siebenundzwanzig Hauptbanner fallen den Schweizern in die Hand und sechshundert kleinere Standarten und Wimpel, aufs Kostbarste bemalt und bestickt, viele davon mit dem Wahlspruch Karls des Kühnen »Je l'ay emprins« – »Ich hab's gewagt«.

Unter den Hunderten von Zelten fallen besonders sieben Zelte auf, die noch von Herzog Philipp stammen, deren

Holzwände mit Seide bespannt und mit kostbaren Teppichen behangen sind, die des Abends mit kristallenen Lampen erhellt werden.

Die herzogliche Hauskapelle enthält kostbare Reliquienbehälter, den goldenen Rosenkranz Philipps des Guten, dessen Kugeln aus lauter Edelsteinen bestehen, in einem goldenen Paternoster die emaillierten Bildnisse der zwölf Apostel.

Ungezählt ist das – teilweise vergoldete – Silbergeschirr. Des Herzogs goldener Stuhl fällt den Siegern ebenso in die Hand wie sein mit Juwelen übersäter Hut und seine Diamanten. Die Staatskanzlei enthält das große Staatssiegel und das Siegel des Grand Bâtard.

Eine Beute wird in den meisten schweizerischen Berichten nicht erwähnt. Es sind etwa zweitausend burgundische Lagermädchen, von denen wir einige in Illustrationen der Basler Chronik sehen. Die biederen Bergbauern dürften ihren Eheweibern nach ihrer Rückkehr kaum von diesem Teil der Beute viel erzählt haben.

Den Anführern der Schweizer gelingt es nur teilweise, die Zusammenstellung und Verteilung der Beute zu organisieren. Von dem militärisch bedeutsamen Teil abgesehen, verschwindet viel in den Taschen der Plünderer, ja man hat Grund anzunehmen, daß die Stadt Basel seinerzeit einige wertvolle Stücke unterschlagen hat. Jedenfalls ergießt sich vom Lager Grandson aus ein Wohlstandsregen von ungeahntem Ausmaß über die Schweiz, und spätere puritanische Geschichtsschreiber können nicht deutlich genug darauf hinweisen, daß vom französischen Bestechungsgold und von der Burgunderbeute die Lockerung der guten Sitten der Vorväter ausgegangen sei.

Wo sind all diese Kostbarkeiten geblieben? Das meiste ist verschollen. Der Rest – vor allem Fahnen, Geschütze, Teppiche – bildet den Stolz vieler eidgenössischer Museen. Und die berühmten Edelsteine? »Die einfältige gemeine Schweitzer, die sich besser auf Kühe als Kleinodien verstunden, die köstlichste Perlen und Edelsteine um ein Spottgeld verkaufeten«, heißt es bei J. J. Fugger[95].

Soweit sich das Schicksal der Kleinodien verfolgen läßt, glaubt man zuweilen einen Abenteuerroman zu lesen. Der berühmte »Florentiner« oder »Le Toscan« ist ein gelblicher Diamant von einhundertneununddreißigeinhalb Karat. Er ist in Gold gefaßt und mit Perlen verziert. Ein Knecht aus Zug liest ihn auf, wirft ihn wieder zu Boden, holt ihn noch einmal und bietet ihn dann einem Fußsoldaten für einen Gulden an. Dieser liefert ihn der Herrschaft ab, die ihm drei Franc dafür gibt. Bei der Schätzung der Beute wird er auf zwanzigtausend Gulden taxiert, aber der Verkauf macht lange Jahre Schwierigkeiten, weil man sich über Käufer und Preis nicht einigen kann. Endlich kauft ihn Bartholomäus May im Jahre 1492 um fünftausend Gulden. Von ihm kommt er an einen Genueser Kaufmann, der ihn wieder an Ludovico il Moro veräußert, den Mailänder Herzog, und zwar für zehntausend Florins. Der nächste Besitzer ist Papst Julius II., der ihn für zwanzigtausend Dukaten kauft. Von Julius II. geht er über auf Leo X. und damit in die Familie der Medici, wovon er seinen Beinamen »Der Florentiner« erwirbt. Durch die Heirat Franz Stephans von Lothringen-Toscana mit Maria Theresia kommt der Stein an den Wiener Hof und in die kaiserliche Schatzkammer. Dort bleibt er bis 1918. Der letzte österreichische Kaiser Karl nimmt ihn, zusammen mit anderen Kleinodien, in das Exil in der Schweiz. 1929 wird er zum Verkauf angeboten, soll aber erst 1955 nach Amerika verkauft worden sein. Es ist nicht festzustellen, wo er sich jetzt befindet.

Der zweite große Diamant, ein wasserheller Stein von hundert Karat, trug den Namen »Le Sancy«. Man nimmt an, daß er durch Hertensteins Vermittlung nach Frankreich verkauft wurde; jedenfalls befindet er sich im 18. Jahrhundert unter der Bezeichnung »Le Sancy« bei den französischen Kronjuwelen und kommt 1792 bei der Ausraubung der Garde-Meubles in Paris »abhanden«. Im 19. Jahrhundert taucht er bei einer Madame Paul Demidoff auf[96]. 1865 wird der Stein in London nach Bombay verkauft. 1867 wird er in Paris ausgestellt. 1875 kauft ihn der Maharadscha von

Patiala. Es ist anzunehmen, daß er sich heute noch in Indien befindet.

Verschwunden ist das »Federlin«, das an einem Hut befestig werden sollte und fünf blasse Rubine (sogenannte Balassen), vier Diamanten, siebzig kleine Perlen und drei große Perlen aufwies. Man nimmt an, daß die Fugger das Federlin auseinandergenommen haben.

Verschwunden ist auch das »Gürtelin«, der Hosenbandorden, den Karl der Kühne 1469 erhielt. Der mit Diamanten und Perlen verzierte Orden gelangt über die Fugger in den Besitz von Kaiser Maximilian, der achttausend rheinische Gulden dafür zahlt.

Die »Drei Brüder«, so genannt nach drei großen siebzigkarätigen Balassen, die sich schon bei Johann Ohnefurcht nachweisen lassen und europäische Berühmtheit hatten, gehen ebenfalls in den Besitz der Fugger über und von ihnen 1453 an Heinrich VIII. von England. Sie finden sich im siebzehnten Jahrhundert in den englischen Kronjuwelen; jedenfalls schickt sie König Jakob I. seinem Sohn Karl, der sich in Spanien auf Brautschau befindet, nach Madrid nach. Im englischen Kronschatz sind sie heute nicht mehr, sie scheinen nach der Exekution von König Karl I. verschwunden zu sein. Die »Weiße Rose« bestand aus einem Spinell, der in Rosenform von einem doppelten, je sechs Blätter zählenden Ring weißer Emailblätter eingerahmt war.

Federlin, Gürtelin, Drei Brüder und die Weiße Rose gelangen unrechtmäßig aus dem Lager von Grandson nach Basel. Die Basler warten fast drei Jahrzehnte, ehe sie das Beutegut unter Verschleierung des Rechtsgeschäfts durch Treuhänder um vierzigtausendzweihundert Gulden am 16. September 1504 an die Fugger verkaufen.

Verschwunden sind zwei große Perlen, von denen die eine »Die Unvergleichliche« hieß und die andere »La Ramasse de Flandre«. Verschwunden ist die Ordenskette vom Goldenen Vlies und der mit Saphiren, Diamanten, Rubinen und Perlen besetzte Hut Karls des Kühnen, den die Fugger auseinandernehmen, um die Edelsteine einzeln zu verkaufen.

Von dem, was erhalten blieb, wollen wir nur noch eines erwähnen, was mit Krieg und Eroberung nur soviel zu tun hat, als es eben im Lager vor Grandson miterbeutet wurde. Es ist der berühmte Tausendblumenteppich, einer von achten, die Philipp der Gute von dem Brüsseler Wirker Jean le Haze um 1295 Livres machen ließ. Staunend stehen wir im Historischen Museum von Bern vor der sieben Meter langen und noch drei Meter hohen – ursprünglich waren es viereinhalb Meter – Tapisserie. Auf blauschwarzem Grund ist in der Mitte das große Wappen Burgunds zu sehen, eingefaßt mit der Ordenskette vom Goldenen Vlies und mit einem Helm gekrönt. Darum herum finden sich in leuchtenden Farben Hunderte von verschiedenen Blumen. Schier ungläubig sieht man auf dieses einzigartige Wunderstück aus Wolle, Seide, Gold- und Silberfäden, auf diesen beredten Zeugen einer hohen Kultur im Herbst des Mittelalters.

Vor Murten den Mut?

Fährt man heute vom Stadtkern von Lausanne nach Nordwesten in Richtung auf den kleinen Flugplatz, so kommt man durch eine locker bebaute Vorstadtgegend, an der überhaupt nichts Besonderes auffällt. Auch der alte Name »Plaine des Loups« oder »Plan des Loups« ist nicht mehr im Gebrauch. Auf dieser Ebene wird im März 1476 das Lager der burgundischen Truppen errichtet, hier formiert der Herzog seine Armee neu.

Die Niederlage von Grandson hat ihn keineswegs entmutigt. Aber ihm ist klar, daß sein politisches Ansehen in Europa gefährdet ist. Er bemüht sich deshalb, das Ganze als eine Art Betriebsunfall abzutun. Nichts habe sich abgespielt als ein kleines Scharmützel, doppelt und dreifach werde er in Kürze seine Armee aufstellen, so läßt er sich gegenüber der savoyischen Regentin und dem mailändischen Botschafter Panigarola vernehmen. Von allen ausländischen Fürstlichkeiten und Diplomaten hält er sich in diesen Tagen insbesondere an den Mailänder, dessen Herrn er gerade jetzt besonders braucht. Er will die Genehmigung des Gian Galeazzo Sforza zu Einkäufen von Waffen, Rüstungen und Pferden, zum Anwerben von Söldnern und Söldnerführern. Er braucht des Mailänders Bündnis und Streitkraft auch noch für ein anderes Objekt: Der greise König René von Anjou, der ihm die Provence hatte erbweise übereignen wollen, ist unter dem Eindruck von Karls Niederlage bei Grandson bereit, sich dem französischen Druck zu beugen – Ludwig XI. ist nicht sehr wählerisch in seinen Mitteln – und die früheren Abmachungen mit dem Burgunder zu annullieren.

Unablässig ist der Herzog tätig. Unaufhörlich finden Verhandlungen, Truppenorganisationen, Manöver statt. Die Stadt Dijon soll Artillerie schicken, der Gouverneur von Luxemburg Truppen, die Hauptleute sollen bis zum 28. März alle fehlenden Ausrüstungsstücke melden, die Bewaffnung der Soldaten soll nach den Erfahrungen von Grandson geändert, verbessert werden.

Panigarola fragt einmal vorsichtig an, ob denn die Schweizer keine Anzeichen von Verhandlungsbereitschaft erkennen ließen. Der Herzog erwidert, »daß er kein Wort davon höre; aber wenn sie ihn auch fragten, so würde er ihnen das Ohr nicht leihen, und wer davon spräche, wäre es auch der größte Freund seiner Herrlichkeit: er würde ihm Feind werden: Denn er habe ein Gelübde zu Gott, unserer Frau und dem Heiligen Georg getan, daß er entweder in der Schlacht sterben oder sie besiegen wolle, und bevor er etwas anderes tue, wolle er Ruhm und Ehre wieder gewinnen[97].«

Deutlich zeigt sich in den Berichten des mailändischen Botschafters, daß der Herzog unter dem Eindruck von Grandson beginnt, emotional zu reagieren. Er läßt sich den Bart wachsen, den er erst wieder scheren lassen will, »wenn seine Ehre wieder hergestellt ist«. Verhandlungen mit den Freiburgern will er nicht ausschließen: aber daß ihm die wilden Bergbauern eine Niederlage bereitet haben, ihm, dem Großen Herzog des Abendlandes, das hat ihn tief getroffen.

Dabei ist seine politische Situation trotz aller schweren Sorgen nicht ungünstig. Die savoyische Herzogin Jolantha läßt zwar den Draht zu ihrem Bruder, Ludwig XI., nicht ganz abreißen, hat aber keineswegs vor, mit Burgund zu brechen – wie hätte sie es auch können? Der Sohn des Königs von Neapel, der junge Prinz von Tarent, der sich Hoffnung auf Maria von Burgund macht, ist mit Gefolge im Lager eingetroffen und soll eine hohe Offiziersposition erhalten. Vor allem aber kann Karl der Kühne des Kaisers sicher sein, mit dem er schließlich bereits Anfang des Jahres Frieden geschlossen hat.

Am 6. April erscheint der kaiserliche Protonotar, der Probst von Xanten (und spätere Kardinal) Dr. Grawin Hessler, in Lausanne[98]. Am Ostersonntag des Jahres 1476 ist die Kathedrale von Lausanne – die heute nicht viel anders aussieht als vor einem halben Jahrtausend – festlich geschmückt. Ein illustres Publikum wohnt der Messe bei: Jolantha, die Regentin Savoyens, eine gutaussehende zweiundvierzigjährige Dame, mit ihrem elfjährigen Sohn, dem Herzog Philibert, der päpstliche Nuntius, Alexander Nanni, die ausländischen Gesandten. Guillaume de Rochefort verkündet vor Abschluß der Messe den ewigen Frieden, den der burgundische Herzog mit dem Kaiser und seinem Sohn, dem Erzherzog Maximilian, geschlossen habe. Die Ratifikationsurkunden werden verlesen.

Am Nachmittag spielt sich dieselbe Szene im Lager vor den versammelten Soldaten nochmals ab. Rochefort betont, Herzog Sigmund von Tirol sei in diesen Frieden eingeschlossen und werde den Schweizern keine Hilfe leisten. Er lasse die Grafschaft Pfirt (damit sind die oberrheinischen Pfandlande gemeint), die vom Frieden ausgeschlossen und in Feindschaft mit Burgund bleibe, und ebenso die Schweizer fahren. Jetzt bleibe nur noch übrig, daß die Soldaten sich mutig zur Schlacht bereiteten, denn wenn die Schweizer weder vom Kaiser noch von Herzog Sigmund Hilfe erhielten, müßten sie unterliegen[99].

Trompetenschall unterstreicht die markige Ansprache. Was Hessler und Rochefort in Kirche und Lager wohlweislich verschweigen: Sigmund von Österreich hält an der Konstanzer »Ewigen Richtung« fest, und die Schweizer sind eben jetzt in Unterhandlungen mit ihm wegen Bestellung von Kavallerie; einige Reichsstädte neigen eher zu den Schweizern als zum Kaiser, und Friedrich III. hat weder den Willen noch die Macht, selbst mit einem Heer gegen die Eidgenossen zu ziehen.

›Der Tod Karls des Kühnen in der Schlacht von Nancy, 1477.‹
(Gemälde von Eugene D. Delacroix)

Grabplatte Karls des Kühnen
in der Notre-Dame-Kirche zu Brügge.

Im Hintergrund steht natürlich etwas ganz anderes: das alte Projekt der Heirat zwischen Maria und Maximilian. Am 6. Mai unterzeichnet Karl der Kühne das Schriftstück des Heiratsversprechens. Zum Martinsfest will der Herzog Maria »in eigner Person zu Cöln stellen, um Hochzeit zu feiern und besagte Ehe mit vorgenanntem Herzog Maximilian von Österreich zu vollziehen[100]«. Kein Wort im ganzen Schriftstück vom Römischen König, nichts über die Erhebung Burgunds zum Königreich. Hat die Niederlage von Grandson Karls politische Ansprüche so gedämpft?

In diesen Wochen, Ende April bis Anfang Mai, geht es dem Herzog gesundheitlich schlecht. Trotz fiebriger Anfälle und Magenkrämpfen kampiert er nach wie vor im Lager unter den Soldaten, ohne sich zur Nacht auszukleiden. Als es zwischen den Engländern und Lombarden zu heftigen Auseinandersetzungen kommt – sieben Tote bleiben auf dem Platz –, besteigt er mit Mühe sein Pferd, um durch persönliche Autorität den Tumult zu schlichten. Ende April wird es so schlimm, daß man ihn in ein Stadtquartier schafft: heftiges Fieber, eine akute Gastritis, geschwollene Beine, Verdacht auf Wassersucht – ist es die Überarbeitung, sind es Depressionen? Sein Arzt, Matteo de Clerici, ist bei ihm und der Neapolitaner Magister Bartolomeo, den ihm die savoyische Regentin gesandt hat. Er läßt sich sogar den Bart abrasieren. Die ärztliche Behandlung Ruhe führt langsam zur Genesung.

Inzwischen sind die organisatorischen Arbeiten abgeschlossen. Die Artillerie ist wieder vervollständigt. Es befinden sich schwere Bombarden dabei, die von dreißig Pferden gezogen werden müssen. Scharmützel mit den Freiburgern und den Eidgenossen, meist in der Gegend von Romont, sind an der Tagesordnung. Versuche der Savoyer, den Wallisern das Unterwallis und die Übergänge nach Mailand abzunehmen, werden blutig abgewiesen. Am Genfer See werden La Tour de Peilz, Vevey und Montreux von den Schweizern geplündert und gehen in Flammen auf. Am 9. Mai findet im Lager bei Lausanne die große Schlußinspektion des burgundischen Heeres statt.

Angetan mit einem seidenen Rock, golddurchwirkt und mit Marderfell besetzt, hält der Große Herzog des Abendlandes Revue, reitet die Reihen ab, läßt die Kompanien und Schwadronen an sich vorbeiziehen, befiehlt gefechtsmäßige Übungen. Seine Gesundheit scheint wieder völlig hergestellt. Auf rund zwanzigtausend Mann schätzen die ausländischen Botschafter das Heer, das an diesem Tage nahe dem See zwischen Morges und Lausanne inspiziert wird. Weitere Tausende stehen auf vorgeschobenen Posten.

Der Herzog hat eine detaillierte Marschordnung aufgestellt, die jedem seinen Platz zuweist und alles bis ins kleinste regelt. Die Armee ist in vier Korps eingeteilt, jedes Korps in zwei Treffen. Den Oberbefehl über das erste Korps führt Julio d'Acquaviva, Herzog von Atry. Zu ihm gehören Gardetruppen und die Standarte des Herzogs. Das zweite Korps befehligt der junge Fürst von Tarent, gewiß kein Soldat, aber unter ihm stehen zwei erfahrene Condottieri – Troylo de Rossano und Antonio de Legnano. Das dritte Korps steht unter dem Grafen von Marle. Hier finden wir als Chef des fünften Treffens einen anderen Italiener, Jacopo Galeotto, der den Herzog bis zur letzten Schlacht vor Nancy begleiten wird. Das vierte Korps schließlich führt der Graf von Romont. Ein Reservekorps umfaßt englische Bogenschützen und burgundische Fußsoldaten. Der Grand Bâtard hat kein besonderes Kommando, er bleibt in der Umgebung des Herzogs.

Die diplomatischen Beobachter staunen: ein wunderbares Heer, wie man es noch selten gesehen hat. Aber ist es auch kampfwillig und kampfkräftig? Wird es die Schweizer Bergbauern diesmal besiegen? Mit Entsetzen hören die italienischen Söldner, die Eidgenossen hätten auf ihrer Tagsatzung in Luzern beschlossen, bei Gefangenen kein Pardon zu geben (worauf burgundischerseits ein entsprechender Gegenbefehl ergeht): Derlei ist man aus den Kriegen der italienischen Condottieri nicht gewöhnt, wo man den Gefangenen schon des Lösegeldes halber schont. Daß die verschiedenen Völkerschaften – Engländer, Burgunder, Pikarden,

Lombarden – einander nicht besonders mögen, haben die Vorgänge im Lager erwiesen. Andererseits hat man versucht, durch organisatorische Änderungen und Umstellungen in der Bewaffnung die Erfahrungen von Grandson zu nutzen. Es wird jetzt darauf ankommen, den Söldnern rechtzeit ihren Sold auszuzahlen.

Panigarola rät dem Herzog zur Vorsicht, er möge doch nicht alles auf eine Karte setzen: »Bellorum eventus dubii sunt« – der Ausgang der Kriege ist zweifelhaft. Der Herzog erwidert, seine Ehre könne er schlechterdings nicht ungerächt lassen. Wenn er verliere, so hoffe er in Ehren in der Schlacht zu sterben; sei dies nicht der Fall und er noch am Leben, so werde er sich lieber in einen Brunnen werfen, als ferner in der Welt leben; daher, um aus diesen Ängsten, diesem Mißbehagen, dieser Schwermut herauszukommen, welche die Ursache seiner Krankheit seien, sei er entschlossen, alles auf einen Zug zu setzen.

Farbig schildert Panigarola, wie sehr der Große Herzog sich verrannt hat: »Je mehr ich ihm mit Beweisen zusetzte, desto mehr erhitzte er sich und geriet in Zorn und Ungestüm, so daß er nach allen Seiten Feuer spie: So sehr ist er über diese Schweizer erbost[101].« In einem Punkt stimmt er Panigarola zu: Die burgundische Armee, die am 27. Mai ihr Lager vor Lausanne verläßt, bewegt sich langsam und vorsichtig, ja übervorsichtig vorwärts. Erst am 9. Juli trifft sie vor Murten ein, rund siebzig Kilometer vom Lausanner Lager entfernt.

Das Städtchen Murten oder Morat, das heute noch vollkommen seine mittelalterliche Erscheinung bewahrt hat, liegt genau an der Sprachgrenze zwischen der deutschsprachigen Schweiz und der Suisse Romande. Die Stadt stand unter savoyischem Lehensrecht, hat sich aber mit Bern verbündet und ist dann von den Bernern im Oktober 1475 im Handstreich besetzt worden. Die Besatzung besteht überwiegend aus Bernern, zu einem Viertel aus Freiburgern.

Die kleinen Städte des Waadtlandes haben die Schweizer ob der burgundischen Gefahr geräumt. Aber Murten, das stark befestigt ist, wollen sie nicht aufgeben. Ein starker

Befehlshaber muß her! In diesen Stunden entsinnt sich der Rat von Bern des Mannes, der als Haupt der proburgundischen Partei gegen die frankreichfreundliche Politik der Diesbach und ihrer Anhänger schließlich unterlag, am 10. Juli 1475 von der Ratssammlung ausgeschlossen und praktisch auf sein Schloß Spiez verbannt worden ist: Adrian von Bubenberg. Der einstige Waffengefährte und Freund Karls des Kühnen ist vielleicht ein oder zwei Jahre älter als der Herzog, gegen den er nun kämpfen soll. Bubenberg sagt zu, er verlangt nur ausreichende Ausrüstung und einen unbedingten Treueid der Besatzung; er weiß, welch ungeheuer schwere Aufgabe ihn erwartet und daß wohl mit savoyischen Anhängern in der Bürgerschaft von Murten gerechnet werden muß.

Während Bern sich wiederum rüstet, sind zunächst die übrigen eidgenössischen Orte noch keineswegs willens, den Berner Vorstellungen zu folgen. Die Expansionspolitik der Berner in Savoyen sei nicht ihre Sache, damit wollen sie nichts zu tun haben; ja – wenn Bern selbst belagert werde, dann wollten sie natürlich ihren Bündnispflichten gern nachkommen.

Auch den französischen König gehen die Berner in unmißverständlichen Worten wegen der Erfüllung seiner Bündnispflichten an; sie hätten zudem sichere Kenntnis, daß der Burgunder beabsichtige, den französischen König unmittelbar anzugreifen (offenbar eine Anspielung auf die drohenden Auseinandersetzungen um die künftige Erbschaft des alten Königs René von Anjou). Ludwig XI. dankt mit freundlichen Versprechungen; er denkt gar nicht daran, den Waffenstillstand von Soleuvre mit Burgund zu brechen. Die Saat ist gesät. Er kennt seinen großen Gegner und er glaubt fest daran, daß die Schweizer für ihn die Kastanien aus dem Feuer holen werden. Wenn nicht – nun, dann wird man sich mit dem mächtigen Mailänder Herzog über ein gemeinsames Vorgehen gegen Burgund verständigen, denn dem Mailänder liegt an einem Gleichgewicht der Kräfte. Von den Engländern ist nichts mehr zu fürchten.

Die Verhandlungen zwischen Bern und den anderen Orten gehen weiter. Der endgültige Stimmungsumschwung bei den Eidgenossen zugunsten einer aktiven Unterstützung von Bern wird erst durch eine Aktion der Burgunder ausgelöst. Wer von Bern nach Murten will, kann die tiefeingeschnittene Saane an zwei Punkten überschreiten; bei Gümmenen, wo heute die Landstraße vorbeiführt, und etwa fünf Kilometer südlich davon bei Laupen. Es ist vollkommen logisch, daß die Belagerer von Murten versuchen, sich in den Besitz dieser beiden Übergänge zu setzen, um die mit Sicherheit zu erwartenden Entsatzversuche von Bern her abzuwehren. Am 12. und 13. Juni kommt es an beiden Punkten zu heftigen und blutigen Kämpfen. Die Brücke von Laupen ist eine Zeitlang in burgundischer Hand, doch schließlich gewinnen die Berner und Freiburger die Oberhand. Die Burgunder ziehen sich zurück und versuchen von da an überhaupt nicht mehr, die Saane-Übergänge in ihren Besitz zu bringen, ja auch nur sie zu beobachten, um die Bewegungen des Feindes zu kontrollieren. Für die Berner aber sind die Gefechte an den Saane-Übergängen Anlaß, erneute Hilferufe an alle Eidgenossen und zugewandten Orte loszulassen: Jetzt haben die Burgunder versucht, bernerisches Eigengebiet anzugreifen, und mit größter Mühe hat man sie am Eindringen hindern können. Nun sind auch die letzten Orte der Eidgenossen bereit, ihre Mannschaft aufzurufen. Auf allen Bergen flammen die Feuer: »Zu den Waffen!«

Hans Waldmann, der Züricher, der die eidgenössische Besatzung in Freiburg kommandiert, ermahnt in einem Brief, der am Montag, den 7. Juni, abends um sieben Uhr abgeht, seine Landsleute zur Eile, damit sie nicht die Letzten seien. Die burgundische Macht schätzt er »woll uff drüy mall als vil lüt, als vor Granssy«, fügt aber dieser Überschätzung voller Selbstbewußtsein hinzu, »aber arschrek nieman: Wir weind sy mit der Gotz Hilff all ertöden[102]«.

Die Belagerung Murtens hat begonnen. Im Nordosten der Stadt liegt das Korps Romont, im Süden Troylo und Lignana mit ihren Italienern, im Südwesten ein burgundisches Korps unter dem Grand Bâtard. Der Herzog selbst richtet sich mit den ausländischen Botschaftern, dem Hof, der Garde auf einem Hügel ein, dem Grand Bois Domingue. Von hier aus hat man einen großartigen Blick über Murten und seine unmittelbare Umgebung, also über die Stellungen der Belagerer. Auch nach Südwesten ist der Blick frei. Dagegen ist es unmöglich, im Osten irgendwelche Bewegungen zu kontrollieren. Die bei der Belagerung der Stadt nicht unmittelbar eingesetzten Truppenteile – immerhin wohl gut die Hälfte der Armee – lagern zwischen Greng und Meyriez am See, um Münchenwyler und in der Gegend des Bois Domingue.

Für Karl den Kühnen sind zwei Dinge klar: daß mit einem Entsatzversuch zu rechnen ist – ob von Freiburg oder von Bern her muß sich noch herausstellen – und daß er sich von den Schweizern nicht mehr überraschen lassen darf wie bei Grandson. Infolgedessen wird die Stellung des burgundischen Heeres auf den Hügeln um Murten befestigt. Die Soldaten ziehen Palisaden mit Öffnungen für die Reiterei und für die Geschütze. Es ist der berühmte Grünhag, um den sich später so viele Gerüchte und Geschichten ranken werden. Wo er präzise verlief, wird man nie genau feststellen können. Es ist aber wahrscheinlich, daß er südlich von Altavilla und Burg begann, westlich von Salvenach gen Süden lief, über die Höhen des Bois Boulay und südostwärts von Coussiberlé und Courlevon vorbei[103].

Die Besatzung von Murten wehrt sich mit heftigem Geschützfeuer. Die Italiener Troylos müssen sich eingraben. Tage und Nächte vergehen unter Scharmützeln. Schließlich gelingt es auf der Seite des Grafen Romont der burgundischen Artillerie, die Stadtmauer auf eine Strecke zusammenzuschießen. Am 18. Juni abends zwischen sechs und sieben Uhr gibt Romont das Zeichen zum Sturm. In dichtgedrängten Haufen rücken Burgunder und Savoyer mit Leitern, Äxten, Streitkolben und Schilden heran[104]. Ein blutiger Nahkampf beginnt. Aber sechs Stürme hintereinander bringen keinen Erfolg. Der Einbruch der Nacht läßt die Kämpfe abflauen.

Am 20. Juni versammelt der Herzog die Hauptleute um sich und tadelt sie wegen des mißlungenen Sturms: Sie hätten ihre Leute zu sehr geschont. Die Hauptleute ihrerseits rechtfertigen sich damit, »in täglicher Erwartung eines zum Entsatz anrückenden Feindes wäre es nicht geraten, vor dem belagerten Platze die tüchtigste Mannschaft zugrunde zu richten, wohl aber sie für die bevorstehende Schlacht aufzusparen; wäre dann einmal der Feind überwunden, so werde der Platz ohnehin fallen[105]«.

Bubenberg hat den Sturm noch einmal überstanden. Er macht sich aber keine Illusionen darüber, daß es der burgundischen Artillerie in Kürze gelingen wird, mindestens die Nordseite der Befestigungsmauer so sehr in Schutt zu schießen, daß die Stadt auf keinen Fall zu halten ist, wenn nicht rasch Entsatz kommt. Zudem zeigen sich unter der Mannschaft unzweifelhaft Zeichen einer Erlahmung des Widerstandswillens. Adrian von Bubenberg zögert keinen Augenblick. Er läßt die Besatzung, soweit sie nicht auf den Mauern gebraucht wird, zusammenrufen, erinnert sie an den geschworenen Eid und fordert sie auf, »jeden vor ihn zu bringen oder sofort zu erstechen, der von Übergabe rede«.

Ebenso warnt Bubenberg Magistrat und Bürgerschaft vor Verräterei und »zaghaften Äußerungen«. Vernehme er, daß heimlich oder öffentlich so etwas vorgehe unter ihnen, so werde er von Stund an ohne Schonung die Schuldigen alle hinrichten lassen. Andererseits schickt Bubenberg noch am selben Abend einen Boten nach Bern, der den Einschließungsring über den See durchbricht. Die Botschaft ist kurz und klar: Murten kann sich nur noch kurze Zeit halten, Entsatz muß deshalb so rasch wie möglich kommen.

Die Berner haben unterdessen ihre Kontingente an der Saanebrücke bei Gümmenen zusammengezogen. Am 17. Juni marschiert die Truppe von Unterwalden durch Bern, am nächsten Tag die von Uri, von Schwyz, von Basel und von Luzern. Am 19. wird die Saane überschritten. Bei der Ortschaft Ulmiz am Biberenbach, von den Burgundern getrennt durch den großen Galmwald, werden Quartiere bezogen.

SCHLACHT BEI MURTEN 22. JUNI 1476

1 *Gardetruppen*
2 *Korps des Grafen von Romont*
3 *Korps des Anton von Burgund*
4 *Korps des Herrn von Clessy*

Die gestrichelte Linie zeigt den mutmaßlichen (aber streitigen) Verlauf der burgundischen Feldbefestigung (»Grünhag«). Die Palisade war zu Beginn der Schlacht von etwa 4000 Mann Vorposten besetzt; der Rest des Korps Clessy war im Quartier.

A *Schweizerische Vorhut (Hans von Hallwyl)*
B *»Gewalthaufen« (Hans Waldmann)*
C *Reiterei (René von Lothringen)*
D *Nachhut (Kaspar von Hertenstein)*

Die Schlacht begann etwa 12.30 Uhr mittags. Früher nahm man an, der Durchbruch durch den »Grünhag« sei bei der St.-Urbans-Kapelle erfolgt, zumal auch die Illustration in Diebold Schillings Chronik im Hintergrund eine Kapelle zeigt. Heute neigen die Historiker mehr der Auffassung zu, die Feldbefestigung sei südlich von Burg durchbrochen worden.

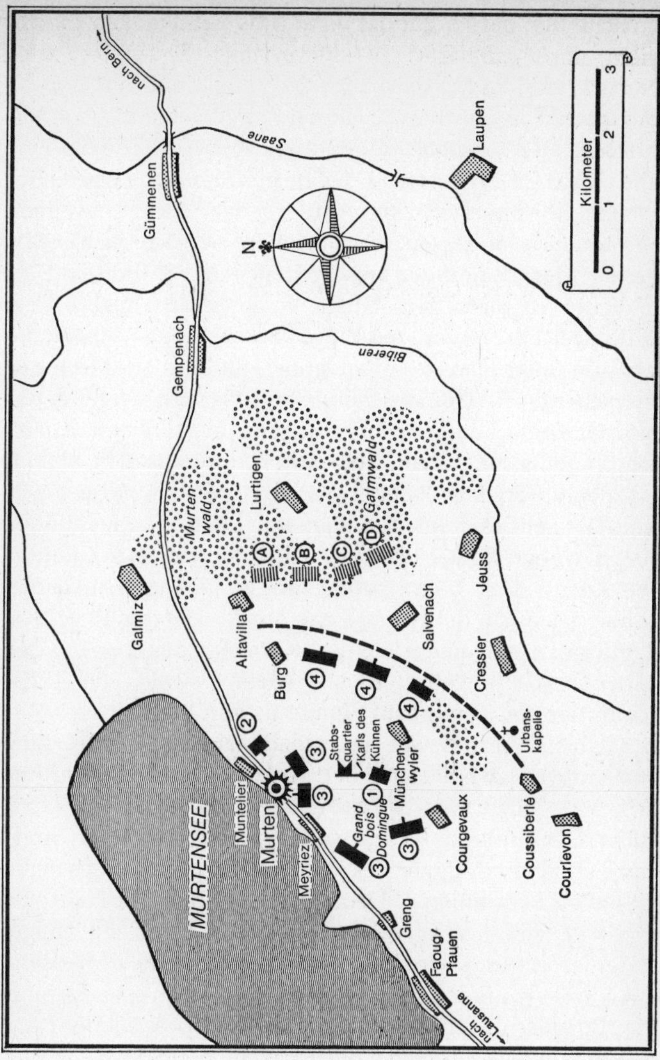
nach Bern
Gümmenen
Saane
Laupen
Kilometer
0 1 2 3
N
Gempenach
Biberen
Murten-
wald
Lurtigen
Galmwald
A
B
C
D
Galmiz
Altavilla
Salvenach
Jeuss
Burg
Cressier
Urbans-
kapelle
Stabs-
quartier
Karls des
Kühnen
München-
wyler
MURTENSEE
Muntelier
Murten
Meyriez
Grand
bois
Domingue
Courgevaux
Coussiberlé
Courlevon
Greng
Faoug/
Pfauen
nach
Lausanne

Noch ahnen die Brugunder nicht, was sich hier zusammenzieht. Ihre Aufklärung ist lückenhaft, die eintreffenden Nachrichten sind widerspruchsvoll. Jenseits des Galmwaldes wächst die Unruhe der eidgenössischen Mannschaft, die fürchtet, den zweitausend Mann in Murten werde das gleiche Schicksal bereitet wie denen in Grandson. Aber noch wollen die schweizerischen Anführer das Eintreffen weiterer Kontingente abwarten, noch fühlen sie sich nicht stark genug, den Burgunder anzugreifen. Am 18. Juni sind die Züricher aufgebrochen. Durch andauernden Regen, über durchweichte Straßen und Wege kommen sie am Abend des 21. Juni unter Hans von Landenberg in Bern an. Mit ihnen marschieren die Thurgauer und Sarganser, die Aargauer, die aus der Vogtei Baden und dem sogenannten Freiamt. Kurzer Verpflegungsaufenthalt, aber schon um zehn Uhr abends werden die Soldaten wieder aufgejagt. Nach nur dreistündiger Rast geht es durch den unentwegt herunterprasselnden Regen weiter, die nächsten zwanzig Kilometer nach Gümmenen, dann nach Ulmiz, wo sie am 22. ankommen. Inzwischen ist auch der vertriebene junge Herzog René von Lothringen mit einem kleinen Kavallerieaufgebot bei den Eidgenossen eingetroffen, außerdem Oswald von Thierstein, der das Kontingent Sigmunds anführt.

Mehr als fünfundzwanzigtausend Mann sind jetzt versammelt, davon zweitausend Berittene. Jetzt muß angegriffen werden. Einen Oberbefehlshaber wählen die Schweizer nicht. Der erfahrene Kriegsmann Wilhelm Herter von Straßburg erhält die Aufgabe des »Ordnungsmachers«, das heißt, er hat zu koordinieren. Dem aargauischen Ritter Hans von Hallwyl, einem zweiundvierzigjährigen Ritter mit einiger Kriegserfahrung, wird die Vorhut anvertraut: fünftausend Pikenträger, die lothringische und österreichische Kavallerie, Bogenschützen und Büchsenschützen, Artillerie. Hans Waldmann aus Zürich hat den Oberbefehl über den Gewalthaufen, etwa zwölftausend Mann. Hier wehen die eidgenössischen Banner. Kaspar von Hertenstein, der Schultheiß von Luzern, übernimmt die Nachhut mit rund fünftausend

Mann, die nachher den linken Flügel des Schweizer Angriffs bilden wird.

Der Plan der Schweizer ist einfach: Die Stellung des Gegners so durchstoßen, daß er an der Flucht nach Süden gehindert, eingekesselt und zwischen See und Eidgenossen zermalmt wird. Das Korps Romont, das im Nordosten von Murten steht, soll vorerst in Ruhe gelassen werden.

Im burgundischen Lager ist durchaus klar, daß sich starke eidgenössische Truppen sammeln, um zum Entsatz von Murten herzuziehen. Die offenen Fragen sind: Wie viele sind es? Von wo kommen sie? Wann werden sie kommen?

Wiederum ist die burgundische Aufklärung, wie vor Grandson, mangelhaft. Guillaume de Vergy und Troylo melden Geräusche von feindlichen Bewegungen in den Wäldern. Es ist die Nacht vom 20. auf den 21. Juni 1476. Die burgundische Armee wird in Alarmzustand versetzt. Am Morgen des 21. entschließt sich der Herzog selbst zu einer Rekognoszierung. Es gibt ein kleines Scharmützel, die Stärke der Schweizer ist nicht auszumachen. Im Kriegsrat am Abend wird entschieden, in den vorgeschobenen Stellen zweitausend Mann Fußvolk und dreihundert Lanzen zu belassen, aber die übrige Armee, die sich den ganzen Tag im strömenden Regen im Alarmzustand befunden hat, in die Zelte abrücken zu lassen. Der Herzog vertritt hartnäckig die Auffassung, die heranrückenden Schweizer wollten ihn lediglich von der Belagerung Murtens abziehen, ein ernsthafter Angriff sei nicht zu erwarten.

Am Samstagmorgen, dem 22. Juni, regnet es wieder. Während des Vormittags treffen nacheinander alarmierende Nachrichten vom Grand Bâtard und anderen Anführern ein: Der Feind sei im Anrücken! Jetzt entschließt sich Karl der Kühne, den Befehl auszugeben, die Truppen in den Quartieren sollten sich wieder waffnen.

Panigarola ist an die Verteidigungslinien westlich der Straße Salvenach—Burg gegangen. Es ist kurz nach 12 Uhr mittags. In diesem Augenblick hört der Regen auf. Vor den Augen des mailändischen Botschafters rollt ein faszinierendes Schauspiel ab: Aus dem Galmwald rücken die Schweizer hervor, Hunderte, Tausende, voran die Büchsenschützen, dahinter die Pikeniere. Augenblicklich beginnt die burgundische Artillerie zu schießen, ebenso die Büchsenschützen in der dünnbesetzten Verteidigungslinie. So rasch er kann, eilt Panigarola zum Herzog zurück: Alarm! Alarm! Der Arzt Matteo de Clerici und Panigarola helfen Karl dem Kühnen in die Rüstung.

Der erste Ansturm der Schweizer kommt ins Stocken. Am Grünhag machen burgundische Reiter einen Ausfall, bringen die schweizerischen Reihen in Verwirrung. Aber dann gelingt es den Eidgenossen, an einer Stelle in die Palisaden einzudringen, die Artillerie niederzuhauen, die burgundische Linie zu durchbrechen.

In diesem Augenblick ist die Entscheidung schon gefallen. Troylo, der den Ostabschnitt vor Murten befehligt, läßt dreitausend Mann kehrtmachen, um sie den Schweizern entgegenzuwerfen – vergebens. In kleinen Gruppen, wie sie sich bewaffnet haben, kommen die burgundischen Truppen an; sie werden in den Sog der Flucht gerissen. Somerset mit den berittenen englischen Bogenschützen versucht, ein Bollwerk des Widerstands zu bilden. Er fällt, die meisten seiner Truppen mit ihm.

Noch hält Jacques van der Maas zwar unerschüttert die große Standarte von Burgund aufrecht, aber die Garde ist bereits versprengt, der Standartenträger fällt mit der Standarte.

Ein grauenvolles Gemetzel hebt an. Viele Burgunder werden von den Eidgenossen noch in den Zelten erschlagen, aus Häusern und Backöfen herausgeholt, von den Bäumen heruntergeschossen. Hunderte von Lombarden versuchen in den See zu fliehen, bis nur noch ihre Köpfe herausgucken: Sie werden umgebracht »wie die Wasservögel«, viele ertrinken. Einem einzigen Kürassier gelingt es, das jenseitige Ufer zu erreichen.

Jeder organisierte Widerstand hat aufgehört. Die Schweizer geben, ihrem Grundsatz getreu, keinen Pardon. Das weite Feld ist mit Abertausenden von Gefallenen übersät. Dem Grand Bâtard gelingt es, dank der Schnelligkeit seines Renners – ein Geschenk des Herzogs von Mailand – wie durch ein Wunder aus dem Getümmel nach Süden zu entkommen.

Kaspar Hertenstein ist es mit der schweizerischen Nachhut gelungen, links weitausholend bei Pfauen den See zu erreichen und die Straße nach Avenches abzuschneiden. Der Versuch eines Ausfalls von sechshundert Mann der Besatzung Murtens unter Bubenberg nach Süden wird noch von den Condottieri Antonio Legnano und Giovanni Francesco Troylo zurückgeschlagen. Aber in diesem Augenblick sitzen den Italienern schon die Angreifer im Rücken. Troylo und Legnano fallen beide. Der Graf von Marle, Jean de Luxembourg, bietet den Schweizern fünfundzwanzigtausend Gulden für sein Leben – eine Summe, mit der ein mittleres Dorf jahrelang sorgenfrei leben könnte. Er wird erschlagen wie die anderen, wie Georges de Rosimboz, wie Bournonville, wie Grimberghe, wie Abertausende namenloser Soldaten, denen die Flucht nicht mehr gelingt.

Karl der Kühne wird in der Flut der Flüchtenden förmlich weggeschwemmt. Panigarola, der ihn begleitet, entgeht mit knapper Not dem Tode. Neben ihm erhält der spanische Botschafter zwei Säbelhiebe über den Schädel. »Niemals, solange ich lebe, werde ich diesen Tag vergessen«, schreibt Panigarola anderntags nach Mailand, und man mag es ihm glauben[106].

Unbehelligt steht indessen das Korps des Grafen Romont nördlich der Stadt. Er versucht, um das Nordende des Murtensees abzuziehen, um sich in Richtung Estavayer durchzuschlagen, da stößt er auf eine starke Mannschaft von Neufchâtel. Die Burgunder und Savoyer machen kehrt, wenden sich zur Flucht. Die ganze Nacht durch marschiert Romont mit dem Rest seiner Truppen nach Südosten, bis er am frühen Morgen mit dem, was ihm geblieben ist, Stadt und Feste Romont erreicht. Er hat gerade noch ein Drittel der Mannschaft bei sich.

Mehr als zwanzigtausend Burgunder liegen erschlagen auf dem Schlachtfeld zwischen Pfauen, Courgevaux und Meyriez. Ihre Gebeine werden später südlich Murten in einem Beinhaus gesammelt. Mitte des 18. Jahrhunderts wurde dort Albrecht von Hallers poetische Inschrift angebracht:

»Steh still Helvetier! Hier liegt das kühne Heer,
vor welchem Lüttich fiel und Frankreichs Thron erbebte.
Nicht unsrer Ahnen Zahl, nicht künstliches Gewehr,
die Eintracht schlug den Feind, die ihren Arm belebte.
Kennt, Brüder, Eure Macht; sie liegt in Eurer Treu,
O, würde sie noch jetzt bei jedem Leser neu!«

Beinhaus samt Inschrift wurden im März 1798 von französischen Revolutionstruppen niedergerissen: Die Burgunder waren längst Franzosen geworden, und man wollte nicht an die Niederlage erinnert werden.

Heute steht ein schlichter Obelisk an der Ausfallstraße von Murten nach Avenches und Lausanne, kaum beachtet von den Tausenden von Touristen, deren Fahrzeuge hier allsommerlich vorbeifluten.

Vor Nancy das Blut

Karl der Kühne ist nach der Schlacht mit geringer Begleitung die Nacht hindurch nach Süden geritten. Ein Druck nach einem Gemälde von Burnand, der früher in vielen Schweizer Schulzimmern hing und heute noch im Treppenhaus eines Murtener Hotels (vermutlich auch noch anderswo in der Eidgenossenschaft) zu sehen ist, zeigt den Herzog auf wilder Flucht durch den nachtschwarzen Wald.

Am Morgen des 23. Juni hört er in Morges die Messe. Am selben Abend trifft er die Herzogin-Regentin Jolantha von Savoyen. Grandson hat man als ein Scharmützel, als eine Art Betriebsunfall kaschiert. An der vollständigen Niederlage des burgundischen Heeres vor Murten kann kein Zweifel bestehen. Europa hält den Atem an: Der Große Herzog des Abendlandes ist von den Schweizern vollständig geschlagen worden.

Die Eidgenossen sind sich auch nach dieser Schlacht nicht einig: Sollen sie nach Hause ziehen oder den Trümmern des burgundischen Heeres nachsetzen? Wiewohl die Beute diesmal – so die Chronik von Petermann Etterlin – im Vergleich zu Grandson »eitel Bettelwerk und Kinderspiel« ist, ziehen es trotz des Drängens von Bern viele vor, mit dem Erbeuteten den heimatlichen Dörfern zuzustreben.

Ein Teil der Truppen aber zieht sengend und brennend, ohne Gegenwehr zu finden, durch das Waadtland bis nach

Lausanne. Die Stadt wird restlos ausgeplündert. Daß dabei die Kathedrale ebensowenig verschont wird wie die Klöster, ist der Berner Obrigkeit schon wegen der politischen Wirkung peinlich.

Genf wird durch die Intervention des französischen Königs gerettet. Unter Frankreichs Druck müssen sich die Eidgenossen zu einem Waffenstillstand mit Savoyen verstehen. So sehr sich die »universelle Spinne« über die Murtener Niederlage seines Erzfeindes von Burgund freut, so wenig wünscht er jetzt Savoyen, das Erbe seines »lieben Neffen« Philibert zerschlagen zu sehen. Man einigt sich darauf, innerhalb Monatsfrist in Freiburg Friedensverhandlungen aufzunehmen. Sonst ändert sich vorerst in der Szenerie kaum etwas, außer daß der burgundische Herzog einen kapitalen politischen Fehler begeht. Vielleicht fürchtet er, die savoyische Regentin werde sich auf die Seite ihres Bruders Ludwig schlagen; möglicherweise hat man dem Herzog zugetragen, der französische König wolle sich der Person des Erbprinzen Philibert bemächtigen.

Jolantha reist mit Kindern und Begleitung von Gex nach Genf; da wird sie in der Nacht bei Grand Saconnex nahe dem heutigen Flugplatz überfallen. Es ist der Gardehauptmann und spätere Memoirenschriftsteller Olivier de la Marche, dem Karl den unrühmlichen Entführungsauftrag »unter der Androhung, er werde seinen Kopf verlieren«, erteilt hat. Im nächtlichen Getümmel gelingt es dem savoyischen Hofmeister Geoffroy de Rivarol, den elfjährigen Erbprinzen und seinen jüngsten Bruder Jacques-Louis in einem Getreidefeld zu verstecken und später nach Genf zu bringen. Olivier de la Marche, die Regentin auf seinem Pferd, die übrigen Kinder in den Händen seiner burgundischen Begleitung, galoppiert davon über den Jura zu seinem Herrn. Der Herzog hat einen Tobsuchtsanfall, als er erfährt, daß die wichtigste Person – der Erbprinz Philibert – entwischt ist.

Auf die Nachricht von der Entführung der Regentin geraten Genf und die ganzen savoyischen Lande in hellen Aufruhr. Der Pöbel von Genf macht Jagd auf alles, was burgundisch »riecht«, insbesondere auf die allgemein verhaßten lombardischen Söldner, die sich auf der Flucht vom Murtener Schlachtfeld in der Stadt gesammelt haben.

Dem Schwager der Herzogin, dem Bischof von Genf, kommt der ganze Skandal politisch eher gelegen: Jetzt kann er versuchen, den Eidgenossen auf dem Friedenskongreß glaubhaft zu machen, Savoyen sei ein Opfer, nicht der Verbündete des Burgunders.

Jolantha wird zunächst nach Rochefort-sur-Nenon gebracht, dann nach dem Schloß Rouvres westlich Dijon. Dort findet später, im Herbst, die zweite Entführung statt: Mit zweihundert Lanzen kommt im Auftrag des französischen Königs Charles d'Amboise angeritten, befreit die Herzogin aus der burgundischen Haft und bringt sie nach Plessis, dem Schloß bei Tours, auf dem sich Ludwig jetzt meist aufhält[107]. Der König geht der Schwester lächelnd am Tor entgegen: »Seid mir willkommen, Madame la Bourguignonne!« »Ich bin eine gute Französin«, kontert die Herzogin. Die burgundisch-savoyische Allianz ist endgültig begraben. Die »universelle Spinne« übernimmt das Protektorat über Savoyen[108].

Karl der Kühne ist seit Anfang Juli in Salins in Hochburgund. Hier versucht er die Trümmer der geschlagenen Armee zu sammeln. Nur wenige Kompanien sind geblieben. Sie befinden sich in üblem Zustand. Was man aber über den Herzog auch sagen mag – daß er, wie es in dem Spruch der Schweizer heißt, vor Murten den Mut verloren habe, trifft nicht zu. Er ist wieder unaufhörlich tätig, organisiert die Verteidigung der Grenzgebiete gegen drohende Einfälle, macht Voranschläge, schreibt Briefe. Er scheint guter Stimmung zu sein und gibt sich dem mailändischen Botschafter Panigarola gegenüber ausgesprochen optimistisch.

Es mag viel Zweckoptimismus dabei sein, denn dem Herzog kann die Veränderung der politischen Szenerie, die sich jetzt Stück für Stück vollzieht, nicht entgehen. Savoyen fällt als Bundesgenosse aus, Galeazzo Maria von Mailand sucht Verhandlungen mit den Franzosen, mit Neapel ist kaum mehr zu rechnen, seit der Prinz von Tarent – ein weiterer enttäuschter Bewerber um die Hand der Maria von Burgund – kurz vor der Schlacht von Murten abgereist ist. Der Kaiser bringt es nicht einmal fertig, seinen Vetter Sigmund von Tirol davon abzuhalten, seine Truppen auf der Seite der Eidgenossen gegen Burgund kämpfen zu lassen. Der Traum des burgundischen Zugangs zum Mittelmeer ist aus, seit der alte König René seine Pläne, Karl als Erben vor allem in der Provence einzusetzen, wieder geändert hat.

Nur das Verhältnis zu Frankreich ist merkwürdigerweise einstweilen unverändert. Ludwig versichert mit heiterer Miene dem nervösen burgundischen Gesandten, Herrn von Contay, er seinerseits werde den Waffenstillstand einhalten. Dem mailändischen Botschafter Pietrasanta raunt er zu, sein Vetter von Burgund sei verrückt. Ludwig gedenkt nicht, sich militärisch zu engagieren. Er weiß: Andere werden ihm die Kastanien aus dem Feuer holen.

Am 8. Juli versammeln sich in Salins die Stände von Hochburgund. Der Herzog hält eine seiner brillantesten Reden. Alles, was getan werde, geschehe nur zum Schutz ihres Privateigentums, ihrer Weiber und Kinder, welche sie nicht eine Beute der Deutschen und Franzosen werden lassen sollten. Karl erinnert daran, wie nach der Erzählung von Titus Livius seinerzeit in Rom der Befehl erlassen worden sei, jedermann müsse alles Gold und Silber abliefern und dürfe nur einen goldenen Ring am Finger zurückbehalten. Er erinnert an Oktavian, der von Pompejus völlig geschlagen und dann doch Herr der Welt geworden sei. Er bringt aus der neueren Zeit Beispiele von König Ferdinand von Neapel und dem König von Aragon, die beide trotz schwerer Niederlagen doch die Oberhand behalten hätten. Der Herzog, berichtet Panigarola, »durchging alle diese Beispiele, als ob er ein Buch vor sich liegen hätte, und machte auf jeden den Eindruck, daß er seinen Absichten großen Nachdruck verleihe oder die Not seinen Geist schärfe[109]«.

Die Stände erklären sich bereit, die Verteidigung der Grenzen auf eigene Kosten zu übernehmen, tragen aber gleichzeitig zwei Bitten vor: Er solle zum einen den Krieg durch seine Hauptleute führen lassen und seine eigene Person nicht so großen Gefahren aussetzen, da er alleinstehe. Zum anderen solle er, falls sich die Möglichkeit biete, Frieden schließen.

Der Herzog erklärt sich einverstanden. Er wolle, sagt er, mit ihnen leben und sterben. Wenn er bis jetzt ein guter Herzog gewesen sei, werde er in Zukunft sich Mühe geben, ein noch besserer zu sein.

Der Herzog hat diesen Erfolg nötig, denn während er beginnt, die Vorbereitung einer Sammlung der Truppen in dem Ort La Rivière zu treffen, kommt am 13. Juli eine böse Nachricht: Die flandrischen Stände haben in Gent nicht nur die vom Kanzler Hugonet vorgetragenen Forderungen allesamt rundheraus abgelehnt, sondern wollen auch die bereits für die Armee bewilligten Gelder kürzen mit der Begründung, es gebe ja keine Armee mehr. Gleichzeitig mehren sich die Anzeichen, daß es in Lothringen, der unentbehrlichen Landbrücke zwischen den nördlichen und südlichen Landesteilen Burgunds, immer unruhiger wird. Ein Stützpunkt nach dem anderen geht den Burgundern verloren. Der junge Herzog René kann sich sogar mit Hilfe geliehener Artillerie aus Straßburg Mitte August der Städte Lunéville und Epinal versichern. Diese Erfolge machen ihn so siegesgewiß, daß er vor Nancy zieht. Aber noch sind seine Kräfte zu schwach, er muß sich wieder zurückziehen.

Von einem neuen Angriff auf die Schweizer ist nun bei dem burgundischen Herzog nicht mehr die Rede; es werden sogar durch Mittelsmänner Friedensfühler ausgestreckt. Dagegen ist es unbedingt notwendig, Lothringen zu sichern. Im Norden zwischen Diedenhofen und Metz steht der italienische Condottiere Campobasso mit einigen tausend Mann. Aus den Niederlanden ziehen Engelbert von Nassau und Herr von Croy mit fünftausend Fußsoldaten heran.

Inzwischen hat in Freiburg der Friedenskongreß stattgefunden. Hier dominiert die »universelle Spinne«, vertreten durch Jean-Louis von Bourbon, Admiral von Frankreich, obwohl der französische König nicht mit einem einzigen Soldaten am Feldzug teilgenommen hat. Die Eidgenossen erhalten denn auch weit weniger, als sie ursprünglich gefordert haben. Das Waadtland verbleibt bei Savoyen, nur einige wenige Orte wie Murten gehen an die Schweizer. Der Bischof von Sion behält das Unterwallis. Savoyen zahlt fünfzigtausend Gulden. Die Stadt Genf, weil ihr die Plünderung erspart blieb, muß vierundzwanzigtausend Gulden herausrücken. Und René von Lothringen? Er bekommt die Zusage, man werde ohne ihn keinen Frieden mit dem Burgunder schließen. Militärische Hilfe? Darüber werde man später reden.

Mitte September 1476. Margarete von York beruft noch einmal die flämischen Dickschädel ins Palais ten Walle in Gent. Vergeblich. Die Stände weigern sich: keinen Soldaten, keinen Gulden mehr für den Herzog.

Karl der Kühne muß die lothringische Landbrücke mit den Kräften retten, die er jetzt hat. Und er muß es bald tun. Seit dem 2. August ist Nancy aufs neue von René belagert, der ungefähr viertausend elsässische und schweizerische Söldner bei sich hat. Der burgundische Gouverneur von Lothringen, Herr de Bièvres, hält die Stadt. Wie lange?

Campobasso, der um diese Zeit vermutlich schon einige verräterische Verhandlungen hinter sich hat[110], erhält Order, Nancy von Norden her zu Hilfe zu kommen. Er rührt sich nicht vom Fleck.

Am 25. September verläßt der burgundische Herzog das Lager von La Rivière. Er hat eine Truppe von vielleicht zehntausend Mann bei sich: Jacopo Galeotto mit seinen Italienern, dann Burgunder, Luxemburger, Hennegauer und Picarden. Die kleine Armee marschiert nach Norden. Es ist ein Wettlauf mit der Zeit, und der Burgunderherzog verliert ihn. Schlimm genug, daß die Belagerten in Nancy Katzen und Ratten verzehren müssen; daß Bièvres sein schönstes Pferd schlachten läßt, hilft auch nicht viel weiter. Schlimmer ist es, daß die Engländer, nachdem ihr Anführer durch eine Kanonenkugel ums Leben gekommen ist, unruhig zu werden beginnen, ja meutern wollen. Am 7. Oktober muß sich

Bièvres dem jungen Herzog von Lothringen gegen die Zusicherung freien Abzugs mit seinen noch rund fünfzehnhundert Mann ergeben. Karl der Kühne steht noch etwa sechzig Kilometer entfernt, zwei ganze Tagesmärsche.

Nancy gerade noch rechtzeitig einzunehmen, ist René gelungen. Aber die Vereinigung von Campobasso, der endlich beginnt, nach Süden zu marschieren, mit der burgundischen Haupttruppe kann er nicht verhindern. Bei Toul, westlich von Nancy, vereinigen sich die Burgunder, deren Heer nun mit vielleicht fünfzehntausend bis achtzehntausend Mann den Lothringern klar überlegen ist.

René marschiert auf dem östlichen Ufer der Mosel nach Norden, die Burgunder parallel dazu auf dem westlichen. Mit einem plötzlichen Manöver überquert Karl die Mosel, schneidet René von Nancy ab, vernichtet eine vierhundert Mann starke nachrückende elsässische Hilfskolonne und versucht, René bei Pont-à-Mousson zur Schlacht zu stellen. Mit knapper Not und durch ein glückliches Täuschungsmanöver mit hinterlassenem Lagerfeuer entkommt der Lothringer Herzog, der sich noch eine Meuterei wegen rückständigen Soldes auf den Hals geladen hat, aufs westliche Flußufer und erreicht mit den Trümmern seines Heeres fluchtartig wieder Nancy, nachdem es den lothringischen Reitern an einer Furt gelungen ist, das Fußvolk mitaufsitzen zu lassen.

Es ist der 19. Oktober. René weiß: so kann er dem Burgunder nicht die Stirn bieten. Die Lösung ist ein verzweifelter Plan. René läßt in Nancy eine halbwegs zuverlässige entschlossene Besatzung von knapp zweitausend Mann, die ihm verspricht, sie werde zwei Monate lang aushalten. Er selbst wird versuchen, in aller Eile bei den Schweizern eine Söldnertrupe zu werben. Noch am selben Abend reitet er fort, wobei er nicht verhindern kann, daß ihn in Raon l'Etape die eigenen Leute wieder wegen rückständigen Soldes festhalten.

Am 22. Oktober legt sich der burgundische Belagerungsring um Nancy. Kaum haben die Belagerten Gelegenheit gehabt, sich zu verproviantieren, die Breschen zu schließen.

Der Herzog legt seinen Befehlsstand in die Commanderie St. Jean, südwestlich der Stadt. Die Belagerungsgeschütze beginnen ihre Arbeit.

Die Verbindungen im nördlichen Lothringen, insbesondere das Moseltal zwischen Metz und Nancy, werden von den Burgundern beherrscht. Anders südlich und südostwärts von Nancy: Hier sitzen fast überall lothringische Besatzungen in den festen Plätzen. Überfälle ohne Ende auf die Burgunder. In der Nacht vor Allerheiligen dringt der Bastard von Vaudémont sogar bis in die Nähe des burgundischen Hauptquartiers vor. Immer wieder erleiden die Burgunder Verluste. Der früh hereinbrechende kalte Winter tut ein übriges. Krankheit, Hunger, Desertionen vermindern die Zahl und Kampfkraft der Belagerer.

In der Commanderie erscheint eines Tages anfang November der Protonotar Dr. Hessler, der Abgesandte des Kaisers, der seinerzeit in Lausanne aufgetaucht war. Er bringt Briefe und Geschenke von dem jungen Maximilian für Maria von Burgund. Der Herzog schreibt dem Kaiser einen letzten Brief: Wie sehr er sich freue, daß seine einzige Tochter, seine Erbin, den Erzherzog Maximilian heiraten werde. Möge Seine Kaiserliche Majestät selbst den Ort der Hochzeit bestimmen, sei es Köln, Aachen oder einen anderen Ort. Keinerlei Bedingungen, keinerlei Forderungen. Karl wird die Hochzeit nicht mehr erleben. Ahnt er es?

Mittlerweile versucht René von Lothringen, bei den Schweizern eine Hilfstruppe zu mobilisieren. Er trifft zunächst auf Zögern: Schon wieder in den Krieg ziehen? Die von Basel erklären ihm am 2. November, die von Bern am 18. November, bei aller Sympathie für ihn könne man eine so wichtige Frage nur auf der Tagsatzung der gesamten Eidgenossenschaft beschließen. Abgesehen von Zürich, wo Waldmann stark für René eintritt, ist das Zögern der anderen Orte womöglich noch stärker, vor allem, als man von den Friedensbemühungen hört, die jetzt wieder vom Papst, vom Kaiser und von Mathias Corvinus, dem König von Ungarn, ausgehen. Aber die Abgesandten dieser großmächtigen Herren können nichts erreichen: Einerseits will und kann Karl der Kühne nicht auf Lothringen als die Landbrücke zwichen den beiden burgundischen Landesteilen verzichten. Andererseits weigern sich die Schweizer, ohne Einbeziehung des Lothringer Herzogs, der sich durch seinen Einsatz vor Murten soviel Sympathie errungen hat, Frieden zu schließen. Selbstverständlich tun auch die Abgesandten der »universellen Spinne« das ihrige, um alle Friedensbemühungen zu torpedieren. Ludwig XI. ist es auch, der dem praktisch mittellosen Lothringer Herzog vierzigtausend Gulden zusagt. Damit wird dann eine Kompromißlösung erreichbar.

Die Eidgenossen werden nicht selbst, nicht offiziell die Waffen ergreifen, aber sie werden dem Lothringerherzog gestatten, in den Kantonen Söldner zu werben, den Monatssold zu viereinhalb Gulden für den gemeinen Knecht[111]. Um die Verteidigung der Heimat geht es hier nicht. Es geht den fast zehntausend Mann, die sich Mitte Dezember unter einigen renommierten Befehlshabern wie Waldmann, Haßfurter und Brandolph vom Stein in Basel sammeln, nur um Sold, Beute und Abenteuer. Mühsam kann Disziplin gewahrt werden und das nicht immer. Beim Einschiffen ist ein Teil der Mannschaft so betrunken, daß mehrere Kähne umkippen und einhundertvierzig Mann ertrinken. Beim Durchmarsch durch das Elsaß wird geplündert, als sei man im feindlichen Land.

Inzwischen haben Hermann von Eptingen, Wilhelm von Rappoltstein und der Herr von Thierstein im Elsaß ebenfalls eine Truppe von vielleicht achttausend Mann zusammengebracht, die am Heiligen Abend die Vogesen überschreitet. Die zwei Monate, innerhalb deren René den Belagerten von Nancy Entsatz versprochen hat, sind bereits überzogen. Aber am 3. Januar steht der sechsundzwanzigjährige Herzog von Lothringen, »das Kind«, wie ihn der dreiundvierzigjährige Burgunderherzog verächtlich nennt, in Lunéville, noch dreißig Kilometer vor Nancy.

Inzwischen ist die Lage für Belagerte und Belagerer fürchterlich geworden. Der Winter ist unglaublich hart. In Nancy schlachtet man Pferde, dann Hunde, Katzen und Ratten. Die Befestigungswerke zeigen unter dem Feuer der Belagerer immer größere Breschen. Das Pulver geht zur Neige. Nancy ist am Ende.

Im burgundischen Lager steigen die Ausfälle durch unglückliche Gefechte mit den Guerillatruppen der Lothringer draußen im Land, durch Krankheit, durch Erfrieren – allein in der Heiligen Nacht mehrere hundert Mann! – und durch Desertion. Nur noch wenige Tausend sind übrig, und diese in erbärmlichem Zustand. Einer unter ihnen, Nikolaus von Campobasso, weiß, daß seine Stunde für den Frontwechsel bald geschlagen hat.

Bei einem Versuch, den Belagerten in Nancy durch die burgundischen Linien hindurch Pulver und Fleisch zuzuführen, fällt der provenzalische Edelmann Siffrein de Baschi aus der Umgebung des Lothringer Herzogs den Burgundern in die Hände. Karl der Kühne befiehlt, ihn aufzuknüpfen: Das sei altes Kriegsrecht – sobald bei einer Belagerung durch den Fürsten des Landes der erste Schuß gefallen sei, habe der sein Leben verwirkt, der die Linien durchbrechen wolle. Der Bastard von Burgund, die Herren von Chimay und Nassau, und auch Campobasso bitten den Herzog inständig, das Leben Siffreins zu schonen. Karl der Kühne lehnt erregt ab. Campobasso wird später sogar behaupten, er habe für sein Eintreten eine Ohrfeige erhalten. War Siffrein Campobassos Mittelsmann bei den Verhandlungen mit dem Lothringerherzog? Jedenfalls bittet Siffrein, als er dem Henker zugeführt wird, dringend um eine Unterredung mit dem Herzog unter vier Augen: »Ich beschwöre Euch, geht zu ihm, er würde ein Herzogtum geben, wenn er wüßte, was ich ihm eröffnen kann.« Während der Bote zum Herzog eilt, befiehlt Campobasso dem Profos, das herzogliche Urteil unverzüglich zu vollstrecken. Was immer Siffrein dem Herzog entdekken wollte – er nimmt es mit ins Grab.

Sein Tod aber löst im lothringischen Lager einen Schrei der Empörung aus. Ein einfacher Soldat, da hätte niemand ein Wort drüber verloren, aber ein Edelmann aus gutem Hause!

Der junge Lothringerherzog befiehlt, unverzüglich hundertzwanzig burgundische Gefangene als Repressalie vom Leben zum Tode zu bringen. Eine sinnlose Maßnahme.

Am 29. Dezember kommt noch ein letzter Besucher in die Commanderie: Alfons V., König von Portugal, Karls Vetter von der Mutterseite her. Er möchte zwischen Karl dem Kühnen und Ludwig XI. vermitteln, weil er die Hoffnung hat, vom französischen König Hilfe in seinen Kämpfen mit Kastilien zu erhalten.

Der burgundische Herzog bewirtet seinen königlichen Gast und versucht, ihn für seinen Feldzug einzuspannen. Der Portugiese winkt enttäuscht ab. Am letzten Tag des Jahres reitet er ab. Der Schneesturm heult um die Hütten und Zelte des burgundischen Lagers.

Am 4. Januar beruft der Herzog einen Kriegsrat zusammen. Es besteht jetzt kein Zweifel mehr daran, daß es dem Lothringer geglückt ist, ein Entsatzheer heranzuführen, das dem burgundischen weit überlegen ist, und daß es nicht gelingen wird, die Stadt zur Übergabe zu bringen, bevor das Entsatzheer da ist. Die Offiziere, auch der Grand Bâtard, raten von einer Schlacht ab: Man könne sich nach Pont-à-Mousson zurückziehen, die Verbindung mit Luxemburg halten, wo der Kriegsschatz liege, das Heer reorganisieren und dann Nancy von neuem belagern. Der lothringische Herzog werde nicht genug Geld haben, seine Söldner über Monate hinaus zu halten.

Der Herzog bleibt starr. Er werde nicht vor einem Knaben zurückweichen! Noch einmal weist Jean de Cory den Herzog darauf hin, daß man den Schweizern kaum dreitausend Soldaten entgegenschicken könne. Der Herzog wird laut: »Und ich sage nein! Wenn ich mich ganz allein schlagen müßte, ich würde ihnen entgegenziehen!« Die Offiziere sind stumm. Die Würfel sind gefallen.

In der hereinbrechenden Nacht nach dem Kriegsrat reitet Nikolaus von Campobasso mit seinen beiden Söhnen und fünfhundert Pferden fort, erscheint beim Lothringer Herzog, bietet seine Dienste an. Da protestieren die Schweizer Hauptleute. Sie wollen mit diesem Verräter, der solange gegen sie gekämpft und nun seinen Herrn verraten habe, nichts zu tun haben.

Campobasso verlangt vom Herzog von Lothringen die Herrschaft Commercy. Der Lothringer ist in Verlegenheit. Er sendet Campobasso nach Norden, um dort die Brücke von Bouxières zu bewachen und die Burgunder abzufangen, die sich etwa beim Rückzug über diese Brücke retten wollen. Campobasso ist es recht. Er kann darauf hoffen, sich beim Einfangen burgundischer Adliger Lösegeld zu verdienen. Wer weiß – vielleicht bekommt er sogar den Herzog selbst in seine Gewalt. Eine kühne Phantasie für einen Condottiere. Den Großen Herzog des Abendlandes fangen wie einen Hasen...

Inzwischen sind Schweizer, Lothringer und Elässer weiter vorgerückt. Die burgundische Besatzung von St. Nicolas ist niedergestochen, Gefangene hat man über die Brücke geworfen und mit Spießen unter Wasser gedrückt. Andere sind über die Zinnen des Turms gestürzt worden und unten auf die Spieße der Landsknechte gefallen.

René weiß durch Campobasso, daß die Burgunder sich zur Schlacht stellen wollen, er kann sich darauf vorbereiten. Am Sonntagmorgen – es ist der 5. Januar 1477 – setzt sich die Armee in Bewegung.

Wie bei den Schweizern üblich, wird das Heer in eine Vorhut, in den sogenannten Gewalthaufen, und die Nachhut eingeteilt. Die Vorhut ist mit siebentausend Mann Infanterie, zweitausend Mann Kavallerie und einem Dutzend Geschützen schon allein viel stärker als das ganze burgundische Heer, das ja durch die Desertion Campobassos geschwächt ist und auch Mannschaft vor den Mauern Nancys zurücklassen muß. Dem Gewalthaufen gehören achttausend Mann Fußvolk an Schweizern und Elsässern an, dazu Reiterei von Lothringen und aus den deutschen Gebieten. Die Nachhut besteht aus achthundert Bogenschützen. Herzog René besteigt sein Pferd, einen Grauschimmel mit dem Namen La Dame. Über seinem Panzer trägt er einen Mantel aus Goldtuch mit dem weißen Lothringerkreuz. Die Ärmel haben seine Farben Grau, Weiß und Rot.

Jean de Baudré trägt die große Standarte, auf weißem Damast die Verkündigung Mariä mit dem Erzengel Gabriel und den Worten Ave Maria. Die Heilige Jungfrau, davon ist der junge Herzog überzeugt, wird ihm den Sieg verschaffen. Die Schweizer Hauptleute wollen aber die Sache nicht nur der Heiligen Jungfrau überlassen. Der junge René ist zwar unangefochten Oberbefehlshaber der Armee, aber bei aller Anerkennung seiner bei Murten bewiesenen Tapferkeit meinen die Hauptleute, das Kriegshandwerk solle er doch lieber Erfahreneren überlassen. René ist klug genug, ihnen zu erwidern, »er wolle in allem sich führen lassen und ihrem Rate folgen[112]«.

Der Angriffsplan wird nach dem Rat eines lothringischen Ritters gestaltet, Vautrin Wisse, Herr von Rosière, der aus der Gegend stammt. Die burgundische Armee soll frontal angegriffen werden, aber nur als Ablenkungsmanöver. Die Vorhut soll durch ein Waldstück ziehen und die Burgunder unerwartet in deren rechtem Flügel fassen.

Felder, Wege, Sträucher und Bäume sind verschneit. Neuer Schneefall setzt ein. Einige letzte Anordnungen werden gegeben. Nach ihrer Sitte beten die Kriegsknechte einige Paternoster und Ave Maria, dann setzt sich der Zug in Bewegung. Schritt für Schritt. Das Verhängnis ist nicht aufzuhalten.

In der Nacht zum 5. Januar hat Karl der Kühne nicht geschlafen. Als der Morgen hereinbricht, wird es im burgundischen Lager lebendig. Die Truppen beziehen ihre Stellungen. Hinter dem Bach von Jarville und an die Meurthe angelehnt, befehligt Jacopo Galeotto den linken Flügel. Noch vor ihm steht die Artillerie, mit der die Burgunder den erwarteten Frontalangriff zu verhindern hoffen. In der Mitte das Corps des Bataille, unter dem Befehl des Herzogs selbst, auf dem rechten Flügel wieder Kavallerie unter Josse de Lalaing. Der rechte burgundische Flügel lehnt sich an einen Wald an, den Bois de Saurupt.

SCHLACHT VON NANCY 5. JANUAR 1477

1 Zentrales Korps (»corps de bataille«) Karls des Kühnen
2 Reiterei unter Josse de Lalaing
3 Reiterei und Fußvolk unter Jacopo Galeotto
4 Burgundische Artillerie
5 Umgehungsmarsch und Flankenangriff der verbündeten Schweizer, Elsässer und Lothringer
6 Frontalangriff der Verbündeten

Der Angriff dürfte bald nach 12 Uhr mittags erfolgt sein. Man kann davon ausgehen, daß das Stärkeverhältnis zwischen Angreifern und Verteidigern drei zu eins war.

Der Schauplatz der Schlacht ist vom modernen Nancy vollständig überbaut, ebenso die Gegend um die Commanderie (wo Karl der Kühne während der Belagerung seinen Befehlsstand hatte) und der Teich von St. Jean (wo seine Leiche gefunden wurde).

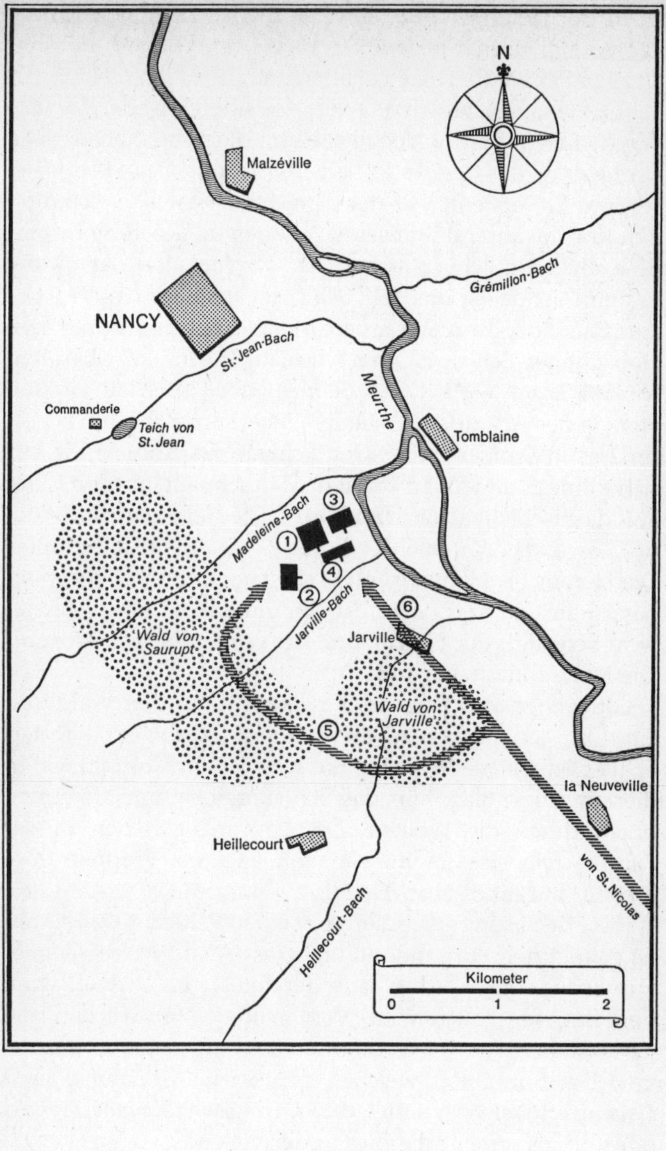
N
Malzéville
Grémillon-Bach
NANCY
St.-Jean-Bach
Meurthe
Commanderie
Teich von
St. Jean
Tomblaine
Madeleine-Bach
3
1
4
2
Jarville-Bach
6
Jarville
Wald von
Saurupt
5
Wald von
Jarville
la Neuveville
von St. Nicolas
Heillecourt
Heillecourt-Bach
Kilometer
0
1
2

Als der Herzog aus seinem Zelt tritt, sieht er sich seinem älteren Halbbruder gegenüber, dem Grand Bâtard, der ihm zu allen Zeiten die Treue gehalten hat. Die beiden sehen sich an. Die unausgesprochene Frage des Älteren ist ein einziges Wort: »Luxemburg?« Noch ließe sich die sichere Niederlage vermeiden, die das Ende bedeuten muß. Der Herzog ist stumm. Er versteht, was der Grand Bâtard will; er schüttelt den Kopf, während ihm seine Pagen in die Rüstung helfen. Eine eigentümliche Starrheit hat ihn befallen. Ist es die Erkenntnis, daß er hier sein Schicksal vollenden muß? Ist es jene Saudade, die unerklärbare Melancholie gegenüber dem allmächtigen Schicksal, dem wir nicht entrinnen? Über dem weißen Land wirbelt der Schnee, aber für den Großen Herzog des Abendlandes ist der Nebel zerrissen. Ihm ist, als sehe er in schmerzhafter Deutlichkeit das Kommende vor sich, ohne es ändern zu können. Man schnallt ihm den Helm auf, da geschieht etwas Unerhörtes: Die Helmzier, ein goldener Löwe, das Sinnbild der Größe Burgunds, fällt herunter. Der Herzog bleibt unbewegt. Er sieht noch einmal den Grand Bâtard an und sagt: »Hoc est signum dei[113]«. Die Helmzier wird befestigt, der Herzog besteigt seinen Rappen Moreau. Die letzte Stunde beginnt.

Lothringer und Schweizer rücken durch den Wald von Saurupt, an der Spitze dreihundert lothringische Ritter. Schließlich gelangen sie ins Freie. Es ist ein Uhr mittags. In diesem Augenblick hört das Schneetreiben auf, die Sonne bricht durch die Wolken. Die Lothringer stehen in der Flanke, teilweise im Rücken von Lalaings Truppen vom rechten burgundischen Flügel.

Josse de Lalaing galoppiert mit seinen Reitern gegen sie an. Es gelingt den Burgundern, im ersten Ansturm den Gegner zurückzudrängen. Aber dann geraten sie unter den Salven der Büchsenschützen in Verwirrung. Nun rücken die gefürchteten Schweizer Infanteristen mit gefällten Lanzen vor. Die Burgunder weichen zurück, im Getümmel wird Lalaing schwer verwundet, die lothringische Kavallerie rückt vor und zersprengt die Burgunder vollends.

Zur selben Zeit taucht die Vorhut des Herzogs von Lothringen unter Wilhelm Herter und Oswald Thierstein, diese Gruppe allein schon stärker als das ganze burgundische Heer, vor dem von Jacopo Galeotto befehligten linken Flügel auf. Die hier aufgestellte burgundische Artillerie fügt den vorrückenden Feinden wenig Schaden zu. Es gelingt Galeotto noch, den ersten Ansturm abzufangen, sogar die Schweizer zurückzudrängen, aber dann stürmen Thiersteins Reiter nach vorn, durchbrechen die dünnen burgundischen Reihen, Galeotto wird verwundet, wendet sich zur Flucht und kann gerade noch über die halbvereiste Furt der Meurthe bei Tomblaine das andere Ufer gewinnen.

Das Schicksal des burgundischen Mitteltreffens – des Corps de Bataille –, das jetzt von beiden Seiten her durch den zahlenmäßig weit überlegenen Gegner umfaßt wird, kann nicht zweifelhaft sein. In wenigen Augenblicken sind die Burgunder versprengt, die Schlacht löst sich in Einzelgefechte auf, kleinere Gruppen versuchen sich durchzuschlagen, die Schweizer verfolgen die Flüchtenden und metzeln nieder, wen sie erreichen.

Wie ein Rasender galoppiert Karl der Kühne auf seinem Rappen kreuz und quer über das Feld, versucht den Widerstand zu organisieren, aber auch die Gardetruppen werden auseinandergerissen, einzelne Trupps fechten noch erbittert um Überleben und Ausbruch aus der Umzingelung. Nur noch wenige Reiter sind um den Herzog, der mit gezogenem Schwert versucht, sich den Weg zu bahnen, als am Weiher von Saint Jean der letzte Kampf entbrennt. Der Rappe des Herzogs steigt, bricht durch das dünne Eis, geht zu Boden, der Reiter stürzt, ein Lanzenstoß trifft den schon Verwundeten. Es ist das Ende, die lange Nacht.

Im grauen Winterabend reitet der junge René von Lothringen, umgeben von den Trägern der Standarten, über das von Leichen übersäte Schlachtfeld nach Norden, bis zur Brücke von Bouxières. Dort steht Campobasso, der Verräter, um die Flüchtenden abzufangen. Daß er die Schlacht gegen das weit unterlegene Heer des Gegners gewinnen werde, daran hat

René keinen Augenblick gezweifelt. Ihn bewegt jetzt nur eine einzige Frage: Wo ist der Herzog von Burgund? Niemand weiß Antwort, niemand hat ihn gesehen. René reitet nach Nancy zurück. Bei Fackelschein zieht er durch die Porte de la Craffe in seine Hauptstadt ein, empfangen vom Jubel der Bürger. In der Stiftskirche von St. Georg kniet er nieder und verharrt im Gebet.

Dreikönigstag, der 6. Januar 1477. Die Bevölkerung von Nancy plündert das burgundische Lager. Viel an Reichtümern ist – verglichen mit Grandson und Murten – nach dieser Schlacht nicht zu finden[114]. Aber den halbverhungerten Bürgern von Nancy sind im Augenblick die Lebensmittel, die sie im burgundischen Lager finden, viel wichtiger.

In der Stadt sammelt man die vornehmen Gefangenen, die man weniger aus Humanität als wegen des erhofften Lösegeldes am Leben gelassen hat. Da ist Antoine, der Grand Bâtard – sein Sohn ist in der Schlacht gefallen; da ist Baudoin, ein weiterer Halbbruder Karls des Kühnen; da sind die beiden verwundeten Chefs des rechten und linken Flügels, Lalaing und Galeotto; da sind zwei aus der Familie von Croy, Engelbert von Nassau und Olivier de la Marche, der Gardehauptmann, Diplomat und Historiker. Noch immer keine Spur, keine Nachricht vom Großen Herzog des Abendlandes. Sollte es ihm gelungen sein, sich nach Metz, nach Luxembourg durchzuschlagen? René ist unruhig. Solange dieser furchtbare Gegner lebt, ist er nicht wirklich Herzog von Lothringen.

Da schickt ihm abends Campobasso einen jungen gefangenen Pagen, Baptista Colonna aus dem berühmten römischen Geschlecht. Er hat, sagt er, den Herzog von Burgund unweit der Commanderie fallen sehen. Ob er den Platz wiederfinde? Er wolle es versuchen, meint der Junge.

Am Morgen des 7. Januar bewegt sich eine kleine Gruppe aus Nancy in Richtung auf die Commanderie zu. Im trüben Wintermorgen streckt sich der verschneite Hang am Ruisseau von St. Jean, zerstampft und schmutzig, übersät mit den Gefallenen. Die meisten sind völlig ausgeplündert und nackt. Sind sie nicht alle namenlos im Tode? Der junge Baptista Colonna schaut sich frierend um: Es ist alles so anders...

Da liegt eine Gruppe von fünfzehn Leichen, der Kadaver eines Rappen dabei. Eine der Leichen ist mit der einen Gesichtshälfte im Eis eingefroren, die andere Gesichtshälfte ist von Wölfen angenagt, der Kopf durch einen Hellebardenschlag vom Ohr bis zum Kiefer aufgerissen, der Körper von zwei Lanzenstichen durchbohrt. Der Page ist neben der Leiche niedergekniet, jetzt steht er auf, sein Gesicht ist schneeweiß. Die anderen treten zögernd näher. Es ist der Große Herzog des Abendlandes, der da vor ihnen liegt. Mateo Lope, der portugiesische Arzt Karls des Kühnen, und eine alte Frau aus der Bedienung des Herzogs bestätigen es: ein Ring, der am Finger verblieben ist, die Narbe am Hals von der Schlacht von Monthléry, ein eingewachsener Zehennagel, den Lope behandelt hat. Es ist kein Zweifel mehr möglich. Olivier de la Marche wird es bestätigen und der Grand Bâtard. Nahe am Herzog liegt Jean de Rubempré, Sire de Bièvres, der burgundische Gouverneur von Lothringen.

Man bringt beide zurück in die Stadt. Der Leichnam Karls des Kühnen wird im Haus von Georges Marqueiz gewaschen und aufgebahrt. Zimmer und Totenbett sind mit schwarzem Atlas ausgeschlagen. Den toten Herzog hat man mit einem Wams von weißer Seide, scharlachroten Rosen und einem langen Purpurmantel bekleidet. Der Kopf ruht auf einem erhöhten Kissen. Vier Fackeln brennen in den Ecken des Zimmers.

An der Spitze seines Gefolges betritt der junge René das Haus, nach alter Sitte angetan mit einem bis zum Gürtel reichenden Bart aus Goldfäden – Zeichen einer ritterlichen Ehrung gegenüber dem besiegten Gegner. Mit einem tiefen Seufzer ergreift der junge René die rechte Hand des Toten: »Edler Vetter, Eure Seele sei Gott befohlen. Ihr habt uns viel Schlimmes und viel Schmerzen zugefügt.«

Am folgenden Sonntag, dem 12. Januar, wird der Sarg des letzten Burgunderherzogs aus dem Hause Valois, getragen von vier Grafen, zwei Baronen und zwei Edelknechten, in feierlichem Zuge nach der Stiftskirche St. Georg gebracht und dort beigesetzt.

Die Gebeine des Großen Herzogs sollen aber keine Ruhe finden. Im Jahre 1550 entsendet Kaiser Karl V., Urenkel Karl des Kühnen, eine Kommission nach Nancy, um mit Genehmigung der Regentin von Lothringen, Christine von Dänemark – ihrerseits eine Urenkelin von Karl dem Kühnen –, die Überreste des Herzogs nach Brügge zu überführen. Eine kritische Analyse des Berichts der Kommission aber fügt den Rätseln um die Persönlichkeit Karls des Kühnen noch ein letztes Rätsel hinzu: Wir wissen bis heute nicht, ob unter dem großartigen Grabmal in Brügge neben dem von Maria von Burgund tatsächlich die Überreste des Herzogs liegen[115].

Das Erbe

Gerüchte durchfliegen wie schwarze Vögel das winterliche Land. Eine Schlacht hat stattgefunden. Der Herzog ist geschlagen worden. Er ist nach Luxemburg geflohen. Er ist gefallen. Nein – er lebt, aber er ist in Gefangenschaft. Ungewißheit und Aufregung überall.

Gewiß – Grandson und Murten haben den Glanz um den Namen Karls des Kühnen verdunkelt, aber daß der Große Herzog des Abendlandes nackt und tot im Schlamm eines Dorfteiches liegen könnte, das will vielen einfachen Menschen nicht eingehen. Noch zehn Jahre nach der Schlacht von Nancy leiht man einander Geld unter der Bedingung, es bei der Rückkehr des Großen Herzogs zurückzuzahlen[116].

Auch die ersten Briefe, die im Schloß von Plessis-les-Tours bei Ludwig XI. ankommen, sprechen nur davon, der Herzog sei geschlagen und auf der Flucht. Schon das genügt, um Ludwig »von Freude überwältigt« erscheinen zu lassen. Alsbald wird der Aufbruch befohlen, der Marschbefehl ergeht an die Truppen, Pfründen und Vogteien werden verteilt, als sei Burgund schon in Ludwigs Händen. Die endgültige Nachricht vom Tode Karls erfährt der König einen halben Tag später. Nun kann er wirklich hoffen, nachdem der schreckliche Gegner nicht mehr ist, das burgundische Staatsgebilde ohne großen Widerstand ganz oder doch zum größeren Teil mit Frankreich vereinigen zu können.

Maria von Burgund ist noch nicht zwanzig Jahre alt. Für sie ist die Nachricht vom Tode ihres Vaters ein furchtbarer Schlag. Mit dem Tode des Herzogs zerbricht die stabilisierende Klammer für die so verschiedenartigen Teile des Staates Burgund. Die Armee besteht nicht mehr, die Geldmittel sind durch die Feldzüge erschöpft[117]. Über die Absichten ihres lieben Paten Ludwigs XI. kann Maria keine Zweifel haben. Lothringen, die Eidgenossen, Geldern, Lüttich, Utrecht, alle wenden sich gegen die burgundische Macht. Die Stände Flanderns erkennen Maria als Nachfolgerin an – aber um welchen Preis? Die Ständeversammlung, noch Ende Januar in Gent zusammengetreten, zwingt der Erbin das »Große Privileg« ab. Diese »reaktionäre Revolution[118]« bedeutet praktisch schon das Ende des burgundischen Staates, die Zerschlagung der Zentralisierung, den Sieg der städtischen Eigenbrötelei, die Verankerung der Kirchturmpolitik der Zünfte.

Maria kann nicht einmal verhindern, daß ihre wichtigsten Ratgeber, der Kanzler Hugenot und der Sire de Humbercourt, verhaftet, gefoltert und nach einem Schauprozeß mit unsinnigen Anschuldigungen am 3. April 1477 in Gent zum Tode verurteilt werden[119]. Mit Tränen in den Augen, mit aufgelösten Haaren, in Trauerkleidern tritt sie, die doch als Liebling des flandrischen Volkes gegolten hat, vor die Genter und fleht sie an, das Leben der beiden zu schonen. Aber der Pöbel will Blut sehen. Die beiden Köpfe fallen unter dem Schwert des Scharfrichters.

Durch das ganze Land rast nun der Aufruhr. Wer als burgundisch bekannt ist, muß mit dem Verlust von Gut und Leben rechnen. Dabei werden natürlich auch – wie oft in solchen Zeiten – unter dem Deckmantel der politischen Abrechnung viele persönlichen Zwistigkeiten ausgetragen.

Maria ist jetzt praktisch eine Gefangene in Gent. Welche Wahl bleibt ihr? Soll sie als Schattenfürstin der Spielball der niederländischen Zünfte und ihrer Querelen sein und dann vielleicht über kurz oder lang in einem Kloster verschwinden? Soll sie einem der zahlreichen Bewerber um ihre Hand nachgeben? Aber welchem? Viele machen sich Hoffnung: Herzog Johann von Cleve, sein Verwandter Philipp von Cleve (aus einer Seitenlinie), der Prätendent von Geldern Adolf von Egmont. Die Stiefmutter Margarete von York begünstigt den Herzog von Clarence, aber gegen den spricht sich der eigene Bruder, König Eduard IV. von England, aus.

Die Stimmung eines Teils der niederländischen Stände ist für eine Ehe mit dem Dauphin. Soll Maria den erst achtjährigen, häßlichen und buckligen Knaben heiraten, den Sohn des Todfeindes ihres Vaters, dessen Armee eben die Grenzgebiete mit Brand und Plünderung überzieht? Soll sie sich praktisch Ludwig XI. in die Hände geben, dessen Schmiergelder und Versprechungen nur zu gut in dem burgundischen Staat wirken und der andererseits den Einmarsch in Burgund mit der Phrase bemäntelt, er wolle nur sein »liebes Töchterchen« Maria schützen? Nein – das ist keine Lösung für Maria von Burgund. Sie entschließt sich, den Kontrakt zu erfüllen, den ihr Vater in seiner letzten Lebensphase mit dem deutschen Kaiser abgeschlossen hat; sie entschließt sich, Maximilian zu heiraten. Sie findet Mittel und Wege zu einem geheimen Briefwechsel, in dem sie Maximilian drängt, doch recht bald zu ihr zu kommen. Sie hat nun auch den Schock überwunden, sie ist kein eingeschüchtertes kleines Mädchen mehr, und bald berichtet ein Gesandter, sie zeige »allzyts eynen menlich und kecken mut«.

Daß nun keine Zeit zu verlieren ist, daß es um das burgundische Erbe, ja um die Vormachtstellung in Europa geht, begreift auch der träg-vorsichtige Kaiser Friedrich III., und wäre nicht das habsburgische Erbleiden, der Geldmangel, vielleicht käme Maximilian rascher nach den Niederlanden. Immerhin ziehen die kaiserlichen Gesandten mit dreihundert imponierenden Panzerreitern am 18. April in Brügge ein. Maria, Bedenken und Verzögerungstaktik ihres Staatsrates überspielend, gibt ohne Zögern ihr Jawort, und bereits am 21. April schließt Pfalzgraf Ludwig von Veldenz in Stellvertretung Maximilians und unter Aufsicht des Hofstaats die Ehe.

MAXIMILIAN I. UND SEINE BRAUT MARIA VON BURGUND

Zeitgenössische Zeichnung. Darüber in alter Handschrift: »In dergleichen Habit hat Kayser Maximilian hochlöblicher gedechtnus sein verlobten Gemahl, das Frewlein von Burgund, erstlich besucht.« Der blonde achtzehnjährige Kaisersohn erschien den Zeitgenossen wie ein Märchenprinz. »Das Vorbild aller schönen Prinzen dieser Welt« – in diesen und ähnlichen Worten schwärmen die Chronisten. Maximilian, der seine zwanzigjährige Braut am 18. August 1477 in Gent zum ersten Mal sah, schildert sie in einem Brief: » . . . ein viel schöner Jungfrowen alls ich all mein Taag bey einer gesehen hab und fröhlich.«
Die Heirat, die von politischem Kalkül diktiert war, wurde eine ausgesprochene Liebesehe. Aber nicht einmal fünf gemeinsame Jahre waren Maria und Maximilian vergönnt. Anfang März 1482 stürzte Maria bei der Jagd vom Pferd und starb drei Wochen später. Maximilian war außer sich vor Schmerz. Er hat Maria bis an sein Lebensende nie vergessen. Die österreichisch-burgundische Heirat hat den Grundstein für den Aufstieg Habsburgs zur Weltmacht gelegt. Der Enkel Marias und Maximilians war Kaiser Karl V., in dessen Reich die Sonne nicht unterging.

In dergleichen Habit, hat Kayser Maximilian hochlöblicher gedechtnus, sein verlobten Gemahl, das Frewlein von Burgund, erstlich besucht. –

Die Nachricht, Maria von Burgund heirate den Sohn des deutschen Kaisers, bringt augenblicklich den Umschwung in der Stimmung des wankelmütigen Pöbels. In den Straßen ertönen Hochrufe auf Maximilian, auf den Kaiser, auf Maria. In den Grenzgebieten versteift sich der Widerstand der Städte, die nicht willens sind, die burgundische Herrschaft gegen die Ludwigs XI. einzutauschen, hier und da ruft man sogar wieder »Vive Bourgogne«.

Freilich nicht überall. Das eigentliche Kernland des burgundischen Staates, das Herzogtum Burgund und die Freigrafschaft, sind praktisch verloren. Die französische Armee, durch Order vom 9. Januar in Marsch gesetzt[120], rückt schon am 1. Februar in Dijon ein und besetzt das Herzogtum in kurzer Zeit. Allerdings flammt Ende Juni 1477 noch ein Aufstand auf. Das königliche Banner wird in Dijon heruntergerissen, der eingesetzte Präsident des Rates erschlagen. Aber dem klugen und energischen Durchgreifen des Herrn d'Amboise gelingt es, den Aufruhr zu dämpfen. Ludwig XI. kommt am 31. Juli in Dijon an und nimmt die Huldigung der Stände entgegen. Drei Tage später reist er eilends wieder ab – so ganz sicher ist ihm das Land doch nicht.

Wenige Tage später, am Abend des 18. August, zieht Maximilian in Gent ein[121]. Die erste Stadt Flanderns, die so oft gegen den Landesherrn rebelliert hat, feiert mit Begeisterung den gutaussehenden achtzehnjährigen blonden Prinzen, der in silbernem, goldverziertem Harnisch auf weißem Zelter in die Stadt einzieht, zwölfhundert deutsche Panzerreiter hinter sich – ein richtiger Märchenprinz.

Im Palais ten Walle begegnet er seiner Braut – und ist von ihr entzückt. In einem späteren Brief beschreibt er sie: »Ein prauns Haar, ein klein Naszl, ein kleins Heuptel und Antlitz, braun und graue Augen gemischt, schön und lauter; dann dasz Unterheutel an Augen ist etwas herdann gesenkt, gleich als sie geschlafen hiet, doch es ist nicht wohl zu merckhen. Der Mund ist etwas hoch, doch rein und rot. Sonst viel schöner Jungfrowen alls ich all mein Taag bey einer gesehen hab und fröhlich.«

Tags darauf werden die beiden Verlobten in der Hofkapelle von päpstlichen Legaten getraut, Maria im weißen Damastkleid mit goldenem Gürtel, einen Mantel von Hermelin darüber, die Krone von Burgund auf dem Haupt, Maximilian in silberner Rüstung: der Sohn des Kaisers und die reichste Erbin Europas!

Aber die Märchenhochzeit kann nur für die Tage des Volksjubels in den Straßen verschleiern, wie bedrohlich es politisch um das burgundische Erbe steht. Zäh und beharrlich wie eh und je verfolgt der französische König sein Ziel. Dem toten Herzog Karl dem Kühnen läßt er vor dem Parlament von Paris den Prozeß machen. Maximilian und Maria werden von ihm offiziell nie anders genannt als »Herzog und Herzogin von Österreich«. Seine Soldaten verwüsten das Grenzgebiet, vernichten die Ernte, brennen die Dörfer nieder. Unablässig sind seine Agenten in den Niederlanden am Werk, streuen Gerüchte und Geld aus. Ludwig kauft, wie der Chronist schreibt, »Menschen und Gewissen«. Mehrere hohe Offiziere treten in die Dienste des Königs über. Manch einer traut der burgundischen Sache nicht mehr.

Maria hat in einem von der Herzoginwitwe gegengezeichneten Schenkungsbrief für den Fall ihres Todes ohne Kinder all ihre Erbrechte, die Herzogtümer, Grafschaften und Herrschaften Maximilian zugestanden. Wenn Kinder vorhanden sind, soll im Falle des Todes von Maria Maximilian Regent, die Kinder sollen Erben sein.

Am 22. Juni 1478 wird dem erzherzoglichen Paar in Brügge ein Sohn geboren. Er erhält den Namen des Urgroßvaters Philipp. Man wird ihm später den Beinamen »der Schöne« geben. Philipp der Schöne ist es, der durch seine Heirat mit der spanischen Prinzessin Juana die Basis für die habsburgische Weltmacht legt. Kaiser Friedrich III. und der englische König sind die Paten des Täuflings, und es ist kein Zweifel, daß der französische König an diesem Tag einen Rückschlag seiner Politik erlebt: Burgund hat einen Erben.

Aber Ludwig XI. verstärkt seine Anstrengungen. Es gelingt ihm, seine Herrschaft im Herzogtum Burgund, dann auch in der Freigrafschaft zu festigen. In den Grenzgebieten der Niederlande wird die Lage 1479 für die Bevölkerung fast unerträglich. In Arras, der wohlhabenden Hauptstadt des Artois, glaubt die Bevölkerung zuversichtlich, daß Ludwig ihr nichts anhaben könne.

»Wenn die Mäuse die Katze fressen fein,
wird der König Meister von Arras sein«,

singen sie in den Schenken. Aber die Armee des Königs legt den Belagerungsring um die Stadt. Maximilian kann keinen Entsatz bringen, Arras fällt. Hier entschließt sich der französische König wenig später zu einem Exempel, das modern anmutet. Er befiehlt, die ganze Bevölkerung aus der Stadt zu verjagen. Arras in »Franchise« umzutaufen und mit Umsiedlern aus verschiedenen Städten des Königreichs zu bevölkern.

Maximilian weiß, daß er der entsetzlichen Verwüstung der Grenzgebiete nur ein Ende machen kann, wenn es gelingt, die Franzosen zu stellen und zu schlagen. Im Sommer 1479 zieht er mit zwanzigtausend Mann vor Thérouenne. Am 7. August treffen ungefähr fünfzig Kilometer nordwestlich von Arras, bei dem Dörfchen Guinegate, die Streitkräfte der Franzosen und der Burgunder aufeinander. Zunächst sieht es so aus, als könnten die Franzosen unter dem Befehl des Überläufers d'Esquerdes einen leichten Sieg davontragen. Die burgundische Reiterei des linken Flügels wird von der französischen überrannt und unter Führung von d'Esquerdes selbst weiter verfolgt: Das lockende Lösegeld, die Gefangennahme der Gegner, ist der französischen Kavallerie wichtig. Noch aber steht das burgundische Zentrum mit dem Fußvolk. In Eile läßt Maximilian die Troßwagen zu einer Wagenburg zusammenspannen, um eine bessere Verteidigung zu ermöglichen. Er ist abgestiegen und kämpft zu Fuß inmitten der flandrischen Milizen, was großen Eindruck macht und den Widerstandsgeist der Bürgerwehren stärkt, denen es schließlich gelingt, im Gegenangriff die Franzosen zu werfen.

Der Schlachtruf »Löwe von Flandern« hallt über das Feld, und als d'Esquerdes von seiner leichtfertigen Verfolgungsjagd zurückkehrt, sieht er die burgundischen Truppen im Besitz des französischen Lagers. Ihm bleibt nichts anderes, als sich der Flucht seiner Fußtruppen anzuschließen. Die Franzosen verlieren mehr als die Hälfte der Truppen, Maximilian etwa ein Drittel.

Es ist ein militärischer Sieg. Daran besteht kein Zweifel, und das Ansehen des gerade zwanzigjährigen Maximilians in Europa steigt. Aber die politische Wirkung muß ausbleiben, der Krieg ist mit der Schlacht von Guinegate keineswegs gewonnen. Maximilian kann den Erfolg nicht ausbauen, die Milizen ziehen nach getaner Arbeit nach Hause.

Der Wirtschaftskrieg zermürbt die Niederlande: Blockade der Küsten durch die französische Flotte, Versenkung der Heringsfänger, französischer Druck auf die Florentiner, ihre Bankhäuser in Flandern zu schließen. Vernichtung der Landwirtschaft in den Grenzgebieten und dazu ein furchtbarer Winter von 1479 auf 1480.

Der Deutsche Reichstag lehnt jegliche Hilfeleistung ab. Dazu kommen unablässige innere Unruhen, der Kampf um Geldern, die Auseinandersetzungen in Holland zwischen den »Hoeks« und den »Kabeljaus«. Es gelingt zwar den Bemühungen der Herzoginwitwe Margarete, ihren Bruder auf dem englischen Königsthron gegen eine jährliche Pension dazu zu bewegen, einen neuen Freundschaftspakt mit Burgund zu schließen. Zu einer Invasion aber mag Eduard sich nicht bequemen. Er schickt einige Kompanien englischer Bogenschützen: Mag Maximilian sie besolden, wenn er kann.

Inmitten all dieser politischen Widrigkeiten um das burgundische Erbe und der militärischen und wirtschaftlichen Auseinandersetzungen, der innenpolitischen Mißhelligkeiten führen Maximilian und Maria ein Leben miteinander, wie es nur Menschen vergönnt ist, die vollkommen harmonisieren. Maximilian hat in das Zeremoniell des burgundischen Hofs etwas österreichischen Charme gebracht, er lädt Bürgerfamilien ein, er macht gern einen Spaß mit seiner Umgebung, er steht an den Schießständen der Schützengilde und zeigt seine Geschicklichkeit. Vor allem aber gehen Maximilian und Maria leidenschaftlich gern auf die Jagd.

Und da kommt die Katastrophe: am Morgen des 6. März 1482 stürzt Maria in der Umgebung von Brügge auf der Jagd vom Pferd, als sie einen Graben überspringen will. Man bringt sie nach Hause, die Ärzte bemühen sich um sie, drei Wochen eines qualvollen Krankenlagers folgen. Dem Problem innerer Blutungen – womöglich verschlimmert durch eine bestehende Schwangerschaft – steht die ärztliche Wissenschaft der Zeit so gut wie hilflos gegenüber. Die junge fünfundzwanzigjährige Prinzessin aber bewahrt völlige Ruhe, als sie spürt, daß das Ende naht. Am 26. März versammelt sie die Ritter des Ordens vom Goldenen Vlies in ihrer Eigenschaft als burgundische Herzogin um sich. Einen Tag später nimmt sie Abschied von Maximilian, ihren beiden Kindern, von Margarete von York, von ihrer Umgebung. Am nächsten Tag, um zwei Uhr nachmittags, erlischt das letzte Flämmchen Leben in ihr.

Maximilian ist außer sich vor Schmerz. »Nie, solange ich lebe, werde ich dieses traute Weib vergessen!« ruft er aus. Noch viel später, berichtet Cuspinian, sei der Kaiser in Tränen ausgebrochen, wenn man nur den Namen Marias genannt habe.

Am 3. April wird die Tochter Karls des Kühnen begraben. Fünfzehntausend Menschen geleiten die junge Herrscherin zur letzten Ruhestätte in der Liebfrauenkirche zu Brügge. Dort, in einer Seitenkapelle, können wir heute noch Maria von Burgund begegnen. Pierre de Beckér aus Brüssel hat im Auftrag von Philipp dem Schönen ein Meisterwerk geschaffen: das Grabmal mit der lebensecht gestalteten liegenden Figur Marias.

Marias Tod facht sofort die Flammen des inneren und äußeren Widerstands gegen Maximilian an. Die flandrischen Stände bestreiten ihm die Regentschaft und entziehen ihm jede Unterstützung, sie verhandeln direkt mit dem französischen König und zwingen Maximilian zu dem Friedensvertrag von Arras im Dezember 1482. Danach soll der französische Dauphin die Tochter Maximilians und Marias, Margarete, heiraten. Die kleine Margarete soll sofort nach Frankreich ausgeliefert und dort erzogen werden. Daß der Dauphin bereits seit Jahren mit der englischen Prinzessin Elisabeth verlobt ist, interessiert Ludwig XI. nicht mehr. Als Mitgift soll Margarete das Herzogtum und die Freigrafschaft Burgund, das Artois, das Charolais und eine Reihe anderer Grafschaften und Herrschaften mitbringen. Die Vormundschaft über den kleinen Philipp sollen die Stände der Niederlande erhalten. Im Falle von Philipps Tod sollen die Niederlande an Margarete und den Dauphin übergehen. Ausdrücklich wird im Vertrag das Parlament von Paris als oberste juristische Instanz für Flandern anerkannt.

Es ist der letzte Triumph der »universellen Spinne«. Der französische König hat sich seit langem in sein Schloß Plessis-les-Tours zurückgezogen. Er wird von Krankheiten geplagt, von Visionen verfolgt, von Aberglauben genarrt. Hunderttausende stiftet er für verschiedene Heilige, eine Flotte muß ausfahren, um ihm Schildkröten zu besorgen, deren Blut heilkräftig sein soll, er scheut kein Mittel, um an wundertätige Reliquien zu kommen. Er handelt mit dem Himmel wie ein Krämer. Sein Aberglaube nimmt groteske Formen an; einmal läßt er einen Wald umhauen, in dem er eine schlechte Nachricht erhalten hat. Der Mann in dem grauen, verschlissenen Wams, mit der Pelzmütze und den aufgenähten bleiernen Heiligenfiguren ist einsam geworden, nur Commynes ist dauernd um ihn. Sein Arzt, auf den er sich blindlings verläßt, scheffelt Pfründen, Ämter, Geld und behandelt seinen königlichen Patienten wie einen Knecht.

Noch einmal erholt sich der König von einem Schlaganfall, doch dann, im August 1483, bringt eine Gehirnblutung das Ende. Am 30. August stirbt Ludwig XI. von Frankreich, der zeit seines Lebens den politischen Mitteln und dem Einsatz des Geldes mehr getraut hat als dem Waffenglück, der den französischen Staat vor Zerstückelung bewahrt hat und seinen Nachfolgern mehr hinterläßt, als diese wahrhaben wollen.

Für Maximilian und die Niederlande sind die Auseinandersetzungen durch den Tod Ludwigs XI. noch nicht beendet. Zehn Jahre lang, bis zum Frieden von Senlis 1493, dauert es noch, dann erst ist diese Phase der Auseinandersetzungen um das burgundische Erbe beendet – eine Zeit der Siege und Niederlagen für Maximilian, einmal sogar mit einer mehrere Wochen andauernden Gefangenschaft in seiner »treuen« Stadt Brügge.

Am 24. Februar 1500 aber wird in Gent der Urenkel Karls des Kühnen geboren: Karl, Herzog von Burgund, als deutscher Kaiser der fünfte dieses Namens, der später von sich sagen wird, daß in seinem Reiche die Sonne nicht untergeht. Die Weichen für mehr als vier Jahrhunderte europäischer Geschichte sind endgültig gestellt.

Anmerkungen

1 Christine de Pisan, Oeuvres, Hrsg. von M. Roy, Paris 1886–1896, I, S. 251
2 Jean Froissart, Chroniques, Hrsg. von Albert Pauphilet, Paris 1952, S. 918
3 Vicomte Terlinden, Princesses Belges du Passé, Brüssel 1943, S. 135
4 Froissart (ed Luce) X, S. 240, 243
5 J. Calmette, Die großen Herzöge von Burgund, München 1968, S. 62
6 Huizinga, Herbst des Mittelalters, 10. Auflage, Stuttgart 1969, S. 364
7 Jean Froissart, Chroniques, a. a. O., S. 896
8 Jean Froissart, a. a. O., S. 914
9 Huizinga, a. a. O., S. 349
10 Olivier de La Marche, Mémoires, Hrsg. von H. Beaume und J. d'Arbaumont, Paris 1883–1889, Bd. 1, S. 71
12 La Marche, a. a. O.
13 Über die Zurechnung des Gemäldes wird noch gestritten; einige schreiben es Jan van Eyck zu.
14 Calmette, a. a. O., S. 89
15 Livre des Trahisons, Brüssel 1873, S. 21
16 Zu den Symbolen und Devisen vgl. Huizinga, Im Banne der Geschichte, übertragen von Werner Kaegi und anderen, 2. Auflage, Basel 1943, S. 263, und Huizinga, Herbst des Mittelalters, a. a. O., S. 335
17 Enguerrand de Monstrelet, Chroniques, Hrsg. L. Douît-d'Arcq, Paris 1857–1863. Bd. I, S. 36
18 Huizinga, Herbst des Mittelalters, a. a. O., S. 320 ff.
19 Livre des Trahisons, a. a. O. S. 43
20 Shakespeare, Heinrich V., 4. Akt, 2. Szene
21 Calmette, a. a. O., S. 148
22 Text bei Monstrelet, Chroniques, I, S. 116
23 Marcel Brion, Charles le Tréméraire, Librairie Hachette, Paris 1947, S. 21
24 Monstrelet, a. a. O., I, S. 220
25 Chastellain, Georges, Hrsg. v. Kervyn de Lettenhove, Brüssel 1863–1866, I. S. 142

26 Vgl. Vicomte Charles Terlinden, Princesses Belges du Passé, Brüssel 1943
27 Chastellain, a. a. O., II, S. 5
28 Huizinga, Herbst des Mittelalters, a. a. O., S. 116
29 Otto Rombach, Der gute König René, Stuttgart 1964, S. 236
30 Einzelheiten des Vertrags bei Roman Berger, Nicolas Rolin, Kanzler der Zeitenwende im burgundisch-französischen Konflikt 1422–1461, Freiburg (Schweiz), 1971, S. 138
31 Roman Berger, a. a. O., S. 148 ff.
32 Calmette, a. a. O., S. 191; Roman Berger a. a. O., S. 154 ff.
33 Huizinga, a. a. O., S. 371; Calmette a. a. O., S. 272
34 Huizinga, a. a. O., S. 123 Mathieu d'Escouchy, Chronique, Hrsg. von G. du Fresne de Beaucourt, Paris 1863, II, S. 189; G. Doutrepont, La littérature française à la cour des ducs de Bourgogne, Paris 1909, S. 513
35 Mathieu d'Escouchy, a. a. O., S. 220; Huizinga, a. a. O., S. 124
36 Steven Runciman, Die Eroberung von Konstantinopel 1453, München 1966
37 Kleinclausz, Histoire de Bourgogne, Paris 1909, S. 153
38 Kleinclausz, a. a. O., S. 196
39 Roman Berger, a. a. O.
40 Philippe de Commynes, Memoiren, Europa in der Krise zwischen Mittelalter und Neuzeit, Neuübertragung von Fritz Ernst, 1972, Stuttgart
41 Vgl. hierzu die Auseinandersetzungen von P. M. Kendall, Louis XI., London 1971, Appendix I, mit Jean Dufournet, Karl Bittmann und Samuel Kinser (»The Reliability of Philippe de Commynes«)
42 Calmette, a. a. O., S. 276
43 Kleinclausz, a. a. O., S. 205
44 Kleinclausz, a. a. O., S. 190
45 Yves Cazaux, Marie de Bourgogne, Paris 1967, S. 63
46 Yves Cazaux, a. a. O., S. 32
47 P. M. Kendall, a. a. O., S. 87
48 Chastellain, a. a. O., III, S. 231 ff.
49 Chastellain, a. a. O., III, S. 85; Huizinga, a. a. O., S. 13
50 Commynes, a. a. O., S. 5; P. M. Kendall, a. a. O., S. 415, weist darauf hin, daß Commynes, eben achtzehnjährig, wenige Tage zuvor am burgundischen Hof eingetroffen, diese Ereignisse als besonders eindrucksvoll im Gedächtnis behalten habe.
51 Die beste Schilderung der Schlacht findet sich bei P. M. Kendall, a. a. O., S. 155 ff.
52 Commynes, a. a. O., S. 39 ff.
53 Zu den Begräbnisfeierlichkeiten vgl. Yves Cazaux, a. a. O., S. 97 ff.
54 Marcel Brion, a. a. O., S. 108 ff.

55 Ludwig von Brügge, Seigneur de Gruuthuse (1422–1492), Ratgeber und Kammerherr der Herzöge Philipp und Karl, Ritter des Goldenen Vlieses, Gouverneur von Holland, Seeland und Friesland, später zum Graf von Winchester ernannt, weil er dem flüchtigen Eduard IV. 1471 Obdach gewährte, war ein gebildeter niederländischer Adliger (vgl. auch John Bartier, Charles le Téméraire, Brüssel 1972, S. 132).
56 Guillaume, Histoire de l'Organisation militaire sous les ducs de Bourgogne, Brüssel 1848, S. 107
57 »Nosse vi Péron«, wie ihn die Einheimischen nennen, steht nach mancherlei Abenteuern und Veränderungen wieder in Lüttich
58 P. Frédérix, La Mort de Charles le Téméraire, Paris 1966, Dokumentenanhang Nr. 11; John Bartier, a. a. O., S. 31
59 P. Frédérix, a. a. O., S. 31
60 P. Frédérix, a. a. O., S. 30
61 Yves Cazaux, a. a. O., S. 102
62 Vgl. auch Yves Cazaux, a. a. O., S. 104 ff.
63 Paul M. Kendall, a. a. O., S. 379, Appendix I, Fußnote
64 Commynes, a. a. O., S. 247
65 E. v. Rodt, Feldzüge Karls des Kühnen, Schaffhausen 1843, 1. Teil, 2. Buch, S. 100
66 M. Matzenauer, Studien zur Politik Karls des KÜhnen bis 1474, Zürich 1946, S. 117
67 J. Burkhardt, Kultur der Renaissance in Italien, Köln o. J., S. 46
68 P. M. Kendall, Warwick the Kingmaker, London 1957
69 M. Matzenauer, a. a. O., S. 122
70 Calmette, a. a. O., S. 290 f.
71 Calmette, a. a. O., S. 292
72 P. M. Kendall, Louis XI., a. a. O., S. 227
73 P. Frédérix, a. a. O., S. 45
74 Wiesflecker, Kaiser Maximilian I., München 1971, Bd. I, S.99
75 Hiltburg Brauer-Gramm, Der Landvogt Peter Hagenbach, Die burgundische Herrschaft am Oberrhein, 1469–1474, Göttinger Bausteine zur Geschichtswissenschaft, Bd. 27, Göttingen 1957, S. 257
76 Y. Cazaux, a. a. O., S. 154; M. Matzenauer, a. a. O., S. 180; J. Calmette, a. a. O., S. 233 mit weiteren Nachweisen; Emanuel von Rodt, a. a. O., I, S. 198
77 H. Brauer-Gramm, a. a. O., S. 11 ff.
78 Ganerben sind im mittelalterlichen Recht nicht nur Gemeinschaftserben, sondern eine Art Miteigentümer, meist an einer Burg samt damit verbundenen Rechten
79 H. Brauer-Gramm, a. a. O., S. 306
80 Matzenauer, Studien zur Politik Karls des Kühnen bis 1474, a. a. O., S. 218

81 v. Rodt, a. a. O., 1. Teil, S. 272
82 Niklaus von Scharnachthal, geboren um 1419, Berner Politiker; 1463, 1466, 1469 und 1472 Schultheiß, 1463/64 Kammerherr König Ludwigs XI., 1468 Anführer der Berner bei der Belagerung von Waldshut; 1474 und 1476 mit Petermann von Wabern Anführer der Berner Kontingente in den Burgunderkriegen. Gestorben 1489.
83 Petermann von Wabern, Politiker in Bern; 1471–1472, 1476 und 1477 Schultheiß; 1474 Abgeordneter nach Breisach zu dem Prozeß gegen Hagenbach; mit Scharnachthal Anführer der Berner im Burgunderkrieg; empfängt bei Grandson den Ritterschlag. Gestorben 1491.
84 Für das Folgende vgl. Colonel Boigeol in »Histoire du Pays de Montbéliard«, Audincourt 1904, S. 95 ff.
85 Benedikt Konrad, Beamter in Solothurn (»Zollner«, »Thüringenvogt«, Spitalmeister, Vogt). Anführer des Solothurner Kontingents, 1479 gestorben.
86 Molinet, zitiert bei Frédérix, a. a. O., S. 77
87 v. Rodt, a. a. O., I, S. 254; Frédérix, a. a. O., S. 83
88 v. Rodt, a. a. O., I, S. 278
89 v. Rodt, a. a. O., I, S. 394
90 So die Vermutung von Frédérix, a. a. O., S. 94; v. Rodt, a. a. O., I, S. 398, spricht nun von der Erft und von Zuntz.
91 v. Rodt, a. a. O., I, S. 477
92 Huizinga, a. a. O., S. 55
93 P. Frédérix, a. a. O., S. 127
94 Vgl. die großartige Zusammenstellung von Florens Deuchler, Die Burgunderbeute, Bern 1963; zum Schicksal der Edelsteine vgl. auch Frédérix, a. a. O.
95 J. J. Fugger, Spiegel der Ehren, Ausgabe von Birken, Nürnberg 1668, S. 829
96 Alexandre Dumas, Charles le Téméraire, Brüssel 1875, II, S. 146
97 Giovanni Pietro Panigarola an den Herzog von Mailand, 30. März 1476, in G. F. Ochsenbein, Die Urkunden der Belagerung und Schlacht von Murten, Fribourg 1876, S. 83
98 v. Rodt, a. a. O., II, S. 136 ff.
99 Panigarola an den Herzog von Mailand. 15. April 1476, Ochsenbein, a. a. O., S. 119
100 Verlobungsschreiben von Karl dem Kühnen in: Ochsenbein, a. a. O., S. 178
101 Panigarola an den Herzog von Mailand, Brief vom 4. Juni 1476; Ochsenbein, a. a. O., S. 235
102 Die Burgunderbeute und Werke burgundischer Hofkunst, Ausstellungskatalog Bern 1969, Nummer 179; Ochsenbein, a. a. O., S. 183
103 So auch Frédérix, a. a. O., S. 157 ff., der sich außerdem mit dem Problem der Sankt-Urbans-Kapelle eingehend auseinandersetzt (a. a. O., S. 173).

104 Vgl. die eingehende Schilderung bei E. v. Rodt, a. a. O., II, S. 239 ff.
105 Panigarola an den Herzog von Mailand, 20. Juni 1476; zitiert bei Ochsenbein, a. a. O., S. 297
106 Panigarola an den Herzog von Mailand, 25. Juni 1476. Der lange verschollene Brief ist abgedruckt bei Frédérix, a. a. O., Text-Anhang I, S. 235
107 P. M. Kendall, Louis XI., a. a. O., S. 310
108 Promesse du Roy Louis XI. à la Duchesse Jolanthe contre le Duc Charles in: Ochsenbein, a. a. O., M. 559
109 Ochsenbein, a. a. O., S. 360, M 509
110 Frédérix, a. a. O., S. 187, zitiert einen Brief von Ludwig XI. an Dunois vom 5. Juni 1476, wonach Campobasso dem König seine Dienste angeboten hat.
111 Der eidgenössische Abschied von Luzern hat folgenden Wortlaut: »Dieweil der Herzog durch einen förmlichen Akt bei seiner Ehre und fürstlichen Würde und unter Verpfändung seines Herzogtums Lothringen mit allen dessen Rechten und Gefällen sich verpflichtet, 40000 Gulden für die Kriegskosten zu bezahlen; in Erwägung auch, daß der Feind nach allfälliger Eroberung Lothringens ins Elsaß einfallen würde und die Eidgenossen sodann ohnehin verpflichtet wären, auf eigene Kosten die Waffen zu ergreifen, so solle dem Verlangen des Herzogs entsprochen und demnach durch Verkündung in allen Kirchen die Mannschaft eingeladen werden, für den Herzog von Lothringen die Wehren zu ergreifen, und auch die zugewandten, der Abt und die Stadt St. Gallen, Appenzell, die Städte Schaffhausen und Rothwyl aufgefordert werden, gleiches bei ihnen zu veranstalten. Reiterei werde Württemberg liefern, die Orte des Niedern Bundes den ziehenden Eidgenossen ihre Märkte eröffnen.« v. Rodt, a. a. O., II, S. 361
112 v. Rodt, a. a. O., II, S. 399
113 »Dies ist das Zeichen Gottes«: Es sieht aus wie eine der vielen Anekdoten und erfundenen Episoden jener Zeit, wird aber von den meisten Chronisten berichtet; es ist anzunehmen, daß sich der Vorfall tatsächlich zugetragen hat.
114 Vgl. Florens Deuchler, a. a. O., sowie Katalog der Ausstellung Burgunderbeute a. a. O. (Anm. 102)
115 Frédérix, a. a. O., S. 224 ff.
116 Huizinga, a. a. O., S. 345
117 In Luxemburg soll Karl nach einer Nachricht noch 350000 Gulden in bar gehabt haben, aber dies ist an anderer Stelle nicht verbürgt.
118 Wiesflecker, Kaiser Maximilian, Band 1, S. 118
119 Commynes, a. a. O., S. 219 f.
120 Calmette, a. a. O., S. 351
121 Für das Folgende vergleiche insbesondere Wiesflecker, a. a. O., S. 131 ff. und Yves Cazaux, a. a. O.

Zeittafel

1433 31. Mai: König Sigismund durch Papst Eugen IV. zum römisch-deutschen Kaiser gekrönt.
10. November: Karl (der Kühne) als dritter Sohn Herzog Philipps des Guten von Burgund und dessen dritter Ehefrau Isabella von Portugal in Dijon geboren.
»Prager Kompaktaten«: Ausgleich der römischen Kirche mit den Hussiten.
Jakobäa von Bayern verzichtet auf Hennegau, Seeland und Friesland; die Gebiete fallen Burgund zu.
Hans Memling, niederländischer Maler, geboren (oder 1430/40).

1434 1. Juni: Wladislaw II. Jagello, König von Polen, gestorben. Wladislaw III. folgt auf den Thron.
26. September: Cosimo de' Medici (»der Alte«) wird Gonfaloniere von Florenz.
Erhebung in der Normandie gegen die englische Besatzung.
Portugiesen umsegeln das Kap Bojador in Westafrika.

1435 *August/September: Vertrag von Arras. Aussöhnung zwischen Philipp von Burgund und Karl VII. von Frankreich. Philipp der Gute erhält die Somme-Städte, das Mâconnais, das Auxerrois und Bar-sur-Seine. Höhepunkt der burgundischen Machtentfaltung.*

Neapel kommt wieder an das Haus Aragon (bis 1442).

1436 6. Juni: Regiomontanus (Johann Müller), deutscher Mathematiker und Astronom, geboren.

Französische Truppen unter dem Connétable Arthur de Richemont erobern Paris.

Andrea del Verrocchio, italienischer Maler und Bildhauer, geboren.

Der Portugiese Gil Eanes erreicht die Mündung des Rio do Ouro.

1437 König Karl VII. von Frankreich zieht in Paris ein.

21. Februar: Jakob I. von Schottland ermordet.

Jakob II. folgt auf den schottischen Königsthron.

9. Dezember: Kaiser Sigismund gestorben.

1438 *Der fünfjährige Karl wird mit Katharina von Frankreich, Tochter Karls VII., verheiratet.*

18. März: Albrecht II. aus dem Haus Habsburg wird deutscher König.

Pragmatische Sanktion von Bourges: Die »Gallikanischen Freiheiten« werden verkündet. Grundlegung der französischen Nationalkirche.

Gegenkonzil von Ferrara eröffnet (1439 nach Florenz verlegt).

1439/40 »Praguerie« in Frankreich: Adelsaufstand der Herzöge von Bourbon, Alençon und Bretagne in Gemeinschaft mit dem Dauphin. Karl VII. wirft den Aufstand nieder.

1439 27. Oktober: Albrecht II. gestorben.

5. November: Felix V. wird auf dem Konzil zu Basel (1431–1449) als Gegenpapst gewählt.

Versuch einer Union zwischen der griechischen und der lateinischen Kirche.

Entdeckung der Azoren durch portugiesische Seefahrer (1427–1439).

um 1440 Erster Handel mit Negersklaven.

1440 *Aufenthalt Karls des Kühnen bei seiner Tante Beatrix von Portugal.*

6. April: Friedrich III. wird Oberhaupt des römisch-deutschen Reiches.
15. Mai: Regierungsantritt Ladislaus' Postumus als König von Ungarn (1440/1445–1457) und Böhmen (1440/1453–1457).
Lorenzo della Valla erweist die »Konstantinische Schenkung« als Fälschung.
Cusanus (Nikolaus von Kues): »De docta ignorantia« (»Vom Wissen des Nichtwissens« / »Vom unerfaßbaren Gott«).

1441 9. Juni: Jan van Eyck, niederländischer Maler, gestorben.

1442 Alfons V. von Aragon erobert Neapel. Sizilien mit Neapel vereinigt (bis 1458).
Ende des Konzils von Florenz. Die angestrebte Vereinigung mit der Ostkirche kommt nicht zustande.

1443 *Das Herzogtum Luxemburg fällt an Burgund.*
31. August: Rudolf Agricola, deutscher Humanist, geboren.
Nicolas Rolin stiftet das Hospital in Beaune.

um 1444 Donato Bramante, italienischer Baumeister und Maler, geboren.

1444 *Der elfjährige Karl legt den Grundstein zu einem Flügelbau des Brüsseler Rathauses.*
10. November: König Wladislaw III. von Polen (als Wladislaw I. König von Ungarn) bei Varna gefallen. Kasimir IV. Andreas wird polnischer König. Ladislaus Postumus als König von Ungarn anerkannt.
Waffenstillstand von Tours zwischen England und Frankreich.
Agnes Sorel wird »Maîtresse en Titre« des französischen Königs.
Gründung der »Biblioteca Medicea Laurenziana« in Florenz durch Cosimo den Alten.

um 1444/45 Sandro Botticelli, italienischer Maler, geboren.

um 1445	Johannes Gutenberg erfindet den Buchdruck mit beweglichen Metall-Lettern.
1445	Der englische König Heinrich VI. heiratet Margarete von Anjou, die Tochter des Königs von Neapel-Sizilien.
	In Frankreich werden 15 Ordonnanz-Kompanien geschaffen (Vorläufer eines stehenden Heeres).
	Martin Schongauer, deutscher Maler, geboren (oder 1425/30 bzw. 1453).
	Oswald von Wolkenstein, deutscher Liederdichter, gestorben.
	Fertigstellung der Kirche Notre-Dame in Dijon.
	Der portugiesische Seefahrer Dinis Dias erreicht das Kap Verde in Westafrika.
1446	15. April: Filippo Brunelleschi, italienischer Baumeister, gestorben.
	13. September: Karls Ehefrau Katharina gestorben.
um 1447	Philippe de Commynes, Schriftsteller und Geschichtsschreiber, geboren.
1447	*Karl wird in den Orden vom Goldenen Vlies aufgenommen.*
	23. Februar: Eugen IV. gestorben.
	6. März: Nikolaus V. wird Papst.
1448	18./19. Oktober: Schlacht auf dem Amselfeld. Türkischer Sieg über ein ungarisches Kreuzfahrerheer.
	Wiener Konkordat zwischen Papst Nikolaus V. und König Friedrich III.
1449	Ende des Konzils von Basel.
	7. April: Gegenpapst Felix V. tritt zurück (gestorben 1451). Nikolaus V. allgemein als Oberhaupt der römisch-katholischen Kirche anerkannt.
	Rouen ergibt sich den französischen Truppen.
	10. November: König Karl VII. zieht in die Stadt ein.

Domenico Ghirlandaio, italienischer Maler, geboren.

um 1450 Hieronymus Bosch, niederländischer Maler, gestorben.

Geburt des deutschen Bildhauers Veit Stoß.

Heinrich Isaak, deutscher Komponist, geboren.

1450 Februar: Der Prozeß Jeanne d'Arc wird neu aufgerollt. Eröffnung des Rehabilitationsverfahrens in Notre-Dame zu Paris.

9. Februar: Agnes Sorel gestorben.

27. Juli: Jakob Wimpfeling, deutscher Humanist, geboren.

Francesco Sforza läßt sich zum Herzog von Mailand proklamieren.

1451 *Karl der Kühne besteht unter Aufsicht des fahrenden Ritters Jacques de Lalaing sein erster Turnier.*

9. März: Amerigo Vespucci geboren.

Zwischen 25. August und 31. Oktober: Christoph Kolumbus (Cristoforo Colombo, Cristóbal Colón) vermutlich in Genua oder auf Korsika geboren.

Stephan Lochner, deutscher Maler, gestorben.

1452 19. März: Friedrich III. von Papst Nikolaus V. zum Kaiser gekrönt. Letzte Kaiserkrönung in Rom.

15. April: Leonardo da Vinci geboren.

21. September: Girolamo Savonarola geboren.

1453 Endgültige Niederlage der englischen Streitkräfte bei Castillon an der Dordogne. König Karl VII. zieht in Bordeaux ein. Die Engländer halten nur noch Calais in ihrem Besitz. Ende des Hundertjährigen Krieges zwischen England und Frankreich.

Frühjahr: Jacques de Lalaing vor Gent getötet.

29. Mai: Eroberung Kontantinopels durch die Türken unter Mohammed II. Ende des oströmischen Reiches.

Juli: Gent wird burgundisch und verliert einen Teil seiner Stadtfreiheiten.

Oktober: Ladislaus Postumus von Ungarn zum König von Böhmen gekrönt.

24. Dezember: John Dunstable, englischer Komponist, gestorben.

1454–1466 Dreizehnjähriger Krieg Polens gegen den Deutschen Orden.

1454 9. April: Friede von Lodi zwischen Mailand und Venedig.

14. Juli: Angelo Poliziano, italienischer Humanist und Dichter, geboren.

21. Juli: Johann II. von Kastilien gestorben. Nachfolger auf dem Königsthron wird Heinrich IV.

30. Oktober: Karl heiratet Isabella von Bourbon. Burgund gewinnt damit die Grafschaft Château-Chinon hinzu (28. November).

1455–1485 »Rosenkriege« zwischen den Häusern Lancaster und York in England.

1455/56 Entdeckung der Kapverdischen Inseln durch den in portugiesischen Diensten stehenden Venezianer Alvise Cadamosto.

1455 22. Februar: Johannes Reuchlin, deutscher Humanist, geboren.

2. März: »Lega Italica«: Schutzbündnis zwischen Mailand, Florenz, Venedig, Neapel und Rom. Mehrere kleinere italienische Staaten schließen sich später an.

24. März: Papst Nikolaus V. gestorben.

8. April: Calixtus III. folgt auf den Heiligen Stuhl.

1. Dezember: Lorenzo Ghiberti, italienischer Bildhauer, gestorben.

Tod des italienischen Malers Fra Angelico.

1456 7. Juli: Jeanne d'Arc wird rehabilitiert und als »Tochter der Kirche« anerkannt.

September: Flucht des französischen Thronfolgers Ludwig an den burgundischen Hof. Der Dauphin lebt mit seiner Frau Charlotte von Savoyen im Schloß von Genappe.
Belgrad wird erfolgreich gegen die Türken verteidigt.
François Villon: »Das kleine Testament«.

1457 *13. Februar: Geburt der Tochter Maria.*
1. August: Lorenzo Valla, italienischer Humanist, gestorben.
23. November: Ladislaus Postumus, König von Ungarn und Böhmen, gestorben.
Sebastian Brant, deutscher Schriftsteller, geboren (oder 1458).

1458 24. Januar: Matthias I. Corvinus wird König von Ungarn.
8. Mai: Georg Podiebrad besteigt den böhmischen Thron.
27. Juni: Alfons V., König von Aragon und als Alfons I. König von Neapel, gestorben. Johann II. folgt auf den aragonesischen Thron, Ferrante (Ferdinand) wird König von Neapel.
6. August: Tod Calixtus' III.
18. August: Pius II. (Enea Silvio Piccolomini) wird Papst.

wohl um 1459 Martin Behaim geboren.

1459 1. Februar: Konrad Celtis, deutscher Humanist, geboren.
Cosimo der Alte gründet die »Accademia Platonica« in Florenz.

um 1460 Geburt der deutschen Bildhauer Adam Krafft und Tilman Riemenschneider.

1460 3. August: Tod Jakobs II. von Schottland. Jakob III. wird König.
13. November: Prinz Heinrich der Seefahrer, portugiesischer Entdecker, gestorben.

1461 4. März: Heinrich VI. von England (Haus Lancaster) gestürzt. Eduard IV. (Haus York) wird König.

22. Juli: Tod des französischen Königs Karl VII. Ludwig XI. folgt auf den Thron; er kehrt aus Burgund nach Frankreich zurück.

15. August: Salbung des französischen Königs in Reims.

François Villon: »Das große Testament«.

1463 *König Ludwig XI. von Frankreich kauft die Städte an der Somme von Burgund zurück.*

24. Februar: Giovanni Pico della Mirandola, italienischer Humanist, geboren.

Erste Seefahrten des Kolumbus im Ligurischen Meer.

nach 1463 François Villon gestorben.

1464 *Karl wohnt im Schloß von Gorkum.*

Philippe de Commynes wird Begleiter Karls.

16. Juni: Rogier van der Weyden, niederländischer Maler, gestorben.

1. August: Tod Cosimos des Alten. Piero il Gottoso (»der Gichtige«) übernimmt die Herrschaft in Florenz.

11. August: Cusanus (Nikolaus von Kues) gestorben.

15. August: Tod Pius' II.

30. August: Paul II. folgt auf den Stuhl Petri.

September: In Gorkum wird der Bastard von Rubempré verhaftet.

um 1465 Geburt der deutschen Maler Grünewald (Mathis Gotthard Nithart) und Hans Holbein d. Ä.

1465 *März: Philipp von Burgund überträgt Karl die Statthalterschaft der burgundischen Lande.*

März: »Wohlfahrtsliga«: Bündnis zwischen Karl dem Kühnen und französischen Prinzen gegen König Ludwig XI.

März/April: Erfolge der königlichen Truppen.

6. Juni: Das burgundische Heer überschreitet die Somme.
16. Juli: Schlacht von Monthléry.
25. September: Isabella von Portugal, zweite Ehefrau Karls des Kühnen, gestorben.
5. Oktober/Ende Oktober: Friedensschlüsse von Conflans und St. Maur.
28. Oktober: Erasmus von Rotterdam (Gerhard Gerhards) geboren (oder 1466 bzw. 1467).

1466 Plünderung von Dinant. Ein Brand zerstört die Stadt völlig.
Endgültiger Sieg Kasimirs IV. von Polen über den Deutschen Orden.
Francesco Sforza, Herzog von Mailand, gestorben.
13. Dezember: Tod des italienischen Bildhauers Donatello.

1467 *15. Juni: Philipp der Gute gestorben. Karl der Kühne wird Herzog von Burgund.*
28. Juni: Einzug Karls des Kühnen in Gent. Unruhen. Der Stadt werden zusätzliche Rechte zugebilligt.
27. Oktober: Sieg Karls über das aufständische Lüttich.
Hans Multscher, deutscher Maler und Bildhauer, gestorben.

1468 Vertrag von Ancenis. Bündnis zwischen Franz II., Herzog der Bretagne, und König Ludwig XI. von Frankreich.
9. Juli: Karl heiratet in dritter Ehe Margarete von York, die Schwester Eduards IV. von England.
Oktober: Vertrag von Pérônne. Ludwig XI. muß Flandern der Jurisdiktion des Parlaments von Paris entziehen und Karl den Kühnen bei der Strafaktion gegen Lüttich unterstützen.
Johannes Gutenberg gestorben.

1469–1492 Höhepunkt der italienischen Renaissance unter Lorenzo il Magnifico in Florenz.

1469 *21. März: Herzog Sigmund von Tirol und Karl der Kühne schließen in St. Omer ein Schutz- und Trutzbündnis.*

3. Mai: Niccolò Machiavelli geboren. – König Mathias Corvinus von Ungarn zum böhmischen König gewählt.

Juni: Karl der Kühne erwirbt das Elsaß.

9. Oktober: Tod des italienischen Malers Fra Filippo Lippi.

3. Dezember: Piero il Gottoso gestorben. Lorenzo I. de' Medici (»il Magnifico« / »der Prächtige«) wird Signore in Florenz.

Heirat zwischen Isabella von Kastilien und Ferdinand von Aragon.

Vasco da Gama, Seefahrer, geboren.

1470 Erneuerung der »Lega Italica«.

3. Oktober: Flucht Eduards IV. von England. Heinrich VI. wird erneut englischer König.

3. Dezember: Kriegserklärung des französischen Königs an den Herzog von Burgund.

5. Dezember: Willibald Pirckheimer, deutscher Humanist, geboren.

Albrecht III. Achilles, Markgraf von Ansbach und Bayreuth, wird Kurfürst von Brandenburg.

1471 11. April: Heinrich VI. von England abgesetzt (getötet am 21. Mai). Eduard IV. wird wiederum englischer König.

21. Mai: Albrecht Dürer geboren.

25. Juli: Thomas von Kempen (a Kempis), deutscher Mystiker, gestorben.

26. Juli: Tod Pauls II.

9. August: Sixtus IV. wird Papst.

November: »Dreibund« zwischen Burgund, England und Aragon.

1472–1479 Venezianisch-türkischer Krieg.

1472 24. Mai: Charles de France, Bruder König Ludwigs XI., gestorben. Der französische König wird des Giftmordes verdächtigt.

23. Juni–22. Juli: Erfolglose Belagerung von Beauvais durch die Truppen Burgunds.
7./8. August: Philippe de Commynes wechselt zur gegnerischen Seite über und schließt sich Ludwig XI. an.
3. November: Waffenstillstand zwischen Frankreich und Burgund (bis April 1473).
7. Dezember: Herzog Arnold von Geldern verkauft sein Herzogtum an Karl den Kühnen.
Leon Battista Alberti, italienischer Baumeister, Dichter, Maler und Musiker, gestorben.
Geburt des deutschen Malers Lukas Cranach d. Ä.

1473 19. Februar: Nikolaus Kopernikus geboren.
Frühjahr: Nach dem Tod Herzog Arnolds erobert Karl der Kühne Geldern.
Juli: Nikolaus von Kalabrien, Herzog von Lothringen, Verlobter Marias von Burgund, überraschend gestorben. René II. wird Herzog von Lothringen.
30. September: Treffen zwischen Kaiser Friedrich III., seinem Sohn Erzherzog Maximilian und Karl dem Kühnen in Trier. Verhandlungen um eine Heirat Marias und um die Königswürde für Karl.
24. November: Die Trierer Verhandlungen werden vertagt.
Hans Burgkmair d. Ä., deutscher Maler, geboren.

1474 *23. Januar: Karl der Kühne kehrt nach Burgund zurück.*
11. Februar: Beisetzung der Eltern in der Kartause von Champmol.
30. März: »Ewige Richtung« von Konstanz. Ausgleich zwischen den Eidgenossen und Sigmund von Tirol.
31. März: Defensivbündnis zwischen den Schweizer Eidgenossen, Straßburg, Kolmar, Schlettstadt und Basel.

4. April: »Niedere Vereinigung« zwischen Elsaß, Basel und Tirol.
Ostern: Aufstand im Elsaß gegen die burgundische Herrschaft.
15. April: Peter von Hagenbach, burgundischer Statthalter, wird in Breisach gefangengenommen.
9. Mai: Hinrichtung Hagenbachs.
21. Juli: Karl bricht von Maastricht aus zur Eroberung der Stadt Neuß auf.
Vergebliche Belagerung von Neuß. (1474/75).
8. September: Ludovico Ariosto, italienischer Dichter, geboren.
25. Oktober: Kriegserklärung der Schweiz an Burgund.
Niederlage der Burgunder bei Héricourt.
27. November: Guillaume Dufay, niederländischer Komponist, gestorben.
14. Dezember: Tod Heinrichs IV. von Kastilien. Seine Schwester Isabella wird Königin, ihr Ehemann Ferdinand König.
31. Dezember: Bündnisvertrag von Andernach zwischen Mainz, Trier, Sachsen, Brandenburg und dem französischen König.
Marsilio Ficino veröffentlicht seine »Theologia Platonica«.

1475 *7. Januar: Der Kaiser erklärt Burgund den Krieg.*
2. Februar: Das Bündnis Frankreich–Schweiz wird bekräftigt.
6. März: Michelangelo Buonarotti geboren.
20. März: Kaiser Friedrich III. in Köln. – Georges Chastellain, Historiker und Dichter am burgundischen Hof, gestorben.
9. Mai: Herzog René II. von Lothringen erklärt Burgund den Krieg.
23. Mai: Karl greift das kaiserliche Heer bei Erft an. Unentschiedener Ausgang des Gefechts.
13. Juni: Ende der Belagerung von Neuß.

17. Juni: Waffenstillstand. Der Streit um Neuß wird in Verhandlungen geklärt.
Sommer: Eroberung Savoyens durch die Schweizer.
13. August: Englisch-französische Beratungen vor St. Quentin um Waffenstillstand und Handelsabkommen.
29. August: Bestätigung des englisch-französischen Abkommens bei Picquigny.
Friedensvertrag von Soleuvre.
25. September: Der Eroberungszug gegen Lothringen beginnt.
25. Oktober: Belagerung von Nancy.
Herbst: Die Schweizer erobern das Waadtland.
30. November: Karl der Kühne zieht in Nancy ein.
10. Dezember: Paolo Uccello, italienischer Maler, gestorben.
19. Dezember: Der Connétable von St. Pol wird wegen Hochverrats hingerichtet.
24. Dezember: Thomas Murner, deutscher Dichter, geboren.

1476 *6. Februar: Karl der Kühne bricht von Besançon aus zum Winterfeldzug gegen die Schweizer auf.*
2. März: Schweizer Niederlage bei Grandson.
Ostersonntag: Friede von Lausanne zwischen Herzog Karl dem Kühnen einerseits, Kaiser Friedrich III. und Erzherzog Maximilian andererseits.
Mißglückter Angriff der Burgunder bei Neuenburg.
2. Mai: Das Lager von Grandson fällt in die Hände der Eidgenossen.
6. Mai: Heiratsversprechen zwischen Maria von Burgund und Erzherzog Maximilian unterzeichnet.
Juni oder Juli: Regiomontanus, Astronom und Mathematiker, gestorben.
12./13. Juni: Kämpfe bei Gümmenen und Laupen.
22. Juni: Schlacht bei Murten. Karl unterliegt dem eidgenössischen Heer.

Karl der Kühne läßt Jolantha von Savoyen mit ihren Kindern entführen; Erbprinz Philibert kann jedoch entkommen. Jolantha wird im Herbst von Charles d'Amboise nach Plessis bei Tours gebracht. König Ludwig XI. übernimmt damit endgültig das Protektorat über Savoyen.

Unruhen in Flandern und Lothringen.

Friedenskongreß in Freiburg.

2. August: René von Lothringen belagert erneut Nancy.

7. Oktober: Nancy kapituliert.

22. Oktober: Karl der Kühne beginnt mit der Belagerung von Nancy.

Unterstützung der Schweiz und Frankreichs für Herzog René II. von Lothringen.

König Alfons V. von Portugal erhebt Anspruch auf Kastilien, wird aber von König Ferdinand bei Toro geschlagen.

1477 *5. Januar: Schlacht von Nancy. Karl der Kühne im Kampf gefallen.*

Flandern erkennt Maria als Herzogin von Burgund an, erzwingt aber Sonderrechte im »Großen Privileg«.

1. Februar: Dijon von Frankreich besetzt.

König Ludwig XI. zieht Herzogtum und Freigrafschaft Burgund, Artois, Hennegau und Pikardie als Lehen ein.

3. April: Kanzler Guillaume Hugonet und der Sire de Humbercourt in Gent zum Tode verurteilt und hingerichtet.

20. August (bereits am 21. April in Stellvertretung): »Burgundische Heirat«. Verbindung Maximilians von Habsburg mit Maria von Burgund, der Tochter Karls des Kühnen.

Tizian (Tiziano Vecelli) geboren (1476 bzw. 1477 oder 1489/90).

STAMMTAFEL

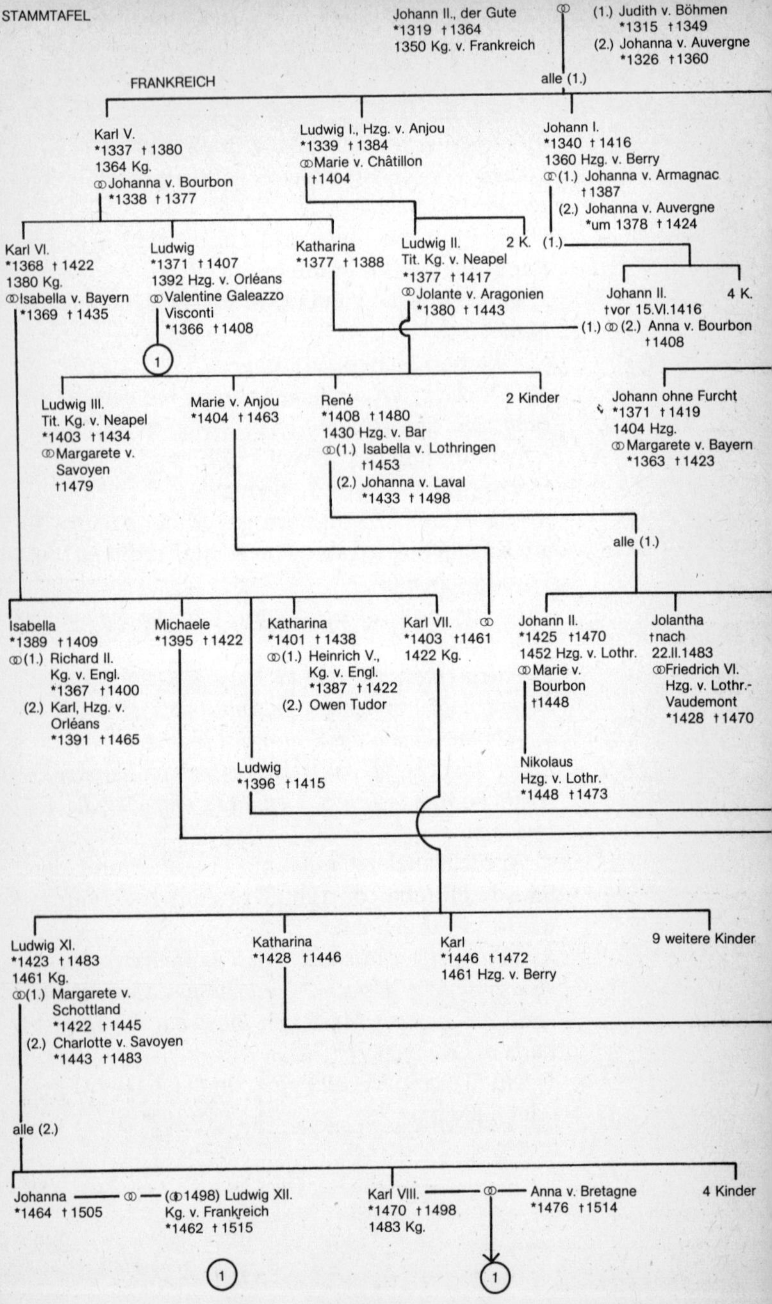

FRANKREICH
Johann II., der Gute
*1319 †1364
1350 Kg. v. Frankreich
⚭ (1.) Judith v. Böhmen
*1315 †1349
(2.) Johanna v. Auvergne
*1326 †1360
alle (1.)
Karl V.
*1337 †1380
1364 Kg.
⚭ Johanna v. Bourbon
*1338 †1377
Ludwig I., Hzg. v. Anjou
*1339 †1384
⚭ Marie v. Châtillon
†1404
Johann I.
*1340 †1416
1360 Hzg. v. Berry
⚭ (1.) Johanna v. Armagnac
†1387
(2.) Johanna v. Auvergne
*um 1378 †1424
Karl VI.
*1368 †1422
1380 Kg.
⚭ Isabella v. Bayern
*1369 †1435
Ludwig
*1371 †1407
1392 Hzg. v. Orléans
⚭ Valentine Galeazzo
Visconti
*1366 †1408
1
Katharina
*1377 †1388
Ludwig II.
Tit. Kg. v. Neapel
*1377 †1417
⚭ Jolante v. Aragonien
*1380 †1443
2 K.
(1.)
Johann II.
†vor 15.VI.1416
4 K.
(1.) ⚭ (2.) Anna v. Bourbon
†1408
Ludwig III.
Tit. Kg. v. Neapel
*1403 †1434
⚭ Margarete v.
Savoyen
†1479
Marie v. Anjou
*1404 †1463
René
*1408 †1480
1430 Hzg. v. Bar
⚭ (1.) Isabella v. Lothringen
†1453
(2.) Johanna v. Laval
*1433 †1498
2 Kinder
Johann ohne Furcht
*1371 †1419
1404 Hzg.
⚭ Margarete v. Bayern
*1363 †1423
alle (1.)
Isabella
*1389 †1409
⚭ (1.) Richard II.
Kg. v. Engl.
*1367 †1400
(2.) Karl, Hzg. v.
Orléans
*1391 †1465
Michaele
*1395 †1422
Katharina
*1401 †1438
⚭ (1.) Heinrich V.,
Kg. v. Engl.
*1387 †1422
(2.) Owen Tudor
Karl VII.
*1403 †1461
1422 Kg.
⚭
Johann II.
*1425 †1470
1452 Hzg. v. Lothr.
⚭ Marie v.
Bourbon
†1448
Jolantha
†nach
22.II.1483
⚭ Friedrich VI.
Hzg. v. Lothr.-
Vaudemont
*1428 †1470
Ludwig
*1396 †1415
Nikolaus
Hzg. v. Lothr.
*1448 †1473
Ludwig XI.
*1423 †1483
1461 Kg.
⚭ (1.) Margarete v.
Schottland
*1422 †1445
(2.) Charlotte v. Savoyen
*1443 †1483
Katharina
*1428 †1446
Karl
*1446 †1472
1461 Hzg. v. Berry
9 weitere Kinder
alle (2.)
Johanna
*1464 †1505
⚭ (⚮1498) Ludwig XII.
Kg. v. Frankreich
*1462 †1515
Karl VIII.
*1470 †1498
1483 Kg.
⚭ Anna v. Bretagne
*1476 †1514
4 Kinder
1
1

(1) Heyne Biographien Bd. 34, W. H. Lewis, Ludwig XIV., Stammtafel I.
(2) Heyne Biographien Bd. 28, N. Williams, Elisabeth I. v. England, Stammtafel York.
(3) Heyne Biographien Bd. 69, M. F. Alvarez, Karl V., Stammtafel.

BURGUND

Philipp II., der Kühne
*1342 †1404
1363 Hzg. v. Burgund
⚭ Margarete v. Flandern
*1350 †1405

Johanna
*1343 †1373
⚭ Karl II., Kg. v. Navarra
*1332 †1387

Isabella
*1348 †1372
⚭ Galeazzo Visconti
Hzg. v. Mailand
*1351 †1402

5 weitere Töchter

Margarete
*1374 †1441
⚭ Wilhelm II.
v. Bayern
Gf. v. Holland
*1365 †1417

Katharina
*1378 †1425
⚭ (1.) Leopold IV.
Hzg. v. Österr.
*1371 †1411
(2.) Smasmann v. Rappoltstein
†um 1450

Marie
*1380 †1422
⚭ Amadeus VIII.
Gf. v. Savoyen
*1383 †1451

Anton
*1384 †1415
1406 Hzg. v. Brabant u. Limburg
⚭ (1.) Johanna v. Luxemburg
†1407
(2.) Elisabeth v. Böhmen
*1390 †1451

Philipp
Gf. v. Nevers
*1389 †1415
⚭ (1.) Isabella v. Coucy
†1411
(2.) Bona v. Artois zu Eû
†1425
(2.)
2 Söhne

Margarete
*1429 †1482
⚭ Heinrich VI.
Kg. v. Engl.
*1421 †1472

Margarete
†1441
(1.) ⚭ (2.) Arthur III.
v. Bretagne
Gf. v. Richmond
*1393 †1458

Philipp III., der Gute
*1396 †1467
1419 Hzg.
(1.) ⚭ (2.) Bona v. Artois zu Eû
†1425
(s. rechts)
(3.) Isabella v. Portugal
*1397
†1472

nat.S.
»Le Grand Bâtard«
*1422 †1504

Anna
*1404
†1432
⚭ Johann v. England
Hzg. v. Bedford
*1389
†1435

Agnes
*1407
†1476
⚭ Karl I.
v. Bourbon
*1401
†1456

(1.)
Johann IV.
*1403 †1427
1415 Hzg. v. Brabant
⚭ (⦶1422)
Jakobäa v. Bayern
*1401 †1436

(1.)
Philipp
*1404
†1430
1427 Hzg. v. Brabant

(3.)
Anton
*1430 †1432

(3.)
Josef
*u. †1432

(3.)
Karl der Kühne
***1433 †1477**
1467 Hzg.

(1.) ⚭ (2.) Isabella v. Bourbon
*1435/37 †1465
(3.) Margarete v. York
*1446 †1503

(2)

(2.)
Maria
*1457 †1482
⚭ Maximilian I. a. d. Haus Habsburg
*1459 †1519
1486 dt. Kg.
1508 röm. Ks.

Johanna v. Kastilien u. Aragon
*1479 †1555
⚭ Philipp I. der Schöne
*1478 †1506
1504 Kg. v. Kastilien
→ (3)

Margarete v. Österreich
*1480 †1530
⚭ (1.) Johann v. Kastilien u. Aragon
*1478 †1497
(2.) Philibert II., Hzg. v. Savoyen
*1480 †1504

Bibliographische Notiz

Hier soll keine mehr oder weniger vollständige Liste all der unzähligen Veröffentlichungen gegeben werden, die sich mit dem »Zwischenreich« Burgund oder mit Teilaspekten befassen. In einer (sicher subjektiv gefärbten) Auswahl wird vielmehr auf einige wenige Werke hingewiesen, die dem interessierten Leser weitere Aufschlüsse geben.

Von den Zeitgenossen der Herzöge von Burgund ragt einer heraus: *Philippe de Commynes,* dessen Memoiren mit dem Untertitel »Europa in der Krise zwischen Mittelalter und Neuzeit« in neuer Übertragung von Fritz Ernst wieder in Deutsch vorliegen (Stuttgart 1972). So wichtig ist der »französische Machiavelli« den Historikern, daß auch heute noch tiefschürfende Untersuchungen über sein Werk angestellt werden (*Kurt Bittmann,* Ludwig XI. und Karl der Kühne. Die Memoiren des *Philippe de Commynes* als historische Quelle, Göttingen 1964).

Christa Dericum hat Auszüge aus zeitgenössischen Chroniken in einer interessanten Übersicht »Burgund und seine Herzöge in Augenzeugenberichten« (Düsseldorf 1966) zusammengefaßt.

Als Mitkämpfer in den Burgunderkriegen verdient *Petermann Etterlin* mit seiner »Kronica von der loblichen Eydtgnoschaft« (Basel 1507) Beachtung.

Aus dem vorigen Jahrhundert sollen zwei Werke genannt werden. Zum einen ist das *Prosper de Barante's* mehrbändiges Werk »L'histoire des ducs de Bourgogne de la maison des

Valois« (Brüssel 1839), das lange als Standardwerk galt, heute aber von vielen Historikern als teilweise überholt angesehen wird. Der Schweizer *Emanuel von Rodt*, Artillerie-Offizier, Richter und Staatsbeamter, beschrieb mit einer Fülle von Details in zwei Bänden »Die Feldzüge Karls des Kühnen, Herzogs von Burgund und seiner Erben« (Schaffhausen 1843 und 1844). Das Buch ist freilich (außer in Bibliotheken) nur noch hier und da in Antiquariaten zu finden.

Aus dem zwanzigsten Jahrhundert ist sicher vorrangig der französische Historiker *Joseph Calmette* mit seiner umfassenden Schau »Die großen Herzöge von Burgund« (deutsch: München 1968) zu nennen, auch wenn man hier und da mit seiner Ausdeutung nicht ganz einverstanden sein mag. Auf ihn stützt sich auch *Helmut Domke*, dessen »Burgund« (München 1974) sich als »Reisebuch und Kulturbild« versteht, jedem als Cicerone zu empfehlen, der die kulturelle Vergangenheit der burgundischen Stammlande an Ort und Stelle aufspüren will.

John Bartiers »Charles le Téméraire« (Brüssel 1972) wird hier nicht nur deswegen erwähnt, weil der Verfasser ein hochangesehener Historiker ist, sondern wegen der wirklich großartigen künstlerischen Ausstattung.

Hervorragende Schilderungen und Analysen der letzten Zeitabschnitte bringen *Pierre Frédérix* »La mort de Charles de Téméraire« in der Sammlung »Trente journées qui on fait la France« (Paris 1966) und *Yves Cazaux* »Marie de Bourgogne« (Paris 1967).

Paul Murray Kendall, der englische Schilderer der Rosenkriege (unter anderem »Warwick the Kingmaker«), hat den Gegenspieler Burgunds, die »universelle Spinne«, König Ludwig XI., in einer bemerkenswerten Biographie (London 1971) gezeichnet und setzt sich dabei auch kritisch mit Bittmanns Untersuchungen zu Commynes auseinander.

Die ungeheure Beute, die von den Schweizern in den Burgunderkriegen gemacht wurde, ist erforscht, gesichtet, beschrieben worden von *Florens Deuchler* »Die Burgunderbeute« (Bern 1963). Eine gute Übersicht vermittelt aber auch der farbige illustrierte Katalog der Ausstellung »Die Burgunderbeute und Werke burgundischer Hofkunst« (Bern 1969).

Ein Buch soll zum Abschluß genannt werden, das eigentlich ganz anders ist als die vorher genannten. Wie kein anderer hat es *Johan Huizinga* in seinem »Herbst des Mittelalters« (10. Aufl. Stuttgart 1969) verstanden, uns die widersprüchlichen Erscheinungsformen dieser Übergangszeit zu deuten. Der Faszination von Huizingas Werk wird sich kaum jemand entziehen können, der Geschichte als mehr begreift als einen Schutthaufen von Jahreszahlen.

WEITERE LITERATURHINWEISE

1. Dokumente

Gingins-la-Sarra, Dépêches des ambassadeurs milanais sur les campagnes de Charles le Hardi duc de Bourgogne de 1474 à 1477. 2 Bde. Genéve 1858.

Vaughan, R., The Valois Dukes of Burgundy: Sources of Information. Hull 1965.

2. Literatur

Asse, Louis XI et Charles le Téméraire. 1889.

Bartier, J., Karl der Kühne. Dt. Ausg. Genf 1976.

Berlepsch-Valendas, H. v., Kämpfe der Schweiz mit Karl dem Kühnen. Jena 1926.

Berlet, Charles le Téméraire et René de Lorraine. 1892.

Auswahlbibliographie selbständiger Werke. Literaturangaben bringen auch die oben genannten Veröffentlichungen von Bartier, L. Boehm, M. H. Boehm, Paravicini (1976) und Vaughan (1973 und 1975).
Neuere Literatur (auch Zeitschriften-Aufsätze) verzeichnet jährlich die Bibliographie annuelle de l'histoire de France. Paris 1964 ff.

Boehm, L., Geschichte Burgunds (= Urban-Taschenbücher. 134). Stuttgart/Berlin/Köln/Mainz 1971.
Boehm, M. H., Geheimnisvolles Burgund. München 1944.
Brion, M., Charles le Téméraire, grand duc d'occident. Neuausgabe. Paris 1977.
Cartellieri, O., Am Hofe der Herzöge von Burgund. Basel 1926.
Catalogue de l'exposition De Charles le Téméraire à Louis XI (Musée des Beaux-Arts de Dijon, 1977). Dijon 1977
Chevanne, J. R. de, Les Guerres en Bourgogne de 1470 à 1475. Paris 1934.
Cockshaw, P. (Hg.), Charles le Téméraire (Katalog). Exposition organisée à l'occasion du 5e centenaire de sa mort (= Bibliothèque Royale Albert Ier). Bruxelles 1977.
Colin, P., Les Ducs de Bourgogne (= Bibliothèque historique). Bruxelles 1941.
Fredericq, P., Essai sur le róle politique et social des ducs de Bourgogne dans les Pays-Bas. Gand 1875.
Hoch/Mandrot, B. de, Morat et Charles le Téméraire. Neuchâtel 1876.
Huizinga, J., Burgund. Eine Krise des romanisch-germanischen Verhältnisses. Sonderausgabe (= Libelli. 4). Darmstadt 1952, Neuaufl. 1967.
Kallen, Die Belagerung von Neuß durch Karl den Kühnen. 1925.
Kirk, F., History of Charles the Bold. 3 Bde. London 1863.
Kleinclausz, A., Histoire de la Bourgogne. ^{2}1924.
Landry, C.-F., Le Téméraire, dernier duc de Bourgogne. Lausanne 1966.
Linden, H. v. d., Itinéraires de Charles, Duc de Bourgogne, Marguerite d'York et Marie de Bourgogne (1467–1477). Bruxelles 1936, weitere Ausg. 1940.
Marsaux, L. (d. i. Hofer, M.), La Vie et la mort de Charles le Téméraire. Paris 1932.
Néret, I. A., Le Téméraire. Charles de Bourgogne (= Présence de l'histoire). Paris 1952.

Neuss, Burgund und das Reich. Festgabe der Stadt Neuss zur 500-Jahr-Feier der erfolgreichen Abwehr der Belagerung durch Herzog Karl den Kühnen von Burgund 1474/75 (=Schriftenreihe des Stadtarchivs Neuss, 6). Neuss 1975.

Paravicini, W., Guy de Brimen. Der burgundische Staat und seine adlige Führungsschicht unter Karl dem Kühnen. Bonn 1975.

Paravicini, W., Karl der Kühne. Das Ende des Hauses Burgund (= Persönlichkeit und Geschichte. 94/95). Göttingen 1976.

Plancher, M., Histoire générale et particulière de Bourgogne. 4 Bde. Dijon 1739–1781.

Richard, J., Histoire de la Bourgogne. Paris 1957.

Stein, N., Burgund und die Eidgenossenschaft zur Zeit Karls des Kühnen. Die politischen Beziehungen in ihrer Abhängigkeit von der inneren Struktur beider Staaten. Bern 1979.

Toutey, Charles le Téméraire et la ligue de Constance. Paris 1902.

Vaughan, R., Charles the Bold: The Last Valois Duke of Burgundy. London 1973.

Vaughan, R., Valois Burgundy. London 1975.

Wetter, J., Karl von Burgund. Denkwürdiges Gefecht der Horatier und Curiatier. Bern 1980.

Personenregister